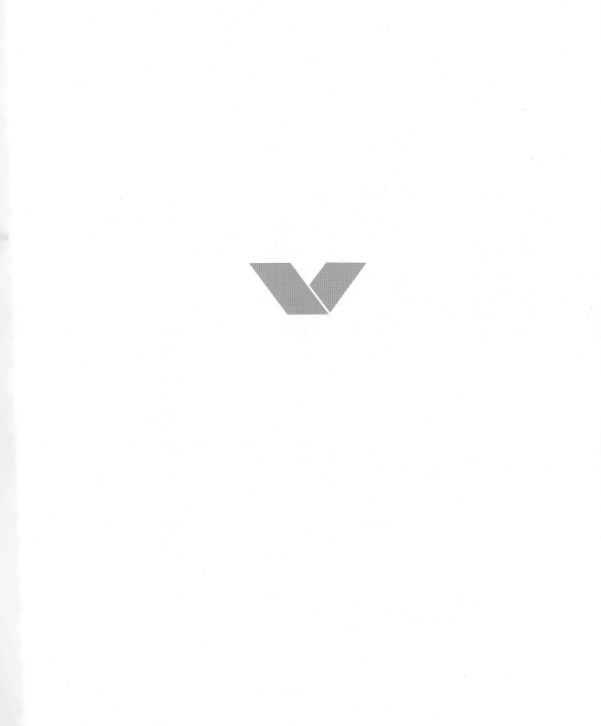

V-리그 관전을 위한 가장 쉽고도 완벽한 준비

20232024
V-리그
스카우팅리포트

KBSN 신승준 오효주 조은지 │ 이보미 │ 이재상

FEATURE

SCOUTING REPORT
WOMEN

CONTENTS

SCOUTING REPORT

MEN

처음으로 성사된 '외국인 감독' 맞대결

지금은 단연 외국인 감독 전성시대다. V-리그 역사상 가장 많은 네 명의 외국인 감독이 2023-2024시즌 V-리그를 누빈다. 남녀부 통틀어 두 명씩. 덕분에 남자부-여자부 모두 외국인 감독 간의 맞대결을 만나 볼 수 있게 됐다. 그중에서도 관심을 끄는 건 남자부, 대한항공의 토미 틸리카이넨 감독 대 OK금융그룹의 오기노 마사시 감독의 맞대결이다.

둘은 비슷한 듯 다르다. 먼저 나란히 일본 리그에서의 감독 경험이 있다. 다만 오기노 감독에겐 자국 리그였고, 토미 감독에겐 외국 리그였다. 더불어 토미 감독은 또 다른 외국 리그도 경험하다 한국에 왔다. 이들이 그들만의 경험을 토대로 그간 V-리그 팬들이 봐 온 것과는 또 다른 전략-전술의 대결을 어떻게 선보일지 궁금해진다.

여기에 그들만의 '스타일'이 있다. 특유의 파이팅과 선수단과의 호흡. 자신을 낮추는 소통 방식과 때로는 거침없는 표현과 행동. 국내 감독들에게서는 볼 수 없었던 감독의 '새로운 모습'은 리그를 보는 또 다른 관전 포인트가 될 것이다.

여러 가지로 우리 눈에 익숙하지 않은 배구를 보여 주는 그들. 둘의 맞대결뿐 아니라 이에 대적하는 한국 감독들의 운영 역시 눈여겨 보자.

'역대급' 이동! 그 속에 얽히고설킨 이야기

이번 비시즌 가장 큰 관심사는 역대급 FA 이동, 그리고 페퍼저축은행의 행보였다고 해도 과언이 아니다. 주축 선수들의 대거 이동이 있었고 이에 따른 보상선수 선택에 팬들의 관심이 집중됐다. 그 속에 창단 후 두 시즌을 통틀어 8승에 그치며 연속 최하위에 머문 페퍼저축은행이 '최약체'라는 평가를 단숨에 지우기 위해 과감한 투자를 결정하며 리그 자체에 대한 흥미를 끌어올렸다.

하지만 그동안, 언제나 그래 왔듯 FA 영입은 투자로만 끝나지 않는다. 또 다른 손실을 감수해야만 한다. 구단 간의 복잡한 '눈치 싸움'이 시작되는 이유다. 여기서 페퍼저축은행이 미처 생각하지 못했던 결과를 마주했다. 한국도로공사가 보상선수로 센터 이고은을 지목한 것. 페퍼저축은행은 다시 주전 센터를 데려와야만 했다. 이에 미들 블로커 최가은과 함께 2023-2024 신인 드래프트 1순위 지명권을 내줬다. 그리고 마침내 열린 신인 드래프트에서 가장 높은 확률을 친 한국도로공사에게 1순위 지명권이 갔고, 모두의 예상대로 최대어로 불리는 김세빈을 지명하며 단번에 현재이자 미래를 책임질 미들 블로커 자원을 얻게 됐다.

단편적으로 봤을 때 페퍼저축은행의 속이 쓰릴 법도 하지만 또 다른 한편으론 한국도로공사 역시 그저 좋을 수만도 없는 상황. 이와 같은 이야깃거리와 만나게 될 두 팀의 정면 승부에는 또 어떤 미묘한 기 싸움이 펼쳐질지 귀추가 주목된다.

남자부: 대한항공의 통합 3연패

치열할 것으로 예상됐던 V-리그 남자부. 막상 뚜껑을 열자 '디펜딩 챔피언' 대한항공 점보스의 통합 3연패로 막을 내렸다.

초반부터 일찌감치 독주 체제를 갖추며 치고 나갔던 대한항공은 정규 리그 1위를 확정한 뒤 챔피언결정전에서 현대캐피탈을 상대로 3연승으로 통산 네 번째 '별'을 가슴에 품었다. 2020-2021시즌부터 세 시즌 연속 통합 우승. 나아가 남자부에서 '트레블(3관왕)'은 2009-2010시즌 삼성화재에 이어 역대 두 번째. 세 시즌 연속 통합 우승을 차지했던 팀은 대한항공이 유일하다.

남자부에서는 개인 기록도 풍성했다. 한국전력 미들 블로커 신영석은 블로킹 득점 1,100점(현재 1,146점)을 달성하며 이선규(은퇴·1,056개)를 넘어 V-리그 역대 블로킹 1위로 올라섰다. 살아 있는 전설이자 현대캐피탈의 플레잉코치인 여오현은 600경기(현재 603경기)에 출전하며 남녀부를 통틀어 V-리그 역대 최초의 이정표이자, 최다 출전 기록을 달성했다.

또한 대한항공 야전사령관인 한선수가 세트 성공 17,000개(현재 17,551개)의 벽을 넘어서며 자신의 기록을 새로 썼다. 미들 블로커로 변신한 한국전력의 박철우는 남자부 최초로 6,500득점(현재 6,583점) 고지를 밟았다.

아울러 OK금융그룹 레오의 활약도 눈부셨다. 한 시즌 최다 서브 신기록인 127개의 서브 득점(세트당 0.934개)을 기록했으며, 4경기 연속 트리플 크라운을 성공시키며 V-리그 최초 기록을 달성했다. 그는 총 일곱 차례 라운드 MVP를 거머쥐며 남자부 역대 최다 라운드 MVP 수상자로도 이름을 올렸다.

여자부: 한국도로공사, 기적의 리버스 스윕 우승

김연경의 복귀로 시즌 초부터 뜨거웠던 여자부는 챔피언결정전 마지막 경기까지 많은 화제와 이슈를 낳았다. 정규 리그 2위인 현대건설을 꺾고 올라온 한국도로공사는 정규 리그 1위를 달성했던 흥국생명과의 챔프전에서 기적의 리버스 스윕 우승을 달성했다. 먼저 1, 2차전을 흥국생명이 가져가며 우승 트로피를 손에 거머쥐는 것처럼 보였다. 이전까지 역대 여자부 챔프전에서 1, 2차전을 먼저 따낸 팀의 우승 확률은 100%였다. 하지만 도로공사는 포기하지 않았고, 캣벨과 박정아, 배유나 등의 활약에 힘입어 내리 3~5차전을 잡았다. 가능성 0%의 확률을 뚫어낸 한국도로공사는 기적을 쓰며 통산 두 번째 챔프전 트로피를 들어 올렸다.

특히 챔프전 5차전은 여자부 역대 포스트시즌 최장 경기 시간인 158분을 기록했을 뿐 아니라 3.4%(케이블 TV 생중계 기준)라는 V-리그 역대 최고 시청률을 기록했을 정도로 큰 화제를 모았다.

반면 여자부 현대건설은 여자부 정규 리그(단일 시즌) 최다 연승 타이이자 역대 리그 개막 후 최다 연승인 15연승을 기록하고도 뒷심 부족으로 아쉬움을 남겼다. 현대건설은 2021-2022시즌부터 이어졌던 여자부 역대 통산 최다인 16연승과 역대 통산 홈 최다 연승인 23연승의 대기록을 작성하고도 웃지 못했다.

여자부에서는 흥국생명의 리빙 레전드 리베로 김해란이 디그 성공 10,500개(현재 10,900개)를 넘어서며 이 부문 가장 높은 곳에 위치하고 있다. 한국도로공사의 간판리 리베로 임명옥은 리시브 정확 6,000개(현재 6,008개) 달성과 동시에 통산 520경기(현재 523경기) 출전이라는 여자부 최다 경기 출전 기록을 수립했다.

또 현대건설 미들 블로커 양효진은 7,000득점(현재 7,028점)과 블로킹 득점 1,450점(현재 1,451점)을 넘어서며 자신의 기록을 계속해서 새로 쓰고 있다. '기록의 여왕'인 현대건설 아포짓 황연주는 서브 득점 450점(현재 458점) 기록을 경신했다.

무엇보다 코로나19가 사실상 종식되면서 2022-2023시즌부터 100% 관중 입장이 가능해졌고, 많은 팬들이 경기장을 찾았다. 특히 김연경의 흥국생명의 경우 인천 삼산체육관에는 연일 매진을 기록하는 등 뜨거운 인기를 자랑했다. 한국도로공사-흥국생명의 챔프전 5차전의 경우 역대 최다인 6,125명의 관중이 몰리기도 했다. 평균 관중 수는 남자부가 1,610명, 여자부가 2,611명, 남녀부 평균 2,111명을 기록했다.

아시아쿼터

2023-2024시즌을 앞두고 V-리그에서 가장 달라지는 것은 최초로 아시아쿼터가 진행된다는 점이다. 외국인 제도 도입 이후 아시아 선수만을 대상으로 하는 드래프트를 실시한 것은 2005년 V-리그가 시작된 뒤 18년 만에 처음 있는 일이다. 아시아쿼터로 선발되는 선수들의 연봉은 남녀부 동일하게 10만 달러(세금 포함)이며 재계약 가능 횟수는 제한이 없다.

여자부 아시아쿼터 드래프트는 국가대표 또는 클럽 일정 등으로 참가가 어려운 선수들의 참가를 독려하기 위해 연습 경기 없이 비대면으로 열렸다. 지난 4월 21일 마포구 상암동의 스탠포드호텔에서 역사적인 아시아쿼터 드래프트가 처음 실시됐고 7명의 선수가 선택을 받았다. 7개 팀이 각각 10개씩 총 70개의 구슬을 넣어 추첨한 결과 IBK기업은행이 1순위의 행운을 얻었다. 2순위부터 현대건설, 정관장, 한국도로공사, 페퍼저축은행, GS칼텍스, 흥국생명 순이었다.

가장 먼저 단상에 오른 1순위 IBK의 김호철 감독은 망설임 없이 태국의 세터 폰푼 페드파르드를 지명했다. 폰푼은 태국 여자배구를 이끄는 주전 세터로, 태국에서 많은 인기를 누리는 스타플레이어다. 이어 2순위 현대건설은 태국의 아웃사이드 히터 위파위 시통을, 3순위 정관장은 인도네시아의 아포짓 스파이커 메가왓티 퍼티위를 각각 뽑았다. 4순위 한국도로공사는 태국의 아포짓 스파이커 타나차 쑥솟을 선택했고, 5순위 페퍼저축은행은 필리핀·미국 이중 국적인 M.J.필립스를, 6순위 GS칼텍스는 인도네시아 국가대표팀 아포짓 메디 요쿠를 뽑았다. 7순위 흥국생명은 일본의 아포짓 레이나 토코쿠를 선택했다.

이 중 GS칼텍스는 메디 요쿠 대신 태국 소라야 폼라로 교체했다가, 선수 개인 사정으로 다시 필리핀 국대 세터 아이리스 톨레나다로 교체하는 등의 시행착오를 겪었다. 다음 시즌 V-리그 여자부를 누빌 아시아 선수의 국적은 태국 3명, 인도네시아 1명, 필리핀 2명, 일본 1명으로 구성됐다.

지난 4월 27일 제주도에서 진행된 남자부 아시아쿼터에서는 몽골 출신으로 대학 무대 최고 공격수였던 에디가 전체 1순위로 삼성화재 유니폼을 입게 됐다.

7개 팀이 각각 10개씩, 총 70개의 구슬을 넣어 추첨한 결과 삼성화재의 파랑 구슬이 1순위가 됐다. 이어 한국전력이 2순위, 대한항공이 3순위를 각각 배정받았다. 4순위부터 OK금융그룹, 현대캐피탈, KB손해보험, 우리카드 순이었다.

몽골 출신의 에디는 198㎝의 장신 공격수로 아웃사이드 히터와 미들 블로커, 아포짓 스파이커가 모두 가능하다. 고교 시절 한국 땅을 밟아 성균관대에서 재학 중인 에디는 일찍부터 가장 유력한 1번 후보로 꼽혔고 예상대로 가장 먼저 이름이 불렸다. 에디는 성대 시절 은사인 김상우 감독과 프로 무대에서 재회하게 됐다.

2순위였던 한국전력은 일본의 리베로 이가 료헤이를, 3순위 대한항공은 필리핀의 아웃사이드 히터 마크 에스페호를 차례로 뽑았다. OK금융그룹은 몽골의 아웃사이드 히터 바야르사이한을 선택했다. 대한항공에서 다소 예상 밖의 에스페호를 뽑으면서 OK금융그룹이 상위 픽이 유력했던 인하대 출신의 바야르사이한을 희망대로 뽑을 수 있었다. 이어 5순위 현대캐피탈은 대만의 미들 블로커 차이 페이창을, 6순위 KB손해보험은 대만의 아웃사이드 히터 리우 홍민을 각각 지명했다. 마지막 순서인 7순위 우리카드는 일본의 아포짓 스파이커 잇세이 오타케를 뽑았다. 국적별로는 몽골과 대만, 일본이 각각 2명, 필리핀 선수 1명이 지명을 받았다.

2023-2024 시즌 V-리그 무엇이 달라지나

2023-2024시즌을 앞두고 V-리그에는 어떤 변화가 있을까? 매 시즌 그렇듯 크고 작은 변화들이 있는 V-리그지만 이번 시즌을 앞두고는 유독 큰 변화가 많았다. 아시아쿼터제 도입부터 사용구 교체까지 V-리그 역사의 큰 줄기에 남을 만한 변화가 생기는 시즌이다.

그간 코트 위를 날아다니던 노랑, 빨간색의 공이 아닌 노랑, 파란색의 공이 코트 위를 수놓을 예정이다. 아주 작은 공일지라도 경기가 치러지는 2시간 남짓한 시간 동안 모든 이들의 눈을 사로잡는 동그랗게 생긴 물건. 사용구의 교체는 예상보다 배구장 풍경에 더 큰 변화를 가져올 것이다.

지난 시즌까지 한국 스타 '그랜드 챔피언' 공을 사용했던 V-리그지만 이번 시즌부터는 사용구를 일본 미카사 'V200W' 공으로 교체하기로 했다. 가장 큰 목적은 국제 무대에서 우리나라 배구의 경쟁력을 높이기 위해서다. 최근 국제 대회에서의 성적이 좋지 않은 만큼 국내 리그에서 공에 대한 적응력을 높이면 향후 국제 무대에서 경기를 치를 때 경기력에 긍정적인 시너지를 보일 수 있을 거라는 기대에서다. 미카사 볼 교체를 앞두고 프리시즌 만난 선수들에게 반응을 묻자 대부분은 큰 차이를 느끼지 못한다는 답변이 돌아왔다. 국제무대에서도 자주 볼 수 있었고 일본 전지훈련에서 연습경기를 통해 대부분 이미 접해 봤기 때문에 적응에 큰 어려움은 없는 듯했다.

하지만 큰 어려움은 없는 듯해도 플로터 서브에서 공의 움직임이 더 크다든가, 수비에 용이하다든가, 공격에 힘을 싣는 방법이 스타 볼과는 다르다는 등 미카사 볼만의 특성이 있기 때문에 선수들의 대처나 감독들의 전략에 변화가 불가피하다. 그렇기 때문에 프리시즌 다양한 시뮬레이션과 적응 훈련까지 만반의 준비를 마친 14개 구단이다.

하지만 미카사 볼 교체로 인한 변수는 시즌이 시작되고 실제 경기가 치러져야 확인해 볼 수 있다. 5세트까지 가는 치열한 경기가 이어지고 듀스 접전으로 한 점이 승부를 결정짓는 순간 이 미세한 변수가 어떻게 작용할지 코트에서 직접 확인하는 것도 이번 시즌 V-리그의 하나의 재미가 아닐까 싶다.

2023-2024 시즌 신인선수 드래프트

여자부

디펜딩 챔피언이 슈퍼루키를 잡았다. 지난 시즌 우승 팀 한국도로공사가 전체 1순위로 한봄고 김세빈을 지명하면서 2023-2024 V-리그 여자부 신인 드래프트의 최종 승자가 됐다. 지난 시즌 우승으로 이번 신인 드래프트에서는 확률상 마음을 비워야 했던 한국도로공사는 박정아의 FA 이적 시 발생했던 기회를 놓치지 않고 페퍼저축은행의 1R 지명권을 가져왔다. 베테랑 정대영의 이적으로 필요해진 미들 블로커 포지션에서 페퍼저축은행의 최가은을 영입했을 뿐만 아니라 신인 최대어 김세빈까지 확보하면서 프리시즌 최고의 선수 영입 수완을 발휘했다.

정관장은 1R 2순위로 일신여상의 아웃사이드 히터 곽선옥을 선택했고 IBK기업은행은 1R 3순위로 근영여고의 아웃사이드 히터 전수민을 지명했다. 지난 시즌과 마찬가지로 세터 두 명이 1R 지명을 받았는데 중앙여고의 이윤신과 한봄고의 최서현이 각각 GS칼텍스와 현대건설의 막내 세터가 되었다. 지난 시즌 세터 이원정의 트레이드로 흥국생명의 1R 지명권을 가지고 있었던 GS칼텍스는 제천여고의 리베로 유가람을 지명해 세터와 리베로 포지션을 강화하는 데 1R 두 장의 카드를 할애했다.

이번 드래프트는 총 15개 학교에서 40명의 선수가 참가해 수련선수 포함 최종적으로 21명의 선수가 7개 팀의 지명을 받았다. 또한 페퍼저축은행의 수련선수로 지명을 받은 광주여대 출신의 아웃사이드 히터 이채은은 처음으로 여자 대학부를 거쳐 프로에 입성한 선수가 됐다. 한봄고등학교는 전체 1순위 김세빈과 현대건설의 1R 지명을 받은 세터 최서현을 포함해 드래프트에 참가한 총 5명의 선수가 모두 프로팀의 지명을 받아 드래프트 참가 학교 가운데 최대 성과를 기록했다.

운명의 장난처럼 트레이드를 통해 입장이 바뀐 두 팀의 승부가 뜨겁게 펼쳐질 것으로 보인다.

흥국생명이 1강?
최대 변수는 아시아쿼터,
예측 불허의 여자배구

이보미 | 먼저 2023-2024시즌 V-리그 여자부 이야기를 해 보겠습니다. 이번 시즌 변화가 큽니다. 최대 변수는 무엇이라 생각하는지요?

이재상 | 일단 아시아쿼터를 도입한 첫 시즌이기도 하고요. 외국인 선수가 두 명 뛰는 것도 처음입니다. 대부분의 아시아쿼터 선수가 키플레이어죠. IBK기업은행 센터 폰푼도 그렇고, 현대건설은 황민경이 빠진 자리에 위파위를 넣겠죠. 정관장도 메가왓티의 공격력을 기대 중이고요. 여자배구 전망을 예측하기가 쉽지 않습니다.

이보미 | 저도 각 팀들이 아시아쿼터를 통해 취약한 포지션을 보강했다고 생각해요. 주전급 선수가 한 명 늘어난 셈이죠. 폰푼, 톨레나다 등 센터 포지션 두 명이 온 것도 궁금하고요. 폰푼을 비롯한 태국 국가대표 3인방의 활약 여부에 따라 여자부 판도가 요동칠 것으로 전망됩니다. 수비와 스피드가 장점인 위파위, 역시 빠른 공격 그리고 후위공격도 가능한 타나차가 기대돼요.

조은지 | 전 반대로 트라이아웃으로 선발한 외국인 선수들이 키를 잡고 있다고 생각해요. 아시아쿼터 선수들은 어느 정도 검증이 됐다고 보고요. 이번에 재계약한 흥국생명 옐레나 빼고는 6개 팀이 새 외국인 선수와 호흡을 맞추고 있잖아요. 몸 상태도 관건이 될 테고요. 야스민, 모마도 팀을 바꿔서 이 또한 변수가 되지 않을까 싶습니다.

이보미 | 가장 큰 변화 중 하나가 또 사용구인데요. KOVO에서 처음으로 스타가 아닌 미카사 제작 공을 사용하게 됐습니다.

신승준 | KOVO에서 국제 경쟁력 강화 방안 중 하나로 사용구를 교체했습니다. 선수마다 반응이 다르긴 합니다. 적응 문제가 대두됐지만 오히려 미카사 공이 잘 맞는다고 말하는 선수들도 있고요. 플로터 서브에 유리한 반면 리시브하는 입장에서는 어려울 수 있다는 얘기도 나옵니다. 상대적으로 반발력이 떨어지는 공이라 훈련 과정의 변화도 있을 것입니다.

이보미 | 최근 남자배구대표팀, 여자배구대표팀의 국제대회 성적이 초라합니다. 더 이상 아시아 강호가 아니라 변방으로 밀려난 형국인데요. 리그에도 영향을 끼칠까요?

오효주 | 대표팀 성적도 중요하지만 경기력에 따라 팬들의 관심이 달라지는 것 같아요. 특히 여자배구는 '김연경 시대' 이후 과도기의 시행착오를 겪고 있잖아요. 어려운 상황 속에서 좋은 경기력을 보여 준다면 긍정적인 시선으로 리그를 더 응원해 줄 것

입니다.

이재상 | 성적이 좋다면 분명히 붐업이 될 것입니다. 여자배구 도쿄올림픽 4강 진출 이후 인기가 치솟았던 것처럼 리그 인기에도 직결된다고 봐요. 반대로 국제대회 성적이 좋지 않다고 해서 관중이 급감할 것이라고는 생각하지 않아요. 그 속에서 선수들이 얼마나 투혼을 펼치느냐가 중요하겠죠.

이보미 | 대표팀에 다녀온 선수들이 V-리그에서 성장하는 모습을 보인다면 오히려 리그 재미를 더할 수 있는 요소가 되지 않을까 싶습니다. 그렇다면 2023-2024시즌 리그에서 가장 주목받을 것 같은 팀 그리고 선수는요?

조은지 | 페퍼저축은행입니다. 가장 극적인 변화가 있는 팀이잖아요. 화려한 공격수 박정아에 야스민까지 왔고요. 미국 출신의 조 트린지 감독도 해외에서 경험이 풍부한 지도자이기 때문에 '막내 구단' 페퍼저축은행이 분명 지난 두 시즌과는 다른 새로운 모습을 보여 줄 것이라 생각해요. 시즌 최다 5승은 넘지 않을까요?

오효주 | 그렇죠. 페퍼저축은행의 전력이 눈에 띄게 좋아진 만큼 창단 후 최다 승을 기록하지 않을까 예상합니다. 또 페퍼저축은행이 승리한다면 패하는 팀도 있을 텐데요. 그만큼 순위 싸움도 흥미로운 관전 포인트가 되겠죠.

이재상 | 전 IBK기업은행이요. FA로 '살림꾼' 황민경이 오면서 약점을 지웠다고 봐요. 폰푼도 있고, 김희진이 미들 블로커로 들어가면 높이도 나쁘지 않고요. 멤버 구성상 탄탄한 팀이기에 팬들의 관심이 더 뜨겁지 않을까 싶습니다.

이보미 | 변화가 큰 페퍼저축은행이 반란을 이뤄 낼지 주목됩니다. 2023년 신인 드래프트 '최대어'로 꼽혔던 전체 1순위 미들 블로커 김세빈을 향한 기대감도 큽니다. 당장 한국도로공사는 베테랑 정대영이 FA로 이적하면서 그 공백을 지워야 하는 과제를 안았는데, 김세빈까지 영입하는 행운을 거머쥐었습니다.

오효주 | 사실 최근 몇 년간 리그의 흥행을 압도적으로 살려 줄 '슈퍼 신인'의 활약은 찾아보기가 어려웠잖아요. 김세빈도 팀 사정상 출전 기회를 많이 받지 않을까 생각해요.

이재상 | 2014-2015시즌 신인 드래프트 이후 가장 뜨거웠던 신인 선수인 것 같아요. 아무래도 아버지, 어머니 모두 배구선수 출신이라 그 DNA는 다를 것이라고 보고요. 정통 미들 블로커로서 한국 여자배구의 미래가 될 것이라고 봅니다.

이보미 | 아시아쿼터 1순위로 IBK기업은행 지명을 받은 센터 폰푼이 V-리그 무대에 오르는 모습도 흥미롭습니다. 아시아선수권 우승 센터이기도 하잖아요. 아시안게임 일정으로 늦게 팀에 합류

하는 점은 우려스럽지만, 워낙 태국에서 속공을 적극 활용한 다양한 패턴을 선보인 세터이기 때문에 IBK기업은행의 보다 빠른 배구가 코트에서 실현될 것으로 예상됩니다.

신승준 | 2018년 IBK기업은행 홈 경기장에서 한국-태국 슈퍼 매치가 열렸을 때 태국 팬들의 열기가 엄청났었는데요. IBK기업은행이 지금도 인기 구단이지만 또 다른 팬 유입도 가능해 보입니다.

이보미 | 변화가 큰 만큼 여자배구 예측도 쉽지 않은데요. 그래도 전 흥국생명이 강력한 우승 후보라고 생각하고요. 현대건설, 한국도로공사, IBK기업은행 등이 치열한 순위 싸움을 벌일 것 같아요.

이재상 | 흥국생명의 전력은 좋죠. 또 다른 팀들이 상대적으로 전력이 약화된 부분도 있고요. 다만 작년에도 끝날 때까지 끝난 것이 아니었듯이, 마지막까지 지켜봐야 할 것 같아요. 흥국생명 외에도 한국도로공사, IBK기업은행, 정관장 등이 높은 경쟁력을 보이지 않을까 싶습니다.

조은지 | 흥국생명도 강하지만 현대건설, 한국도로공사, IBK기업은행, GS칼텍스까지 그야말로 전쟁이 펼쳐질 것 같아요.

신승준 | 저도 흥국생명과 현대건설이 상위권을 유지할 것으로 보입니다. '디펜딩 챔피언' 한국도로공사가 FA 출혈은 컸지만 의외로 전력이 빠르게 갖춰지고 있어서 기대가 되는 팀이기도 하고요.

오효주 | 저는 흥국생명, 한국도로공사, GS칼텍스, IBK기업은행의 전력이 탄탄하다고 봐요. 봄배구에 오를 가능성이 높은 팀이죠.

🏐 대한항공의 전성시대? 그 대항마는?

이보미 | 남자배구에서는 대한항공이 세 시즌 연속 정규 리그 1위, 챔피언결정전 우승을 거머쥐며 승승장구 중입니다. 역대 최초 네 시즌 연속 통합 우승까지 바라보고 있는데요. 그 대항마는 어떤 팀이 될까요?

신승준 | 한국전력이 포지션별로 경험이 풍부한 선수들로 구성돼 있고요. 세터 하승우는 챔피언결정전 경험이 있고, 박철우가 미들 블로커로 들어갑니다. 중앙에서 신영석-박철우 조합이라면 베테랑 중의 베테랑이죠. 서재덕, 료헤이까지 선수 구성이 좋고

요. 그 경험들이 가장 빛을 낼 수 있는 적기라고 봅니다.

오효주 | 저 역시 한국전력이 화려하게 치고 나가지는 않더라도 크게 무너지지는 않을 것 같습니다. 상위권을 유지하면서 중요한 순간에는 강팀을 무너뜨릴 힘을 가진 팀이 되지 않을까 싶어요.

이보미 | 우리카드도 지난 시즌 대한항공을 상대로 가장 많은 승수를 챙겼잖아요. 정규 리그에서 3승을 챙겼는데요. 물론 선수 구성이 바뀌긴 했지만, 마테이와 잇세이 그리고 김지한의 공격력은 강하다고 봐요. 양 팀 감독의 지략 대결도 지켜볼 만합니다.

이재상 | 저는 대항마가 없다고 생각해요. 리시브가 약점이었는데 정한용까지 성장했잖아요. 아시아쿼터로 에스페호까지 왔기 때문에 여전히 우승 후보 1위입니다.

조은지 | 저도 대한항공의 대항마가 보이지 않는 것 같아요. 선수들도 우승을 할 것 같다는 자신감을 갖고 있고요. 대한항공의 전성시대는 더 길게 가지 않을까 싶습니다.

이보미 | V-리그 최초로 외국인 선수 두 명이 코트 위에 오르는데요. 그럼 가장 기대되는 외인 조합이 있을까요?

이재상 | 한국전력 리베로 료헤이의 평가가 좋긴 하지만, 공격력을 극대화하고 있는 삼성화재 에디와 요스바니 좌우 조합이 기대가 됩니다. 또 두 선수가 같이 다니면서 친하게 지낸다고 하더라고요.

이보미 | 활용도가 높은 우리카드 마테이와 잇세이가 어떤 모습일지 궁금해요. 아웃사이드 히터와 아포짓을 겸한 마테이, 아포짓과 미들 블로커 소화가 가능한 잇세이를 여러 조합으로 기용할 것 같고요. 두 선수의 높이와 공격력은 새로운 에너지가 될 것으로 보입니다.

신승준 | 뉴페이스 마테이와 잇세이는 사실상 마지막 순위로 뽑혔는데 저평가를 딛고 잘 할 수 있을 것 같고요. 가장 기대되는 조합은 저도 요스바니와 에디죠. 요스바니는 한국에서만 네 번째 팀이라 본인의 역할을 가장 잘 알고요. 에디도 갓 대학 졸업한 선수라 할 수 있지만 몽골 선수의 탄력도 무시할 수 없겠더라고요. 서브 파괴력도 상당합니다. 기대 이상으로 삼성화재를 빛나게 만드는 선수가 될 것 같아요.

이보미 | '배구는 세터놀음'이라는 말도 있잖아요. 공격수들을 살려 줄 세터들의 역할이 중요합니다. 리그 최고의 세터인 대한항공 한선수의 자리를 물려받을 세터이자, 2023-2024시즌 주목받을 세터는 누구라고 보나요?

오효주 | 팀 상황상 그리고 부상 또는 부진, 군 복무 등으로 흩어져 있던 1992년생 세터들이 모두 주전으로 뛰는 시즌입니다. 이

민규-노재욱-황승빈의 활약을 기대해봅니다. 이들이 각자의 자리에서 경험을 충분히 쌓았고, 대학 시절의 그 승부욕과 느낌도 떠올리면서 정면 승부를 펼친다면 리그가 더 재밌어지지 않을까요. 국가대표 경험도 있고. 현재 한선수 다음으로 너무 젊어진 대표팀 세터 그 사이에서 자존심을 지키는 한 시즌을 보냈으면 해요.

이재상 | OK금융그룹 이민규가 새 시즌 주장을 맡기도 했고요. 지난 시즌에는 군 전역 후 돌아와서 아쉬운 모습을 보였는데 이제 이민규가 다시 제 역할을 해 줄 시기라고 봅니다.

신승준 | 그렇죠. 올해 공개된 연봉만 봐도 이민규가 한선수, 정지석 다음으로 높았잖아요. 세터 포지션에서는 한선수 다음이고요. 팀의 신뢰도 확인했고요. 다시 우승 세터 이민규의 진가를 발휘할 때라고 생각합니다.

이보미 | 한국전력 하승우도 봄배구 의지가 강해 보여요. 비시즌 하승우에 대한 칭찬도 자자했고요. 일단 팀이 료헤이 영입으로 탄탄한 리시브를 갖춘 상황에서 하승우가 어떻게 코트 위에서 마음껏 요리를 할지 궁금해요.

이재상 | 우리카드의 새로운 주전 세터가 될 한태준도 가능성이 있어 보여요. 이제 프로 2년 차이지만 '명세터' 출신인 신영철 감독도 한태준을 높게 평가하고 있습니다.

신승준 | 주변에 다른 선수들이 좋은 세터를 만들어 준다고도 말하잖아요. 한선수도 그랬듯 하승우도 팀원들이 도와준다면 좀 더

제 기량을 발휘하지 않을까 싶기도 하네요.

이보미 | 역시 새 시즌에도 대한항공의 1강이 점쳐지고 있는 가운데 봄배구까지 함께할 팀은 어디라고 보나요?

조은지 | 대한항공에 이어 현대캐피탈, 우리카드, 한국전력이 그래도 정규 리그 4위 안에 들지 않을까 싶습니다.

이보미 | 저도 지난 시즌과 동일하게 4개 팀이 봄배구까지 시즌을 이어갈 것으로 보입니다.

오효주 | 전 대한항공, 한국전력, OK금융그룹, 현대캐피탈이요.

신승준 | 저도요. OK금융그룹 백업 멤버도 나쁘지 않거든요. 세터, 리베로, 날개 자원까지 고른 편입니다. 그래서 효주 아나운서랑 같습니다.

이재상 | 저도 OK금융그룹이 포함된 대한항공, 한국전력, 현대캐피탈인데요. 삼성화재가 올라올 수도 있기에 변수라고 생각해요.

이보미 | 네. 이렇게 심도 있는 시즌 전망에 대해 얘기를 나눠 봤고요. 저희가 예측한 대로 V-리그가 흘러갈지 보는 재미도 있을 것 같습니다. 감사합니다.

SCOUTING REPORT

2 0 2 3 - 2 0 2 4

17-18 22-23

0% 기적은 잊어라
새로운 기적이
시작된다

한국도로공사
하이패스

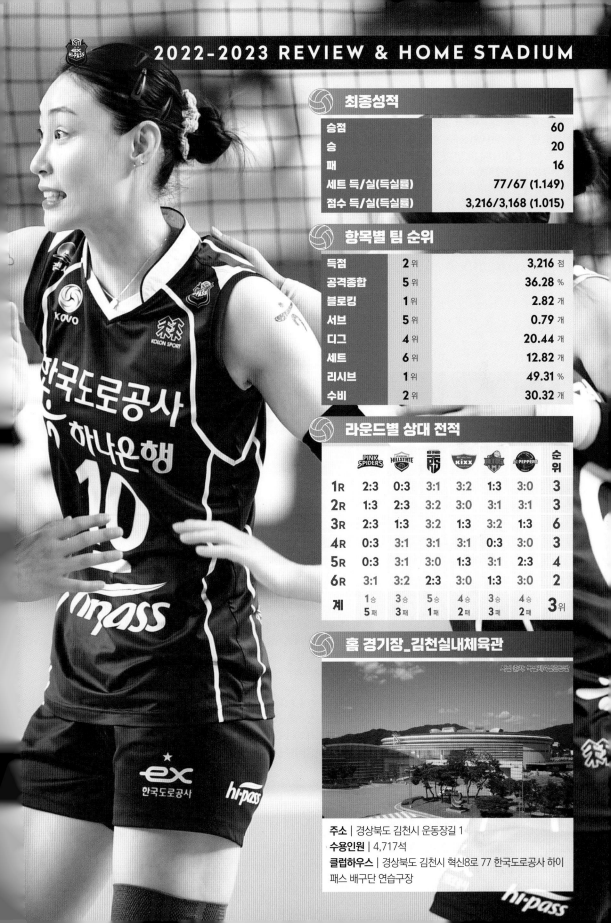

최종성적

승점	60
승	20
패	16
세트 득/실(득실률)	77/67 (1.149)
점수 득/실(득실률)	3,216/3,168 (1.015)

항목별 팀 순위

득점	2위	3,216 점
공격종합	5위	36.28 %
블로킹	1위	2.82 개
서브	5위	0.79 개
디그	4위	20.44 개
세트	6위	12.82 개
리시브	1위	49.31 %
수비	2위	30.32 개

라운드별 상대 전적

	PINK SPIDERS	HILLSTATE	RED SPARKS	KIXX	ELTOS	AI PEPPERS	순위
1R	2:3	0:3	3:1	3:2	1:3	3:0	3
2R	1:3	2:3	3:2	3:0	3:1	3:1	3
3R	2:3	1:3	3:2	1:3	3:2	1:3	6
4R	0:3	3:1	3:1	3:1	0:3	3:0	3
5R	0:3	3:1	3:0	1:3	3:1	2:3	4
6R	3:1	3:2	2:3	3:0	1:3	3:0	2
계	1승 5패	3승 3패	5승 1패	4승 2패	3승 3패	4승 2패	3위

홈 경기장_김천실내체육관

사진 출처: 국민체육진흥공단

주소 | 경상북도 김천시 운동장길 1
수용인원 | 4,717석
클럽하우스 | 경상북도 김천시 혁신8로 77 한국도로공사 하이
패스 배구단 연습구장

0% 기적의 책임감과 부담감 사이

한국도로공사는 지난 시즌 흥국생명과의 챔피언결정전에서 1, 2차전을 모두 내줬지만 3~5차전에서 모두 승리를 거두며 극적인 우승을 달성했다. 여자부 역사상 챔피언결정전 1, 2차전 승리팀이 우승한 확률은 100%였다. 마침내 한국도로공사가 끈질긴 추격 끝에 0% 기적을 일으켰다. 베테랑의 힘도 컸다. 다만 챔피언 등극 이후 팀 변화가 크다. 지난 시즌과 비교해 베스트7 멤버 중 3명 이상 바뀔 가능성이 농후하다. 한국도로공사는 0% 기적에 대한 책임감과 부담감 사이에 놓여 있다. '디펜딩 챔피언'으로서 자존심 지키기, 새로운 변화와 함께 다시 시작해야 하는 부담감 극복. 두 마리 토끼 잡기에 나섰다.

 베테랑의 이적, 높이·공격력을 보완하라

우승 이후 한국도로공사에게 주어진 과제가 많아졌다. 우승 주역이었던 베테랑 아웃사이드 히터 박정아와 미들 블로커 정대영이 FA 자격을 얻고 각각 페퍼저축은행, GS칼텍스로 이적하면서 전력 누수가 생겼다. 높이와 공격력 보완이 필요하다. 박정아 보상선수로 페퍼저축은행으로부터 미들 블로커 최가은을 영입했고, 정관장과의 트레이드로 고의정-박은지를 데려왔다. 임명옥-문정원이 지키는 수비는 문제없다. 하지만 지난 시즌과 비교해 결정적인 순간 '묵직한 한 방'을 맡아 줄 선수가 보이지 않는다. 대신 끈끈하고 스피드를 끌어올린 팀플레이로 공격력을 극대화시키고자 한다. 팀 컬러 변화까지 예고한 한국도로공사다.

감독

김종민

'역대 최장수 사령탑'의 고민은 끝나지 않았다

한국도로공사 체육관에는 매 시즌 감독 및 코칭스태프를 포함한 선수단 명단이 진열돼 있다. 김종민 감독은 2016-2017시즌부터 지난 시즌까지 7회 연속 감독 자리를 지켰다. 새 시즌에도 미소 짓고 있는 김 감독의 사진과 이름이 들어간다. 지난 8월 김 감독은 한국도로공사와 3년 재계약을 체결했다. 계약 기간은 2025-2026시즌까지다. 김 감독은 2016년 4월 부임 후 2017-2018시즌 팀 창단 최초 V-리그 통합 우승을 달성했고, 2021-2022시즌 팀 최다 연승인 12연승을 질주한 바 있다. 2022-2023시즌에는 V-리그 역사상 최초로 '리버스 스윕 우승'까지 이뤘다. 역대 여자배구 최장 기간 재임 감독은 2010년부터 2019년까지 IBK기업은행을 맡았던 이정철 전 감독의 9년이었다. 김 감독은 이번 재계약으로 2016년부터 2026년까지 계약 기간 10년을 기록했다. 그럼에도 김 감독은 기쁨보다도 걱정이 더 많다.

모험이 필요한 시기다. 더 정교한 배구로 청사진을 그리고 있다. 결국 세터의 역할이 더 중요해졌다. 이전에는 높은 블로킹과 끈질긴 수비라는 무기로 버텼다. 이제는 다양한 공격 패턴으로 풀어 나가는 플레이를 구사해야 한다. 김 감독도 팀이 꼭 거쳐야 할 시기라는 것을 누구보다 잘 안다. 쉽지 않은 도전이지만 자신 있다. 그동안 쌓아 온 선수들과의 신뢰를 믿기 때문이다. 훈련 시간 외 코트 밖에서는 신인 선수들도 쉽게 다가올 수 있게끔 소통하려고 한다. 김 감독이 한 팀에서 오랫동안 지휘봉을 잡고 있는 비결 중 하나이기도 하다. 이제 팀에 남은 베테랑 임명옥, 배유나, 문정원, 전새얀까지도 밝고 긍정적인 고참들이다. 팀 중심을 잡아 주고 있는 이들에게 고마운 마음이 크다. 새로운 선수 조합으로, 새로운 출발점에 선 한국도로공사다.

Best 7

IN	
최가은	▶
고의정	▶
박은지	▶

OUT	
박정아	▶
정대영	▶
차유정	▶
공은서	▶
정소율	▶
안예림	▶
김세인	▶

타나차 OP · 배유나 MB · 문정원 OH

부키리치 OH · 최가은 MB · 이윤정 S

임명옥 L

라인업

no.	이 름		포지션
3	박은지		S
4	전새얀		OH
6	이윤정		S
7	이예림		OH
8	임명옥	©	L
9	최가은		MB
10	배유나		MB

no.	이 름	포지션
11	이예담	MB
12	문정원	OP
13	부키리치	OH
14	임주은	MB
15	백채림	L
16	이미소	OH
17	우수민	OH

no.	이 름	포지션
19	타나차	OP
20	고의정	OH
21	이예은	OH

루키

김세빈 MB · 김미진 OH · 신은지 OP

NO.3 박은지

S 세 터

생년월일	2004.06.29
신장	177cm
출신교	중대초▶일신여중▶일신여상
입단	2022-2023시즌 1라운드 4순위
이적	-
총 보수	5,800만 원 (연봉 5,300만 원, 옵션 500만 원)

이래를 두려워하지 말자!

내 손에서 시작되는 공격

박은지는 초등학교 5학년 때부터 줄곧 세터 포지션으로 뛰었다. 리베로는 세터를 바라보며 공을 올려 준다. 세터는 선택권이 있다. 여러 공격수들과 다양한 패턴 플레이를 구사할 수 있다. 책임감도 크지만 그만큼 쾌감도 크다. 박은지가 느끼는 세터의 매력이다. 남자배구도 즐겨 보는 편이다. 어려운 공격 상황에서 쉽게 풀어 가는 능력을 지켜보곤 한다. 롤 모델도 대한항공의 한선수다.

강심장과 포커페이스

프로 데뷔전에서 박은지의 두둑한 배짱은 화제였다. 오히려 복잡하게 생각하지 않으려고 했다. 실제로 박은지는 심장이 튀어나올 것처럼 긴장을 했지만, 표정에서는 감정의 동요를 느낄 수 없었다. 세터에게는 이 또한 하나의 무기다. 2023년 새롭게 둥지를 튼 도로공사에서도 그의 강심장과 포커페이스를 확인할 수 있다. 박은지도 새로운 기회를 잡고 싶다.

박은지의 TOP3

박은지	한 경기 최다 세트	한 경기 최다 득점	한 경기 최다 서브
	41개	**5**점	**2**개

2022-2023 V-리그 경기기록

26 경기	67 세트	11 득점	3 블로킹	6 서브
25 공격 성공률(%)	**1.851** 세트 Avg(set)	- 리시브 효율(%)		**0.418** 디그 Avg(set)

NO.**4**
전새얀
OH 아웃사이드 히터

생년월일	1996.11.27
신장	178cm
출신교	옥현초▶대구일중▶대구여고
입단	2014-2015시즌 1라운드 5순위
이적	IBK기업은행▶한국도로공사(2016)
총 보수	2억 1,000만 원 (연봉 1억 8,000만 원, 옵션 3,000만 원)

어느덧 10년 차의 책임감

전새얀도 어느덧 프로 10년 차다. 도로공사에서만 여덟 번째 시즌을 맞이한다. 올해 FA 잔류를 택하면서 도로공사와의 동행을 이어가게 됐다. 전새얀의 코트 위 존재감도 점점 커졌다. 그동안 팀 내 '언니들'이 있었기에 막내 같은 느낌이었다면, 이제는 달라졌다. 전새얀도 고참답게 책임감 있는 모습을 보여주고자 한다.

300득점을 바라보며

전새얀의 한 시즌 최다 득점은 2021-2022시즌 225득점이었다. 새 시즌에는 300득점을 목표로 설정했다. 이를 위해서는 경기 출전 기회도 얻어야 하고, 공격 성공률도 끌어올려야 한다. 늘 공격하는 찰나에 고민하지 말라는 얘기를 듣기도 한다. 세터와 호흡 맞추기에도 집중하고 있다. 리시브 여부에 따른 공격 타이밍과 공 높이 등을 확인한다. 더 낮고 빠른 플레이를 선보이겠다는 각오다.

전새얀의 TOP3

전새얀	한 경기 최다 득점	한 경기 최고 공격 점유율	2015-2016 시즌 리시브 순위
	22점	**31.21**%	**10**위

2022-2023 V-리그 경기기록

36 경기	**136** 세트	**198** 득점	**20** 블로킹	**5** 서브
32.89 공격 성공률(%)	**0.044** 세트 Avg(set)	**32.95** 리시브 효율(%)	**1.044** 디그 Avg(set)	

NO.6 이윤정

S 세 터

생년월일	1997.05.29
신장	172cm
출신교	파장초▶수일여중▶수원전산여고
입단	2021-2022시즌 2라운드 2순위
이적	–
총 보수	1억 8,000만 원 (연봉 1억 6,000만 원, 옵션 2,000만 원)

지금이 아니면 언제?

빠르게 더 빠르게

팀 구성이 달라진 만큼 팀 컬러 변화를 예고한 도로공사다. 이윤정도 스피드 배구에 집중하고 있다. 스피드와 정확도를 모두 갖춘 토스를 하기란 쉽지 않다. 반복 훈련을 통해 기복을 줄이려고 한다. 컵대회를 앞두고 발목 부상을 당하면서 마음고생도 했지만, 오히려 마음을 다잡는 계기가 됐다. 야간 훈련까지 자청하며 열정을 불태우고 있다.

세트 성공률을 올리자

지난 시즌과는 달리 선수들과 콤비 플레이를 맞춰 가고 있다. 해결사의 '한 방'보다는 팀플레이를 선보이려고 한다. 이윤정도 빠르게 랠리를 이어갈 수 있도록 스피드를 살려주는 토스를 하기 위해 구슬땀을 흘렸다. 동시에 더 높은 세트 성공률도 바라 본다. 세트 성공률 50%로 끌어올리는 것이 목표다. 실업 배구를 거쳐 V-리그에 정착한 이윤정의 세 번째 시즌도 주목된다.

이윤정의 TOP3

이윤정	한 경기 최다 득점	한 경기 최다 세트	2021-2022 시즌
	6점	63개	신인선수상

2022-2023 V-리그 경기기록

36 경기	144 세트	51 득점	31 블로킹	14 서브
30.19 공격 성공률(%)	**9.986** 세트 Avg(set)	**–** 리시브 효율(%)		**2.542** 디그 Avg(set)

NO.**7**

이예림

OH 아웃사이드 히터

생년월일	1998.01.10
신장	175cm
출신교	아산둔포초▶천안봉서중▶수원전산여고
입단	2015-2016시즌 2라운드 3순위
이적	현대건설▶한국도로공사(2021)
총 보수	7,500만 원 (연봉 7,000만 원, 옵션 500만 원)

내가 가는 곳에 길이 있다!

이예림에게 잘 맞는 옷, OH

초등학교 3학년 때부터 배구공을 잡기 시작했다. 미들 블로커로 시작해 고등학교 진학 후 아웃사이드 히터로 변신했다. 리시브 훈련은 꾸준히 해 왔다. 아포짓까지 소화해 봤다. 가장 잘 맞는 포지션은 아웃사이드 히터다. 도로공사도 수비 안정을 위해 이예림을 기용하곤 했다. 베테랑 리베로 임명옥을 옆에서 보면서 배우고 있다. 선배의 칭찬에도 스스로 냉정해야 한다며 채찍질을 가한다.

이시카와 남매에 빠지다

이예림은 일본 남자배구 국가대표 이시카와 유키와 여자배구 국가대표 이시카와 마유의 경기 영상을 챙겨 보곤 한다. 실제로 친남매인 두 선수는 비교적 작은 신장에도 세계 무대에서 그 경쟁력을 입증하고 있다. 이예림은 어려운 상황에서 공격을 처리하는 방법을 집중적으로 연구한다. 2023-2024시즌에도 범실 없이 결정력이 좋은 선수가 되고자 한다.

이예림의 TOP3

	한 경기 최다 득점	한 경기 최고 공격 점유율	한 경기 최고 공격 성공률
이예림	18점	24.36%	44.74%

2022-2023 V-리그 경기기록

31 경기	64 세트	48 득점	2 블로킹	- 서브

32.62 공격 성공률(%)	0.047 세트 Avg(set)	37.19 리시브 효율(%)	1.328 디그 Avg(set)

NO.**8**

임명옥

L 리 베 로

생년월일	1986.03.15
신장	175cm
출신교	마산제일여중▶마산제일여고
입단	2005시즌 1라운드 3순위
이적	KGC인삼공사▶한국도로공사(2015)
총 보수	3억 5,000만 원 (연봉 3억 원, 옵션 5,000만 원)

'최리'라 불리는 이유?

임명옥의 별명은 '최리'다. 최고의 리베로라는 뜻이다. 기록도 화려하다. 2019-2020시즌부터 4시즌 연속 V-리그 베스트 리베로로 선정됐다. 역대 통산 수비 부문에서도 김해란을 따돌리고 1위를 달리고 있다. 임명옥은 모든 리베로를 라이벌이라 여기며 스스로에게 동기를 부여한다. 수비와 베스트7에 대한 욕심도 늘 갖고 있다. 그의 집념 덕분에 '최리'도 탄생했다.

몸 관리 비결은 '회'

임명옥은 2005년부터 시작해 20번째 V-리그에 나선다. 꾸준한 몸 관리가 필요하다. 따로 챙겨 먹는 보양식은 없지만, '먹고 싶은 것은 많이 먹자' 주의다. 즐겨 먹는 것은 생선회다. 이를 비롯해 해산물을 좋아한다. 개불, 전복, 멍게 등 가리지 않는다. 살이 찌지 않는 음식이기도 하다. 체중 관리도 수월하다. 해산물 이야기에 절로 미소가 지어지는 임명옥이다.

임명옥의 TOP3

임명옥	통산 리시브 정확	통산 수비 성공	2019~2023
	1위	1위	4시즌 연속 베스트7

2022-2023 V-리그 경기기록

36 경기	144 세트	- 득점	- 블로킹	- 서브
- 공격 성공률(%)	0.972 세트 Avg(set)	59.85 리시브 효율(%)	5.313 디그 Avg(set)	

NO.9
최가은

MB 미 들 블 로 커

생년월일	2001.02.28
신장	185㎝
출신교	세화여중▶일신여상
입단	2019-2020시즌 1라운드 5순위
이적	IBK기업은행▶페퍼저축은행(2021)▶한국도로공사(2023)
총 보수	8,500만 원 (연봉 7,000만 원, 옵션 1,500만 원)

행운은 내가 만들 수 없지만
행복은 내가 만들 수 있어!

늦게 피는 꽃이 더 아름답다

최가은은 중학교 3학년 때부터 본격적으로 배구를 시작했다. 고등학교 가서야 스타팅 멤버가 됐고, 스스로도 '키 크고 기본기가 없는 선수'라고만 생각했다. 2022-2023시즌이 터닝 포인트였다. 프로에서 첫 주전으로 보낸 시즌이었다. 코트 위에서 미들 블로커의 더 세세한 역할들도 실감했다. 공격과 블로킹 시 점프를 최대한 활용하려고 노력 중이다. 최가은의 꽃이 서서히 피고 있다.

'정신적 지주' 배유나

베테랑 정대영이 떠난 자리를 지켜야 하는 도로공사다. 고참 배유나를 필두로 젊은 미들 블로커들의 활약이 필요하다. 최가은에게도 배유나는 '정신적 지주'다. 이동공격이나 속공 자세부터 배우고 있다. 후배가 친근하게 다가갈 수 있는 선배이기도 하다. 컵대회 도중 발목 부상으로 진한 아쉬움을 남겼던 최가은의 열정에 배유나의 조언까지 더해지고 있다.

최가은의 TOP3

최가은	한 경기 최다 득점	한 경기 최다 블로킹	2022-2023 시즌 블로킹 순위
	15점	7개	10위

2022-2023 V-리그 경기기록

36 경기	136 세트	233 득점	73 블로킹	14 서브
36.96 공격 성공률(%)	0.125 세트 Avg(set)	19.05 리시브 효율(%)	1.029 디그 Avg(set)	

NO.**10**
배유나

MB 미들 블로커

생년월일	1989.11.30
신장	182cm
출신교	안산서초▶원곡중▶한일전산여고
입단	2007-2008시즌 1라운드 1순위
이적	GS칼텍스▶한국도로공사(2016)
총 보수	5억 5,000만 원 (연봉 4억 4,000만 원, 옵션 1억 1,000만 원)

매일 행복할 순 없지만,
행복한 것들은 매일 있어

또 다른 성장

첫 프로 팀이었던 GS칼텍스 그리고 두 번째 팀인 도로공사에서도 배유나의 미들 블로커 짝꿍은 정대영이었다. 대부분의 시간을 정대영과 함께했다. 이제 정대영은 없다. 배유나가 후배들을 이끌어 가야 한다. 모범이 돼야 하는 부담감도 분명 있지만 후배들의 성장 과정을 보면서 스스로도 성장할 수 있으리라 기대한다. 도로공사만의 끈질긴 배구를 선보이겠다는 각오다.

목표는 블로킹 TOP5

2007-2008시즌부터 V-리그 무대에 오른 배유나도 베테랑이다. 새 시즌 개인적인 목표는 블로킹 TOP5에 이름을 올리는 것이다. 프로 데뷔 첫 시즌 블로킹 4위를 차지한 바 있다. 2020-2021시즌 블로킹 3위, 2022-2023시즌 블로킹 2위에 랭크됐다. 미들 블로커에게 첫 번째는 블로킹이라고 여긴다. 최근 미들 블로커의 가치가 높아지는 추세에 배유나의 의지도 강하다.

🏐 배유나의 TOP3

	통산 승수	통산 블로킹 득점	2007-2008 시즌
배유나	8위	5위	신인선수상

🏐 2022-2023 V-리그 경기기록

36 경기	144 세트	443 득점	111 블로킹	17 서브
41.89 공격 성공률(%)	0.313 세트 Avg(set)	37.14 리시브 효율(%)	1.104 디그 Avg(set)

NO.11 이예담

MB 미들 블로커

생년월일	2003.08.20
신장	185cm
출신교	중앙여중▶중앙여고
입단	2021-2022시즌 1라운드 4순위
이적	–
총 보수	6,000만 원 (연봉 5,500만 원, 옵션 500만 원)

현재를 즐겨♥

예기치 못한 손가락 부상

KOVO컵대회는 선수들이 코트 위에 오를 수 있는 또 하나의 기회. 이예담도 그 기회를 잡고 싶었다. 더군다나 도로공사는 베테랑 정대영의 공백을 지워야 하는 과제를 안고 있다. 하지만 예기치 못한 부상에 마음 고생을 했다. 컵대회 도중 손가락을 다친 것. 경기에 뛰고 싶은 마음에 아프지 않다고도 말했다. 그만큼 간절했다. 9월 말에 훈련에 복귀한 이예담은 다시 '준비된 자'가 되고자 한다.

가은 언니의 B속공

이예담은 새로운 얼굴인 미들 블로커 최가은을 옆에서 보고 배우고 있다. 물론 블로킹 훈련에 중점을 두고 있지만, 다양한 공격 옵션을 장착하고 싶은 마음도 크다. A속공은 자신 있지만 최가은의 B속공도 내 것으로 만들고 싶다. 지금까지 보여준 것이 없다고 생각하는 이예담이다. 어떻게든 득점을 늘리고 싶다. 코트 안에서의 자신 없던 모습을 잊어버리고 새로운 이예담을 보여주고 싶다.

이예담의 TOP3

	한 경기 최다 득점	한 경기 최다 블로킹	2022-2023 시즌 득점 순위
이예담	3점	2개	82위

2022-2023 V-리그 경기기록

11 경기	13 세트	6 득점	4 블로킹	1 서브
16.67 공격 성공률(%)	- 세트 Avg(set)	1 리시브 효율(%)	0.385 디그 Avg(set)	

NO.12
문정원

아포짓 스파이커
아웃사이드 히터

생년월일	1992.03.24
신장	175cm
출신교	송원중▶목포여상
입단	2011-2012시즌 2라운드 4순위
이적	–
총 보수	2억 5,000만 원 (연봉 2억 2,000만 원, 옵션 3,000만 원)

리시브의 여왕

2022-2023시즌 문정원의 리시브 효율은 56.94%에 달했다. 리시브 성공률도 아닌 효율이다. 문정원이 프로 데뷔 후 가장 높은 리시브 효율 수치이기도 하다. 무엇보다 2021-2022시즌 38.73%를 기록했던 문정원이 리그 리시브 2위에 오를 정도로 안정감을 보였다. 직전 시즌에는 개인 통산 리시브 정확 3,500개를 달성하는 기염을 토했다. 역대 4호 기록이다. 현역 선수 중에서는 임명옥, 김해란에 이어 3번째다.

국가대표 리베로의 귀환

2023년 문정원은 태극마크를 달았다. 포지션은 리베로였다. 수비가 좋은 아웃사이드 히터 문정원이 리베로 유니폼을 입은 것. 수비 위치도 다르기 때문에 처음에는 낯설었다. 힘들 때는 든든한 언니인 임명옥에게 연락을 하기도 했다. 소속팀 내에서도 임명옥-문정원의 리시브 라인은 리그 정상급이다. 환상의 짝꿍이나 다름없다. 소속팀 수비 1위를 이끈 국가대표 리베로가 돌아왔다.

문정원의 TOP3

	한 경기 최다 득점	통산 리시브 정확	통산 서브 득점
문정원	20점	4위	6위

2022-2023 V-리그 경기기록

35 경기	135 세트	172 득점	19 블로킹	18 서브
34.88 공격 성공률(%)	0.304 세트 Avg(set)	56.94 리시브 효율(%)	3.119 디그 Avg(set)	

NO.13
반야
부키리치

OP OH 아포짓 스파이커
아웃사이드 히터

생년월일	1999.06.13
신장	198cm
국적	세르비아
입단	2023 외국인 선수 트라이아웃 7순위
이적	–
총 보수	25만 달러 (연봉 25만 달러, 옵션 –)

도시공학 석사입니다

공부와 배구를 동시에 하고 싶었던 부키리치는 미국 대학 배구를 경험했다. 결국 잠을 줄여 가며 도시공학 석사 학위까지 받았다. 도전을 즐기는 부키리치다. 한국행을 택한 이유도 자신의 강점인 공격력을 발휘할 수 있기 때문이다. 도로공사를 거쳐 간 외국인 선수 이바나, 니콜로부터 높은 공격 비중과 강도 높은 훈련에 대해 조언을 받았다. 부키리치의 적극적인 훈련 태도도 합격점을 받았다.

롤 모델은 보스코비치

세르비아 에이스이자 세계적인 아포짓 티아나 보스코비치가 부키리치의 롤 모델이다. 그에게 '농구의 전설, 마이클 조던'과도 같은 존재다. 부키리치도 공격을 좋아한다. 상대 블로킹 위에서의 타점 높은 공격, 예리한 각도의 공격, 코트 구석으로 꽂히는 공격을 좋아한다. 어디까지 성장할지 스스로 기대가 크다. 손 하트와 '도공해'라고 말할 정도로 완벽하게 적응은 마쳤다.

부키리치의 TOP3

부키리치	-	-	-
	-	-	-

2022-2023 V-리그 경기기록

경기	세트	득점	블로킹	서브
-	-	-	-	-

공격 성공률(%)	세트 Avg(set)	리시브 효율(%)	디그 Avg(set)
-	-	-	-

NO.14
임주은

MB 미들 블로커

생년월일	2003.05.19
신장	184cm
출신교	신하초▶제천여중▶제천여고
입단	2022-2023시즌 1라운드 7순위
이적	–
총 보수	4,500만 원 (연봉 4,200만 원, 옵션 300만 원)

생각이 내가 된다!

개인 훈련은 기본

임주은은 상대적으로 배구를 늦게 시작한 편이다. 중학교 1학년 말부터 시작해 미들 블로커로만 뛰었다. 블로킹 후 이어지는 동작, 공격, 서브, 수비 등 모든 부문에서 기량을 끌어올리고 싶다. 스스로에게 채찍질도 가한다. 고교 시절부터 개인 훈련을 게을리 하지 않았다. 프로 팀에서도 마찬가지다. 가장 먼저 체육관에 복귀해 배구공을 잡는 선수가 바로 임주은이다.

유나 언니가 최고!

임주은에게 배유나는 '최고의 미들 블로커'다. 블로킹 손 모양부터 시작해 움직임, 블로킹에 대한 확신과 판단 등을 보고 놀랐다. 랠리 상황에서 어떤 공이든 처리할 수 있는 능력에도 반했다. 같은 팀의 미들 블로커 최가은, 이예담의 장점도 가져오고 싶다. 언니들을 보면서 동기부여가 생기는 임주은이다. 교체라도 들어갈 수 있는 기회를 얻기 위해 비시즌 구슬땀을 흘렸다.

임주은의 TOP3

	한 경기 최다 득점	2022-2023 시즌 득점	–
임주은	**1**점	**96**위	–

2022-2023 V-리그 경기기록

1 경기	**1** 세트	**1** 득점	**1** 블로킹	– 서브
– 공격 성공률(%)	– 세트 Avg(set)	– 리시브 효율(%)	– 디그 Avg(set)	

NO.15
백채림

L 리 베 로

생년월일	1998.01.07
신장	173cm
출신교	선명여고
입단	2017-2018시즌 3라운드 2순위
이적	한국도로공사▶현대건설(2018)▶한국도로공사(2022)
총 보수	5,300만 원 (연봉 5,300만 원, 옵션 -)

내 인생의 주인공은 나 야 나 ~~ ♥

기회의 소중함을 알기에

백채림은 2017-2018시즌 도로공사 지명을 받았고, 2018년 현대건설로 이적했지만 한 시즌 만에 자유 신분 선수가 됐다. 이후 경일대 배구부와 비치발리볼 국가대표로 활약하다가 2022년 다시 도로공사 유니폼을 입었다. 백채림은 모든 선택에 만족하고, 그 선택에 대한 책임감을 보이고 있다. 기회의 소중함도 잘 알고 있다. 값진 하루를 차곡차곡 쌓아 프로에서 살아남는 것이 백채림의 목표다.

도로공사의 해피 바이러스

도로공사 안에서 외향적인 성향의 선수들이 많지 않다. 배유나에 이어 백채림도 해피 바이러스라 불린다. 백채림은 스스로도 분위기 메이커임을 인정했다. 동료들을 웃게 만드는 것에 자신 있다. 이 분야에서는 2023년 새로 이적한 최가은도 백채림을 돕고 있다. 백채림은 팀의 활력소가 되는 동시에 팀 승리에 보탬이 되는 선수가 되고 싶다. 그만큼 남몰래 실력을 갈고닦고 있다.

백채림의 TOP3

	한 경기 최다 득점	2018-2019 시즌 득점	-
백채림	1점	76위	-

2022-2023 V-리그 경기기록

1 경기	1 세트	- 득점	- 블로킹	- 서브
- 공격 성공률(%)	- 세트 Avg(set)	- 리시브 효율(%)	1.000 디그 Avg(set)	

NO.16
이미소

OH 아웃사이드 히터

생년월일	2004.11.19
신장	178cm
출신교	파장초▶수일여중▶한봄고
입단	2022-2023시즌 3라운드 7순위
이적	–
총 보수	3,800만 원 (연봉 3,800만 원, 옵션 –)

miso

우리가 배워야 할건 저장 이 순간을 가득 느끼는것!

1경기 20득점 이상 기록하기

이미소의 꿈은 '박정아 언니랑 같은 팀 되는 것'이었다. 중학교 1학년 때 국가대표 박정아의 승부욕과 책임감에 반했기 때문이다. 그 꿈은 이뤘다. 이제 프로에서 오래 살아남기가 목표다. 한봄고 시절에도 과감한 공격수였다. 파워 넘치는 공격이 그의 장기다. 2023년 비시즌 5kg 감량하는 체중 관리에도 이를 유지하려고 한다. 선발 멤버→1경기 20득점 이상 기록→방송 인터뷰를 이루고 싶다.

1억 원을 모으는 그날까지!

이미소의 별명 중 하나는 '자린고비'다. 프로 선수로 1년을 지낸 이미소는 돈을 모으는 데 빠졌다. 정말 필요한 곳에만 소비를 하는 편이다. 스트레스 받을 때 혼자서 책을 읽는 이미소이지만, 책은 도서관에서 대여를 할 정도다. 일단 1억 원을 모으려고 한다. 1억 원이 모인다면 집 혹은 차를 구매할지 고민 중이다.

🏐 이미소의 TOP3

이미소	한 경기 최다 득점	2022-2023 시즌 득점	-
	1점	**90**위	**-**

🏐 2022-2023 V-리그 경기기록

3 경기	**3** 세트	**2** 득점	**-** 블로킹	**-** 서브
50 공격 성공률(%)	**-** 세트 Avg(set)	**-** 리시브 효율(%)	**0.333** 디그 Avg(set)	

NO.17
우수민

OH 아웃사이드 히터

생년월일	1998.11.07
신장	177cm
출신교	대전용산고
입단	2017-2018시즌 1라운드 4순위
이적	KGC인삼공사 ▶ 한국도로공사(2018)
총 보수	6,500만 원 (연봉 5,500만 원, 옵션 1,000만 원)

결과가 과정을 증명한다!

서브 그리고 수비

우수민은 '원포인트 서버' 혹은 후위 자리 디그를 위해 교체 투입되곤 했다. 우수민도 더 날카로운 서브와 더 좋은 디그를 연마하고 있다. 또 수비가 된 상황에서 보다 안정적인 연결을 위해 자세 수정도 마다하지 않고 있다. 상대 공격수가 공격할 때 미리 움직이는 습관도 고치고자 했다. 초등학교 6학년 때부터 배구를 시작해 지금까지 아웃사이드 히터 자리에 들어선 우수민은 오늘도 달린다.

결과가 과정을 증명한다

우수민의 책상에도 쓰여 있는 글귀다. 그만큼 과정이 중요하다는 뜻이다. 또 우수민도 욕심이 생긴다. 더 많은 서브 득점을 내기 위해 무던히 노력 중이다. 바뀐 미카사 공으로 인해 수비가 더 까다로워졌다. 우수민도 일단 '많이 받아 보기'로 했다. 그리고 출전 자체만으로도 감사함을 느낀다. 작년의 우수민보다는 더 나은 모습으로 팬들에게 보답하고 싶다.

우수민의 TOP3

	한 경기 최다 득점	2017-2018 시즌 득점 순위	-
우수민	7점	47위	-

2022-2023 V-리그 경기기록

28 경기	65 세트	5 득점	- 블로킹	5 서브
- 공격 성공률(%)	0.046 세트 Avg(set)	- 리시브 효율(%)		0.323 디그 Avg(set)

NO.**19**
타나차
쑥숏

OP 아포짓 스파이커

생년월일	2000.05.26
신장	180cm
국적	태국
입단	2023 아시아쿼터 트라이아웃 4순위
이적	–
총 보수	10만 달러 (연봉 10만 달러, 옵션 –)

태국 여자배구의 떠오르는 스타

2000년생 타나차는 태국 여자배구 대표팀에서도 백업 멤버였다. 2023년에는 달랐다. 아시아선수권에서 자신의 존재감을 드러냈다. 주전 아포짓으로 기용됐던 핌피차야 코크람 대신 타나차가 주어진 기회를 잡았다. 태국 현지 매체에서는 태국 여자배구의 떠오르는 스타라고 평가했다. 비시즌 한국도로공사와 호흡을 맞추지는 못했지만, 대표팀에서 실전 감각을 유지했다. 타나차의 스피드가 궁금하다.

태국의 스피드 배구 선보이나

태국 여자배구는 '아시아 최강' 일본처럼 짜임새 있는 조직력을 토대로 스피드 배구를 펼치고 있다. 공격수 전원을 활용한다. 타나차도 빠른 공격을 구사한다. 한국도로공사도 보다 빠른 플레이로 변화를 꾀하고 있다. 타나차가 그 마지막 퍼즐이다. 다만 타나차와 세터와의 호흡이 관건이다. 타나차는 일본에 이어 두 번째 해외 리그를 경험한다. 타나차가 새 도전에 나섰다.

타나차의 TOP3

타나차	-	-	-
	-	-	-

2022-2023 V-리그 경기기록

경기	세트	득점	블로킹	서브
-	-	-	-	-

공격 성공률(%)	세트 Avg(set)	리시브 효율(%)	디그 Avg(set)
-	-	-	-

NO.**20**
고의정

OH 아웃사이드 히터

생년월일	2000.07.05
신장	181cm
출신교	원곡고
입단	2018-2019시즌 2라운드 5순위
이적	KGC인삼공사▶한국도로공사(2023)
총 보수	1억 500만 원 (연봉 1억 원, 옵션 500만 원)

결과로 보여주자!

새로운 기회! 더 공격적으로!

프로 입단 후 5년 만에 처음으로 팀을 옮겼다. 5년 동안 함께 한 팀원들과 정도 들었지만, 아쉬움을 뒤로하고 새 시즌에 집중했다. 그동안 아쉬웠던 시즌이 많았기에 이제는 성과를 보여줄 수 있는 의미 깊은 시즌들을 만들고자 한다. 고의정의 무기는 서브다. 더 공격적인 모습을 더해 업그레이드 된 고의정, 위기의 팀을 구할 수 있는 고의정을 보여주고 싶다.

OH 필수 조건은 체력

고의정은 중학교 때까지 미들 블로커로 코트 위에 올랐고, 고등학교 때부터 아웃사이드 히터로 전향했다. 본인에게도 잘 맞는 옷이라고 여긴다. 다만 아웃사이드 히터는 미들 블로커, 리베로처럼 교체되지 않고 코트 안에 머무르면서 받고 때리는 포지션이다. 공격과 리시브 균형을 맞춰야 하기에 더 높은 집중력을 요하기도 한다. 이를 위해서라도 체력이 뒷받침돼야 한다는 것을 인지하고 있다.

고의정의 TOP3

고의정	한 경기 최다 득점	한 경기 최고 공격 성공률	2020-2021 시즌 서브 순위
	17점	57.14%	2위

2022-2023 V-리그 경기기록

30 경기	71 세트	48 득점	1 블로킹	10 서브
42.53 공격 성공률(%)	0.042 세트 Avg(set)	24.62 리시브 효율(%)	0.394 디그 Avg(set)	

NO.21
이예은

OH 아웃사이드 히터

생년월일	2004.04.28
신장	176㎝
출신교	남천초▶제천여중▶제천여고
입단	2022-2023시즌 2라운드 3순위
이적	-
총 보수	5,000만 원 (연봉 5,000만 원, 옵션 -)

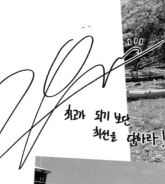

최고가 되기 보단
최선을 다하라!

서브? 공격도 잘하는 키 작은 공격수

지난 시즌 '신인' 이예은은 서브로 존재감을 알렸다. 챔피언결정전에서도 패기 넘치는 서브를 구사하며 팀 우승에 일조했다. 이제는 그 이상을 바란다. 서브는 물론 공격에서도 빛을 발휘하고 싶다. 키 작은 공격수도 할 수 있다는 것을 보여주고자 한다. 그래서 정관장의 이소영을 좋아했다. 비슷한 신체 조건에도 리시브와 공격에서 리그 정상급 플레이를 펼치기 때문이다.

하루에 10페이지씩! 이예은의 약속

자신과의 약속을 잘 지키는 이예은이다. 평소에도 독서를 즐기는 이예은은 하루에 꼭 10페이지씩 보려고 한다. 책을 통해 언어적으로 배우는 것도 크고, 위로를 받기도 한다. 힘들고 포기하고 싶을 때 어떻게 사람들이 이겨냈는지를 본다. 특기가 '밝은 것'이라고 말할 정도로 유쾌하고 활발한 이예은이지만, 주저앉고 싶을 때가 있다. 그럴 때마다 에세이, 소설을 읽고 동기부여를 얻는다.

이예은의 TOP3

이예은	한 경기 최다 득점	한 경기 최다 서브	-
	2점	2개	-

2022-2023 V-리그 경기기록

5 경기	9 세트	- 득점	- 블로킹	- 서브
- 공격 성공률(%)	- 세트 Avg(set)	100 리시브 효율(%)	0.556 디그 Avg(set)	

05-06　06-07　08-09　18-19

챔프전 패배의 아픔을 잊자 아본단자 체제 우승 정조준

PINK
SPIDERS

흥국생명
핑크스파이더스

2022-2023 REVIEW & HOME STADIUM

 최종성적

승점	82
승	27
패	9
세트 득/실(득실률)	93/44 (2.114)
점수 득/실(득실률)	3,201/2,887 (1.109)

항목별 팀 순위

	순위	
득점	3위	3,201 점
공격종합	1위	40.99 %
블로킹	6위	2.058 개
서브	1위	1.058 개
디그	2위	21.69 개
세트	1위	14.46 개
리시브	6위	38.62 %
수비	3위	29.14 개

라운드별 상대 전적

		HILLSTATE	PS	KIXX		AI PEPPERS	순위
1R	3:2	1:3	3:0	3:0	3:0	3:0	2
2R	3:1	0:3	3:0	2:3	3:1	3:1	2
3R	3:2	3:1	3:1	2:3	3:0	3:1	1
4R	3:0	2:3	1:3	3:2	3:1	3:1	2
5R	3:0	3:0	3:0	3:1	1:3	3:0	1
6R	1:3	3:1	3:0	2:3	3:0	3:1	1
계	5승 1패	3승 3패	5승 1패	3승 3패	5승 1패	6승 0패	1위

홈 경기장_인천삼산월드체육관

사진출처: 인천시설공단 홈페이지

주소 | 인천광역시 부평구 체육관로 60 삼산월드체육관
수용인원 | 6,858석
클럽하우스 | 경기도 용인시 기흥구 중부대로819번길 57-9, 흥국생명배구단

스윕 패배의 아픔을 잊어라, 우승 정조준

흥국생명은 2022-2023시즌 다사다난한 한 해를 보냈다. 권순찬 감독 체제로 시작해 감독 대행의 대행 등 어수선한 분위기 속에 세계적인 명장 아본단자 감독이 부임했으나 결과적으로 챔피언결정전에서 우승을 차지하지 못했다. 특히 정규 리그에서 1위를 하고도 정작 챔피언결정전에서 리버스 스윕패를 기록한 것이 뼈아팠다. 시즌 막판 와서 자기 색깔을 내지 못했던 아본단자 감독은 여름 내 선수들의 기본기부터 하나씩 수정하며 더 빠르고 강한 배구를 이식하고 있다. FA 최대어였던 김연경이 잔류하고 미들 블로커 김수지를 영입하며 전력 보강을 한 흥국생명의 목표는 통산 다섯 번째 별을 다는 것이다.

아본단자의 마음을 사로잡을 세터는

2023-2024시즌을 앞두고 흥국생명은 세터가 무려 네 명이다. 이원정, 박혜진, 김다솔, 박은서까지 네 명의 세터들이 치열한 경쟁을 펼치고 있다. 미들 블로커 활용과 다양한 공격 패턴을 강조하는 아본단자 감독은 세터 조련에 특히 많은 공을 들이고 있다. 부상으로 지난 시즌 경기에 뛰지 못했던 박혜진까지 가세하면서 4인 4색 세터들의 경쟁이 더욱 뜨거워질 것으로 보인다. 김연경, 옐레나 등 화려한 공격진들을 활용할 수 있는 흥국생명의 야전사령관이 누가 될 수 있을지 지켜보는 것도 새로운 관전 포인트가 될 전망이다. 여름 내 아본단자 감독의 애정 어린 잔소리를 들었던 세터들이 얼마나 다른 패턴 플레이를 보여줄 수 있을지 기대를 모은다.

감독

아본단자

한국 배구에 적응한 아본단자, 김연경과 비상 준비 완료

세계적인 명장 아본단자 감독이 지난 시즌 막판 흥국생명 지휘봉을 잡았을 때 많은 배구 팬들이 기대했다. 아본단자 감독은 내홍을 겪던 팀을 빠르게 재정비하여 정규 리그 1위로 이끌며 지도력을 인정받았다. 하지만 정작 한국도로공사와의 챔피언결정전에서 먼저 2승을 거두고도 3연패를 하며 다 잡았던 우승 트로피를 놓쳤다. 아본단자 감독은 도로공사와의 챔프전 5차전 영상을 수없이 돌려 봤다고 설명하며 부족한 점을 채우기 위해 부단히 노력했다.

지난 시즌 아본단자 감독이 중간에 부임하느라 자신의 색을 내지 못했다면 이번에는 달라질 것으로 보인다. 목표는 분명하다. 지난 시즌 못다 이룬 통합 우승이다. 단순히 정규 리그 1위뿐 아니라 챔피언결정전 우승까지 이루겠다고 김연경을 비롯한 모든 선수들이 입을 모아 이야기하고 있다.

우승 경쟁을 펼칠 한국도로공사, 현대건설 등 다른 팀들의 전력이 다소 약화됐다는 평가가 나온 상황에서 흥국생명의 전력은 건재하다는 것도 호재다. 아본단자 감독은 FA로 이적이 유력했던 김연경의 잔류를 이끌어 냈고, 베테랑 미들 블로커 김수지를 데려와 중앙을 보강했다. 베테랑 리베로 김해란까지 우승을 위해 마지막 불꽃을 태우겠다는 각오다. 여기에 국가대표로 발탁돼 성장한 아웃사이드 히터 김다은과 부상으로 지난 시즌 코트에 나서지 못했던 박혜진까지 건강하게 복귀한다면 더 탄탄한 라인업을 갖출 수 있을 것으로 보인다. 김연경의 대각에 설 아웃사이드 히터를 쉽게 예상하지 못할 정도로 경쟁도 치열하다. 포지션별로 탄탄한 라인업을 갖췄기에 흥국생명은 가장 강력한 우승 후보 중 하나로 꼽힌다.

나아가 아본단자 감독은 장기 레이스인 V-리그를 경험하면서 어떻게 팀을 운영해야 하는지를 깨달았다며 올 시즌 다른 모습을 보여주겠다고 자신했다. 한국 국가대표팀, 캐나다 국가대표팀, 일본 전지 훈련 등을 통해 담금질을 했던 흥국생명은 지난 시즌 아쉽게 못다 이룬 우승을 차지하겠다고 벼르고 있다.

Best 7

IN	
김수지	▶
레이나	▶

OUT	
박상미	▶
김민지	▶
김지우	▶
김서윤	▶
임혜림	▶

옐레나 **OP** 이주아 **MB** 김연경 **OH**

김미연 **OH** 김수지 **MB** 이원정 **S**

김해란 **L**

라인업

no.	이 름	포지션	no.	이 름	포지션	no.	이 름		포지션
1	김다은	OH	9	박은서	S	17	레이나		OH
3	박혜진	S	10	김연경	OH	18	김다솔		S
4	이주아	MB	11	김수지	MB	19	김미연	©	OH
5	김해란	L	12	정윤주	OH	20	박수연		L
6	변지수	MB	13	옐레나	OP	23	이원정		S
7	김나희	MB	14	박현주	OH				
8	도수빈	L	15	김채연	MB				

루키

서채현 **S**

양태원 **OH**

홍다비 **L**

NO.1
김다은

OH 아웃사이드 히터

생년월일	2001.01.25
신장	180cm
출신교	중대초▶일신여중▶일신여상
입단	2019-2020시즌 1라운드 6순위
이적	–
총 보수	6,300만 원 (연봉 4,500만 원, 옵션 1,800만 원)

우웅 가즈아!!!

커리어하이

김다은은 2022-2023시즌 V-리그 팬들에게 이름 석 자를 널리 알렸다. 이전까지 벤치에 머무는 시간이 많았다면 지난 시즌에는 입단 후 최다 경기 출전, 득점 등 많은 기록을 새로 썼다. 준수한 공격력에 비해 리시브가 약하다는 지적도 있었으나 자신의 장점인 강한 스파이크를 마음껏 뽐냈다. 그러한 활약에 힘입어 그는 처음으로 태극마크를 달고 국가대표에 발탁됐다.

치열한 주전 경쟁

김다은에게 이번 시즌은 진정한 시험대가 될 것으로 보인다. 김연경, 엘레나라는 확실한 날개 공격수 외에 나머지 자리를 두고 김미연, 레이나, 정윤주 등과의 주전 경쟁을 피할 수 없을 듯하다.

🏐 김다은의 TOP3

	한 경기 최다 득점	한 경기 최고 공격 성공률	한 경기 최다 블로킹
김다은	25점	48.72%	5개

🏐 2022-2023 V-리그 경기기록

35 경기	103 세트	186 득점	19 블로킹	10 서브
33.50 공격 성공률(%)	0.097 세트 Avg(set)	34.38 리시브 효율(%)	1.320 디그 Avg(set)

NO.3
박혜진
S 세 터

생년월일	2002.04.15
신장	177cm
출신교	안산서초▶경해여중▶선명여고
입단	2020-2021시즌 1라운드 5순위
이적	–
총 보수	5,500만 원 (연봉 5,000만 원, 옵션 500만 원)

부상 그리고 시즌 아웃

박혜진에게 2022-2023시즌은 힘든 시간이었다. 2022 발리볼네이션 스리그(VNL) 국가대표에도 뽑히는 등 장신 세터로 주목받았던 그는 수술대에 오르며 시즌을 통째로 날렸다. 기나긴 재활과 자신과의 싸움을 이겨낸 그는 다시 코트 복귀를 준비하고 있다. 새롭게 지휘봉을 잡은 아본단자 감독의 지도 속에 박혜진은 서서히 다시 날개를 펼치려 한다.

모두가 기다리는 건강한 복귀

2022-2023시즌 챔피언결정전을 관중석에서 지켜봤던 박혜진은 건강의 소중함을 깨달았다. 이번 시즌 우선 목표도 부상 없이 건강한 박혜진으로 돌아가는 것이다. 다양한 패턴 플레이를 펼치는 흥국생명에 장신 세터인 박혜진이 합류한다면 더 강한 팀이 될 수 있을 것이다.

박혜진의 TOP3

박혜진	한 경기 최다 세트	한 경기 최다 블로킹	한 경기 최다 디그
	47개	3개	14개

2022-2023 V-리그 경기기록

경기	세트	득점	블로킹	서브
-	-	-	-	-

공격 성공률(%)	세트 Avg(set)	리시브 효율(%)	디그 Avg(set)
-	-	-	-

NO.4
이주아

MB 미들 블로커

생년월일	2000.08.21
신장	185cm
출신교	반포초▶원일중▶원곡고
입단	2018-2019시즌 1라운드 1순위
이적	–
총 보수	1억 5,500만 원 (연봉 1억 5,500만 원, 옵션 –)

부상없이
우승가자!!!

성장 그 이상을 꿈꾸는 이주아

2018-2019시즌 전체 1순위로 흥국생명 유니폼을 입은 이주아는 꾸준한 성장세를 보이며 팀의 간판 미들 블로커로 우뚝 섰다. 국가대표에도 꾸준히 발탁되며 기량을 인정받는 이주아는 지금에 만족하지 않는다. 아본단자 감독의 지도 속에 중앙에서 더 빠르고 강한 공격을 때리기 위해 땀 흘리고 있다.

예비 FA

전매특허인 이동공격을 뽐내는 이주아는 이번 시즌을 마치면 첫 FA가 된다. 데뷔 후 큰 부상 없이 꾸준했던 이주아는 많은 팀들의 러브콜을 받을 가능성도 충분하다. 이주아는 매 경기 최선을 다하며 팀 승리에 힘을 보태면 자연스럽게 개인 성적은 따라올 것이라 믿고 있다.

이주아의 TOP3

	한 경기 최다 득점	한 경기 최다 블로킹	한 경기 최고 공격 성공률
이주아	**20**점	**7**개	**70.37**%

2022-2023 V-리그 경기기록

35 경기	133 세트	295 득점	81 블로킹	16 서브
42.95 공격 성공률(%)	**0.218** 세트 Avg(set)	**48.72** 리시브 효율(%)	**0.850** 디그 Avg(set)	

NO.**5**
김해란

L 리 베 로

생년월일	1984.03.16
신장	168cm
출신교	염포초▶마산제일여중▶마산제일여고
입단	2002년 2라운드 5순위
이적	한국도로공사▶KGC인삼공사(2015)▶흥국생명(2017)
총 보수	1억 8,000만 원 (연봉 6,000만 원, 옵션 1억 2,000만 원)

23-24 시즌에는
통합우승 !!

뼈아픈 리버스 스윕, 다시 끈을 조인 베테랑

2022-2023시즌 아쉽게 다 잡았던 우승 트로피를 놓친 김해란은 은퇴에 대한 고민이 컸다. 하지만 아본단자 감독은 경험 많은 김해란이 팀에 필요하다고 이야기했고, 그는 다시 신발 끈을 조여 매고 있다. 너무 아쉽게 끝난 시즌으로 인해 다시 도전을 선택했고 코트에 오래 뛰면서 반드시 통합 우승을 이루겠다고 다짐했다.

최고참의 다짐, 후배들과 끝까지 경쟁!

V-리그 원년부터 뛰었던 김해란은 살아 있는 역사 그 자체다. 하지만 30대 후반으로 갈수록 자연스럽게 몸 상태가 이전보다 내려오는 것을 느낀다. 그는 아파서 코트 밖에 나가고 싶지 않다면서 후배들과의 건강한 경쟁을 펼치겠다고 다짐했다.

김해란의 TOP3

	한 경기 최다 리시브	한 경기 최다 디그	한 경기 최다 세트
김해란	31개	54개	11개

2022-2023 V-리그 경기기록

35 경기	133 세트	- 득점	- 블로킹	- 서브
- 공격 성공률(%)	0.857 세트 Avg(set)	45.90 리시브 효율(%)	5.690 디그 Avg(set)	

NO.6
변지수

MB 미들 블로커

생년월일	1997.03.01
신장	181cm
출신교	진주평거초▶경해여중▶선명여고
입단	2015-2016시즌 1라운드 6순위
이적	IBK기업은행▶흥국생명(2021)
총 보수	6,300만 원 (연봉 5,500만 원, 옵션 800만 원)

23-24 시즌
통합우승 가자!

성장통, 그리고 범실 줄이기

변지수는 지난 시즌 성장통을 겪은 듯했다. 파이팅 넘치고 빠른 이동공격이 장점이었던 그는 코트 위에서 몇 차례 실수를 하면서 스스로 위축됐다. 의욕이 앞서 욕심내기보다 최대한 실수를 줄이며 안정감 있는 선수가 되기 위해 땀 흘리고 있다. 너무 잘해야 한다는 압박감에서 벗어나 통합 우승에 힘을 보태는 선수가 되길 꿈꾸고 있다.

마인드 컨트롤과 미소 되찾기

자신감을 찾기 위해 애쓰고 있는 변지수의 목표는 모든 부분에서 지난 시즌보다 나아지는 것이다. 부담을 털어 내고 아본단자 감독이 원하는 블로킹과 공격에서의 존재감을 뽐낼 수 있길 기대해 본다.

변지수의 TOP3

	한 경기 최다 득점	한 경기 최다 블로킹	한 경기 최다 에이스
변지수	7점	3개	2개

2022-2023 V-리그 경기기록

13 경기	37 세트	26 득점	10 블로킹	4 서브
29.27 공격 성공률(%)	0.135 세트 Avg(set)	50.00 리시브 효율(%)	0.946 디그 Avg(set)	

NO.7 김나희

MB 미들 블로커

생년월일	1989.02.17
신장	180cm
출신교	천안쌍용초▶세화여중▶서울중앙여고
입단	2007-2008시즌 1라운드 5순위
이적	–
총 보수	8,500만 원 (연봉 8,000만 원, 옵션 500만 원)

아직 배구가 고픈 열여섯 시즌 뛴 베테랑

2007년 흥국생명에 입단한 김나희는 은퇴를 고민하던 시간도 있었으나 꿋꿋이 버텨냈고 지난 시즌 코트에서 건재함을 증명했다. 많은 경기에 출전했던 그는 개인적으로 너무나 감사한 시즌이었다고 돌아봤다. 무수히 많은 사령탑을 만났던 김나희에게 세계적인 명장 아본단자 감독과의 만남은 새롭다. 그는 몸은 힘들지만 새롭게 배우며 채워 나가는 부분이 즐겁다고 미소 지었다.

통합 우승

김나희는 살아 있는 흥국생명의 역사 그 자체다. 매너리즘에서 벗어나 코트에서 가치를 증명하고 있는 김나희는 이번 시즌 반드시 통합 우승을 통해 우승 트로피를 들겠다고 약속했다.

김나희의 TOP3

김나희	한 경기 최다 득점	한 경기 최고 공격 성공률	한 경기 최다 블로킹
	17점	76.92%	6개

2022-2023 V-리그 경기기록

29	106	78	16	3
경기	세트	득점	블로킹	서브

38.82	0.028	21.43	0.943
공격 성공률(%)	세트 Avg(set)	리시브 효율(%)	디그 Avg(set)

NO.8
도수빈

L 리 베 로

생년월일	1998.06.21
신장	165cm
출신교	대구삼덕초▶대구여중▶대구여고
입단	2016-2017시즌 2라운드 3순위
이적	–
총 보수	1억 3,000만 원 (연봉 1억 원, 옵션 3,000만 원)

첫 FA, 더 커진 책임감

2022-2023시즌을 마친 도수빈은 흥국생명과 총 보수 1억 3,000만 원(연봉 1억 원, 옵션 3,000만 원)에 FA 계약을 맺었다. 불투명한 미래로 고민도 했던 도수빈은 복수의 팀들로부터 러브콜을 받았으나 흥국생명 잔류를 선택했다. 그는 챔피언결정전 5차전 패배에 대한 상처가 크다고 돌아봤다. 팀에 남은 이유는 분명하다. 지난 시즌 못다 이룬 통합 우승이다.

"수고했어" 대신 듣고 싶은 "축하해"

시즌을 마친 뒤 도수빈이 가장 많이 들었던 이야기는 "수고했다"는 말이었다. 리버스 스윕패의 아픔을 털어 낸 그는 이번 시즌을 마친 뒤에는 "축하해"라는 말을 듣겠다고 각오를 다졌다.

🏐 도수빈의 TOP3

	한 경기 최다 디그	한 경기 최다 리시브	한 경기 최다 세트
도수빈	26개	27개	6개

🏐 2022-2023 V-리그 경기기록

26	53	-	-	-
경기	세트	득점	블로킹	서브

-	0.075	45.56	1.038
공격 성공률(%)	세트 Avg(set)	리시브 효율(%)	디그 Avg(set)

NO.9
박은서

S 세 터

생년월일	2000.09.04
신장	173cm
출신교	파장초▶서호중▶수원전산여고
입단	2018-2019시즌 3라운드 1순위
이적	–
총 보수	4,500만 원 (연봉 4,000만 원, 옵션 500만 원)

enjoy

23-24 시즌도
좋은 모습 보여드릴게요♥

박은서에게 찾아온 봄날

2018-2019시즌 3라운드 1순위로 흥국 유니폼을 입은 박은서는 데뷔 후 가장 많은 열두 경기에서 코트를 밟았다. '버티다 보니 이런 날도 오는구나' 생각한 것도 잠시, 그는 새로운 경험을 통해 부족함을 느끼며 계속 채워 가고 있다. 스스로 완벽함을 추구했던 박은서는 부담을 털어 내기 위해 마인드 컨트롤도 힘쓰고 있다.

4인 세터 체제, 경쟁의 필요성

박은서는 이원정, 김다솔, 박혜진 등 네 명의 세터와 치열한 경쟁을 피할 수 없다. 그는 경쟁은 당연한 것이지만 네 명이 서로 도움을 주며 시너지 효과를 내서 지난 시즌 놓친 통합 우승을 달성하겠다고 약속했다.

박은서의 TOP3

박은서	한 경기 최다 세트	한 경기 최다 디그	통산 출전 경기 수
	15개	8개	15번

2022-2023 V-리그 경기기록

12 경기	21 세트	3 득점	1 블로킹	- 서브
33.33 공격 성공률(%)	3.333 세트 Avg(set)	- 리시브 효율(%)	0.952 디그 Avg(set)	

생년월일	1988.02.26
신장	192cm
출신교	안산서초▶원곡중▶한일전산여고
입단	2005-2006시즌 1라운드 1순위
이적	흥국생명▶JT마블러스(2009)▶페네르바체(2011)▶상하이(2017)▶엑자시바시(2018)▶흥국생명(2020)▶상하이(2021)▶흥국생명(2022)
총 보수	7억 7,500만 원 (연봉 4억 7,500만 원, 옵션 3억 원)

NO.10
김연경
OH 아웃사이드 히터

우승 위해 잔류 택한 김연경

뒤늦게 맞이한 첫 FA, 이적할 것이라는 많은 이들의 예상을 뒤엎고 김연경은 흥국생명 잔류를 선택했다. 쉽지 않은 결정이었으나 김연경은 아본단자 감독의 잔류 요청과 설득에 결국 핑크색 유니폼을 다시 입었다. 김연경이 남은 이유는 단 하나, 지난 시즌 아쉽게 이루지 못한 통합 우승을 위해서다. 이번에는 '절친' 김수지까지 함께하기에 더욱 든든하다.

절친과 첫 호흡

김연경과 초등학교 때부터 친했던 김수지가 FA로 흥국생명에 입단하면서 프로 데뷔 후 처음으로 같은 코트에서 뛰게 됐다. 김연경은 별 감정 없다고 웃으며 말하면서도 친구여서, 그리고 선수로 든든한 김수지와 함께한다며 미소를 지었다.

김연경의 TOP3

	한 경기 최고 공격 성공률	한 경기 최다 득점	한 경기 최다 서브
김연경	71.43%	44점	6개

2022-2023 V-리그 경기기록

34 경기	129 세트	669 득점	39 블로킹	20 서브
45.76 공격 성공률(%)	0.403 세트 Avg(set)	46.80 리시브 효율(%)	3.713 디그 Avg(set)	

NO.11
김수지
MB 미들 블로커

생년월일	1987.06.20
신장	188cm
출신교	안산서초▶원곡중▶한일전산여고
입단	2005-2006시즌 1라운드 3순위
이적	현대건설▶흥국생명(2014)▶IBK기업은행(2017)▶흥국생명(2023)
총 보수	3억 1,000만 원 (연봉 2억 7,000만 원, 옵션 4,000만 원)

23-24 시즌 화이팅!!

6년 만의 흥국 복귀

김수지가 6년 만에 다시 핑크색 유니폼을 입었다. 많은 경험이 쌓인 김수지는 프로 데뷔 후 처음으로 절친 김연경과 함께 뛰게 됐다. 특별한 것 없다고 손사래 치면서도 국가대표팀을 제외하고 정말 오랜만에 같이 뛰게 되는 기쁨을 전했다. 김수지가 새로운 곳으로 이적한 이유는 단 하나, 흥국생명의 통합 우승이다.

아본단자와의 시너지

국대 시절 라바리니 감독의 지도를 받았던 김수지는 아본단자 감독과의 호흡에 기대감을 나타냈다. 우승을 위해 김수지를 FA로 데려왔던 아본단자 감독이 그를 어떻게 활용할 수 있을지도 지켜볼 만하다.

🏐 김수지의 TOP3

	한 경기 최다 득점	블로킹(set)	서브(set)
김수지	21점	0.693개	0.190개

🏐 2022-2023 V-리그 경기기록

36	137	303	95	26
경기	세트	득점	블로킹	서브

37.68	0.190	31.58	1.343
공격 성공률(%)	세트 Avg(set)	리시브 효율(%)	디그 Avg(set)

NO.12
정윤주

OH 아웃사이드 히터

생년월일	2003.04.14
신장	176cm
출신교	대구신당초▶대구일중▶대구여고
입단	2021-2022시즌 2라운드 3순위
이적	–
총 보수	5,200만 원 (연봉 4,700만 원, 옵션 500만 원)

올 시즌요 부상없이
통합우승 가보자구~!!

2년 차 징크스, 겁먹지 말자

신인 때 당찼던 정윤주는 두 번째 시즌 발목, 손가락 부상 등이 겹치며 열여덟 경기 출전에 그쳤다. 생각은 많아졌고 코트에 들어서 '실수하면 어쩌지'라는 걱정도 커졌다. 하지만 정윤주는 이제 달라졌다. 아본단자 감독에게 가장 질문을 많이 하는 선수로 거듭났다. 언니들과의 치열한 주전 경쟁 속에서 자신만의 강점을 보여주겠다고 다짐했다.

목소리 크게 내기

정윤주가 이번 시즌 코트 안에서 크게 콜 플레이를 하며 씩씩하고 당찬 플레이를 보여주겠다고 약속했다. 세 번째 시즌을 맞이한 정윤주는 빠르게 성장하고 있다.

🏐 정윤주의 TOP3

정윤주	한 경기 최다 득점	한 경기 최고 공격 성공률	한 경기 최다 디그
	20점	51.61%	16개

🏐 2022-2023 V-리그 경기기록

18 경기	26 세트	12 득점	- 블로킹	2 서브
27.78 공격 성공률(%)	0.038 세트 Avg(set)	18.75 리시브 효율(%)	0.538 디그 Avg(set)	

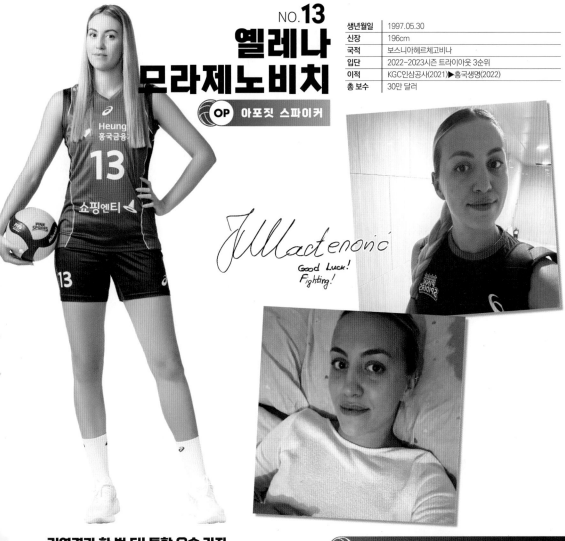

NO. 13
옐레나 모라제노비치

OP 아포짓 스파이커

생년월일	1997.05.30
신장	196cm
국적	보스니아헤르체고비나
입단	2022-2023시즌 트라이아웃 3순위
이적	KGC인삼공사(2021) ▶ 흥국생명(2022)
총 보수	30만 달러

Good Luck! Fighting!

김연경과 한 번 더! 통합 우승 가자

2022-2023시즌 아쉽게 우승 트로피를 놓친 옐레나가 올 여름 가장 기뻤던 것은 김연경의 재계약 소식이었다. 스스로를 일깨워 주는 김연경의 존재는 단순한 선수 한 명 이상의 가치를 지닌다고 그는 확신했다. 지난 시즌보다 개인적으로 더 성장한다면 팀 성적은 자연스럽게 따라올 것이라 자신했다.

미션, 아본단자 감독을 화나게 하면 안 돼!

옐레나는 새 목표를 묻자 웃으며 "감독님에게 코트 위에서 살해당하지 않는 것"이라고 했다. 다혈질인 아본단자 감독이 화를 내지 않는다면 그것은 바로 잘하고 있다는 의미라고 옐레나는 미소 지으며 설명했다.

옐레나의 TOP3

옐레나	득점	공격 종합	후위공격 성공률
	821점	42.79%	44.62%

2022-2023 V-리그 경기기록

36 경기	135 세트	821 득점	66 블로킹	34 서브
42.79 공격 성공률(%)	0.170 세트 Avg(set)	- 리시브 효율(%)		3.089 디그 Avg(set)

NO.14
박현주

OH 아웃사이드 히터

생년월일	2001.06.25
신장	176cm
출신교	반포초▶세화여중▶서울중앙여고
입단	2019-2020시즌 2라운드 1순위
이적	–
총 보수	5,300만 원 (연봉 4,800만 원, 옵션 500만 원)

톱합작등을 위하여 이현주

5번째 시즌, 그리고 '게임 체인저'

2019-2020시즌 신인상을 받으며 화려한 스포트라이트를 받았던 박현주의 강점은 분명하다. 왼손잡이 공격수로 준수한 서브를 갖췄다. 선발보다는 경기 중간에 들어가 분위기를 바꾸는 '게임 체인저' 역할이다. 시간이 흘러 실패에 대한 두려움도 생겼으나 그는 코트에서 당당한 플레이를 펼치겠다고 약속했다.

블로킹 강화

박현주의 이번 시즌 목표는 약점인 블로킹을 보완하는 것이다. 아본단자 감독의 지도를 받으며 시야도 넓어졌다. 여름 내 구슬땀을 흘린 그는 짜릿한 손맛을 느껴 보고 싶다고 각오를 다졌다.

박현주의 TOP3

	한 경기 최다 득점	한 경기 최다 에이스	한 경기 최다 디그
박현주	25점	5개	16개

2022-2023 V-리그 경기기록

16 경기	33 세트	31 득점	2 블로킹	4 서브
35.21 공격 성공률(%)	- 세트 Avg(set)	- 리시브 효율(%)	0.758 디그 Avg(set)	

NO.**15**
김채연
MB 미들 블로커

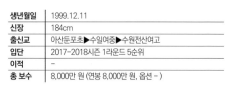

생년월일	1999.12.11
신장	184cm
출신교	아산둔포초▶수일여중▶수원전산여고
입단	2017-2018시즌 1라운드 5순위
이적	-
총 보수	8,000만 원 (연봉 8,000만 원, 옵션 -)

mochi
chaeyeon
23-24 시즌에는 부상 없이 !!

부상 털어 낸 김채연, 예비 FA 효과 볼까

2017-2018시즌 1라운드 5순위로 흥국 유니폼을 입은 김채연은 지난 시즌 정강이 피로골절로 가장 적은 일곱 경기 출전에 그쳤다. 길었던 재활을 버틴 김채연은 건강의 중요성을 깨달으며 부활을 약속했다. 김수지의 합류로 더 치열해진 미들 블로커 경쟁에서 살아남아 예비 FA로서의 가치를 보여주겠다고 다짐했다.

통합 우승 후 이탈리아로!

지난 시즌 아쉽게 우승을 놓친 김채연의 목표는 오직 우승이다. 김연경, 김수지 등 언니들과 힘을 모아 통합 우승을 한 뒤 우승 공약으로 유럽의 이탈리아를 가겠다고 미소 지었다.

김채연의 TOP3

김채연	한 경기 최다 블로킹	한 경기 최다 득점	통산 출전 경기 수
	6개	12점	136번

2022-2023 V-리그 경기기록

7	8	5	3	-
경기	세트	득점	블로킹	서브

22.22	0.125	100	0.625
공격 성공률(%)	세트 Avg(set)	리시브 효율(%)	디그 Avg(set)

NO.17
레이나
도코쿠

OH 아웃사이드 히터

생년월일	1999.04.28
신장	177cm
국적	일본
입단	2023-2024시즌 아시아쿼터 7순위
이적	–
총 보수	10만 달러 (연봉 10만 달러, 옵션 –)

새로운 도전 꿈꾸는 레이나

일본 덴소 에어리비즈를 거쳐 핀란드 리그에서 뛰었던 레이나는 첫 아시아쿼터를 통해 한국행을 선택했다. 새로운 무대에 대한 도전도 있었고, 오랫동안 동경했던 김연경의 존재는 그를 한국으로 향하게 했다. 한국어 공부도 열정적으로 하고 있는 레이나는 반드시 통합 우승에 힘을 보태겠다고 각오를 다졌다.

빠른 적응력, 한국 팬들 기대하세요

가리는 음식 없이 잘 먹는 레이나는 삼산체육관을 채울 만원 관중을 기대하고 있다. 코트 위에서 투지를 발휘해 많은 팬들의 사랑을 받을 수 있을지 시선이 모아진다.

🏐 레이나의 TOP3

레이나	-	-	-
	-	-	-

🏐 2022-2023 V-리그 경기기록

경기	세트	득점	블로킹	서브
-	-	-	-	-

공격 성공률(%)	세트 Avg(set)	리시브 효율(%)	디그 Avg(set)
-	-	-	-

NO.18
김다솔

S 세 터

생년월일	1997.04.14
신장	173cm
출신교	안산서초▶세화여중▶세화여고
입단	2014-2015시즌 수련선수
이적	–
총 보수	1억 2,000만 원 (연봉 1억 1,000만 원, 옵션 1,000만 원)

soi"
화이팅!!

더 다양해진 패턴, 기대해

아본단자 감독 체제 속에 김다솔은 계속 성장하고 있다. 그동안 하지 않았던 변칙 플레이와 중앙을 더 활용하라는 주문을 받았고, 힘들지만 잘 이겨내며 즐기고 있다. 수련선수 출신으로 지난해 FA 계약까지 맺었던 김다솔은 쉽게 무너지지 않는다. 팀의 야전사령관으로 반드시 통합 우승을 이끌겠다는 각오다.

네 명의 세터, 경쟁은 필수

풀타임 활약했던 김다솔은 체력적인 어려움을 보완해야 한다고 깨닫고 여름 내 땀을 흘렸다. 세터 중 가장 나이가 많은 그는 흔들림 없이 중심을 잘 잡겠다고 약속했다.

김다솔의 TOP3

	한 경기 최다 세트	한 경기 최다 에이스	세트(set)
김다솔	60개	3개	9.772개

2022-2023 V-리그 경기기록

36 경기	137 세트	303 득점	95 블로킹	26 서브
37.68 공격 성공률(%)	**0.190** 세트 Avg(set)	**31.58** 리시브 효율(%)	**1.343** 디그 Avg(set)	

NO.19
김미연

OH 아웃사이드 히터

생년월일	1993.03.05
신장	177cm
출신교	신탄진초▶신탄중앙중▶대전용산고
입단	2011-2012시즌 3라운드 3순위
이적	한국도로공사▶IBK기업은행(2016)▶흥국생명(2018)
총 보수	1억 9,000만 원 (연봉 1억 5,000만 원, 옵션 4,000만 원)

살림꾼으로 변신!

김미연에게 지난 시즌 챔프전 5차전은 악몽이다. 먼저 2승을 하고도 3연패로 우승을 놓친 충격은 컸고 후유증도 오래갔다. 주장이었던 김미연은 다가올 시즌 주 공격수는 아니지만 팀에서 살림꾼이 되기 위해 매진하고 있다. 자신의 무기인 서브를 더 날카롭게 가다듬어서 상대가 받기 까다로운 선수가 되겠다는 각오다.

챔프전의 눈물, 이번에는 기쁨의 눈물

아쉽게 놓쳤던 우승 트로피를 든다면 뜨거운 눈물이 쏟아 낼 것 같다는 김미연. 그는 상대의 목적타를 꿋꿋하게 잘 받아 낼 수 있는 강심장이 되겠다고 약속했다.

김미연의 TOP3

	공격 성공률	한 경기 최다 득점	한 경기 최고 공격 성공률
김미연	**35.10**%	**23**점	**65.22**%

2022-2023 V-리그 경기기록

33	110	308	17	26
경기	세트	득점	블로킹	서브

35.10	0.209	31.22	3.273
공격 성공률(%)	세트 Avg(set)	리시브 효율(%)	디그 Avg(set)

NO.20
박수연

L 리 베 로

생년월일	2003.04.17
신장	176cm
출신교	울산덕신초▶해람중▶강릉여고
입단	2021-2022시즌 3라운드 1순위
이적	–
총 보수	3,800만 원 (연봉 3,500만 원, 옵션 300만 원)

올시즌도 화이팅!

리베로로의 변신

주로 원포인트 서버로 두 번째 시즌을 보냈던 박수연은 새 시즌 리베로로 포지션을 변경했다. 김해란, 도수빈과 함께 수비를 단단하게 해야 하는 위치다. 아직 부족한 점도 있으나 해란 언니를 보며 더 넓은 시야를 갖출 수 있도록 준비하고 있다. 지난 시즌 서브로 자신을 알렸던 박수연은 이제 리시브와 디그에서 존재감을 드러내겠다고 다짐했다.

김해란을 쫓으며 성장하는 박수연

리베로의 살아 있는 전설 김해란의 존재만으로도 박수연에게는 큰 힘이 된다. 코트 안에서 큰 목소리를 내며 어떠한 상황에도 쉽게 흔들리지 않는 것이 그의 목표다.

박수연의 TOP3

박수연	한 경기 최다 리시브	리시브 효율	한 경기 최다 득점
	9개	44.44%	3점

2022-2023 V-리그 경기기록

27	65	11	-	9
경기	세트	득점	블로킹	서브

40.00	0.062	44.44	0.246
공격 성공률(%)	세트 Avg(set)	리시브 효율(%)	디그 Avg(set)

NO.23
이원정
S 세 터

생년월일	2000.01.12
신장	176cm
출신교	대구삼덕초▶경해여중▶선명여고
입단	2017-2018시즌 1라운드 2순위
이적	한국도로공사▶GS칼텍스(2020)▶흥국생명(2022)
총 보수	1억 원 (연봉 1억 원, 옵션 -)

부상 없이
이번시즌도 화이팅!!

갑작스러운 이적, 새로운 도전

시즌 중 갑작스러운 흥국생명으로의 이적, 하지만 이원정은 꿋꿋하게 시즌을 소화했고 비록 아쉽게 통합 우승을 놓쳤으나 의미 있는 경험을 쌓았다. 아본단자 감독의 가르침 속에 이원정은 부족함을 깨닫고 더 나은 세터가 되기 위해 매진하고 있다. 폼 교정 등을 통해 업그레이드된 이원정은 사령탑의 애제자로 거듭나며 통합 우승을 향해 달려가고 있다.

건강, 그리고 통합 우승

최근 부상 등이 많았던 이원정은 건강의 소중함을 깨닫고 최상의 몸을 만드는 데 집중했다. 이번 시즌에야말로 반드시 핑크색 유니폼을 입고 우승 세터가 되겠다는 각오다.

🏐 이원정의 TOP3

	세트(set)	한 경기 최다 세트	통산 출전 경기 수
이원정	6.000개	56개	125경기

🏐 2022-2023 V-리그 경기기록

17 경기	56 세트	27 득점	18 블로킹	2 서브
35 공격 성공률(%)	6.000 세트 Avg(set)	- 리시브 효율(%)		2.429 디그 Avg(set)

10-11 15-16

끝내 차지하고
말 것이다.
세 번째 별!

현대건설
힐스테이트

🏐 최종성적

승점	70
승	24
패	12
세트 득/실(득실률)	87/56 (1.554)
점수 득/실(득실률)	3,238/3,002 (1.079)

🏐 항목별 팀 순위

득점	1 위	3,238 점
공격종합	4 위	39.75 %
블로킹	4 위	2.41 개
서브	2 위	0.98 개
디그	3 위	20.99 개
세트	3 위	13.58 개
리시브	4 위	39.79 %
수비	4 위	4,206 개

🏐 라운드별 상대 전적

	PINK SPIDERS	GS	RED SPARKS	KIXX	ALTOS	AI PEPPERS	순위
1R	3:1	3:0	3:2	3:0	3:1	3:1	1
2R	3:0	3:2	3:2	3:2	3:0	3:0	1
3R	1:3	3:1	2:3	3:1	3:0	3:0	2
4R	3:2	1:3	3:1	2:3	3:0	3:0	1
5R	0:3	1:3	2:3	3:0	0:3	2:3	6
6R	1:3	2:3	1:3	3:0	3:2	3:2	5
계	3승 3패	3승 3패	3승 3패	5승 1패	5승 1패	5승 1패	2위

🏐 홈 경기장_수원체육관

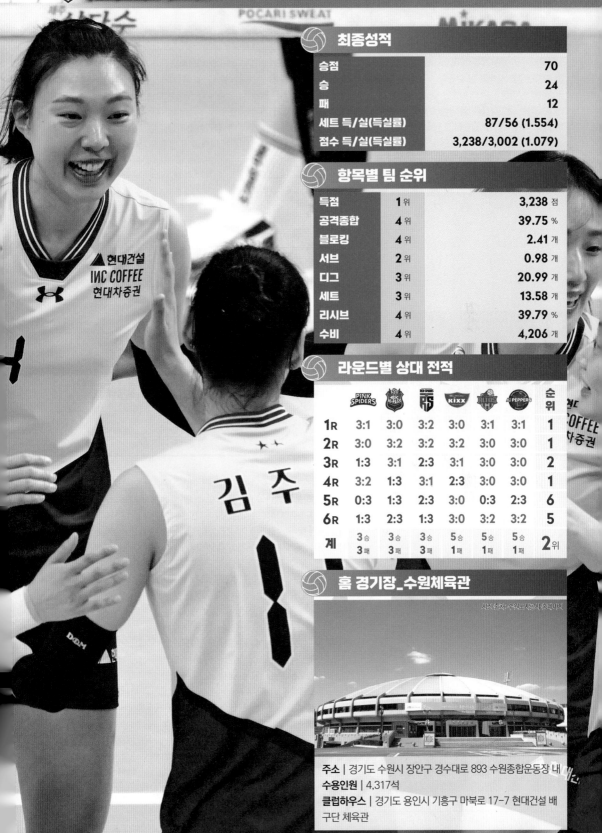

사진 출처 : 수원도시공사 홈페이지

주소 | 경기도 수원시 장안구 경수대로 893 수원종합운동장 내
수용인원 | 4,317석
클럽하우스 | 경기도 용인시 기흥구 마북로 17-7 현대건설 배구단 체육관

🏐 삼세번. 이제는 우승이다!

마무리가 아쉬웠다. 운이 따르지 않았다고 위로해 보고 실력이 부족했다고 자책도 해 보았다. 두 시즌 연속 정규 리그 15연승이라는 아무도 가지 못했던 길을 가 보았지만 그 길의 끝에 트로피는 없었다. 유니폼 가슴에 달린 두 개의 별. 하나 이상의 별을 더 추가할 수 있었지만 꿈속으로 사라졌다. 이번 시즌은 과정보다 빛나는 결과를 원한다. 해피엔딩을 꿈꾸며 마지막에 웃을 것이다. 최근 두 시즌처럼 시즌 초반부터 선두에서 치고 나가는 것을 기대하지는 않지만 긴 시즌을 버틴다면 우승의 기회가 올 것으로 믿는다. 두 시즌의 아픔으로 팀은 더 단단해졌다. 목표는 확실하다. 별을 내 가슴에!

🏐 Key position, 아웃사이드 히터

FA 황민경이 IBK기업은행으로 이적했다. 고예림은 무릎 수술 후 긴 재활 기간을 보내면서 시즌 초반 합류가 불투명하다. 최근 몇 년간 두 선수가 이끌어 오던 아웃사이드 히터 포지션에 변화가 생겼다. 두 선수의 장점인 안정된 서브리시브는 현대건설이 꾸준한 경기력을 이어갈 수 있었던 근본이었다. 고예림의 출전 시기를 예측할 수 없는 가운데 팀의 중심으로 성장한 정지윤과 아시아쿼터로 영입한 태국 국가대표 위파위 시통이 그 자리를 채울 것이다. 서브리시브에서 이전보다 약할 수 있지만 공격력이 좋은 선수들이 다른 통로를 만들어 줄 것이다. 선수 구성의 변화에 따른 팀 컬러의 전환을 통해 현대건설이 어떤 배구를 보여줄 것인지가 관전 포인트다.

감독 🏐

공감과 설득의 리더십,
아프지 말고 우승하자! 행복하자!!

지난 두 시즌의 키워드가 행복이었다면 이번 시즌 강성형 감독의 키워드는 건강이다. 결국 아프지 않아야 배구를 잘할 수 있는 것이다. 지난 시즌 외국인 선수 야스민의 부상과 주전 리베로 김연견의 부상으로 직면한 시즌 막바지 전력 손실은 우승컵을 얻지 못하는 결과로 이어졌다. 마라톤과 같은 정규 리그에서 부상 없이 컨디션 조절을 끝까지 잘하는 것이 경쟁력임을 깨달았다. 또한 체력적인 부분을 더 신경 쓰는 시즌이 될 것이다. 행복 배구라는 지향점을 바꾸는 것이 아니라 즐겁게 경기하면서도 원하는 결과를 얻었을 때 더 큰 의미와 행복이 찾아올 것이라는 생각의 전환이다. 모든 초점은 봄배구에 맞춰져 있다.

부임 후 두 시즌 동안 팀을 정상 궤도에 안착시킨 강성형 감독의 리더십은 선수들의 공감과 신뢰를 바탕으로 한다. 긴박한 순간 짧은 작전시간에 질문과 대화를 통해 길을 찾고 답을 얻어 가는 과정은 경기를 보는 팬들로부터 큰 호응을 이끌어 냈다. 두 시즌 동안 감독 스스로가 가장 아쉬워하는 부분은 더 많은 포스트시즌 경기를 치르지 못한 부분이었다. 전체적으로 젊은 선수가 많은 현대건설은 큰 경기 경험을 필요로 한다. 팀의 주축 선수들이 국가대표팀의 중심으로 자리 잡은 것은 고무적인 일이다. 또한 외국인 선수 모마의 경험은 분명 도움이 될 것이다. 강성형 감독은 아웃사이드 히터들이 이번 시즌 팀의 키를 쥐고 있다고 생각한다. 아시아쿼터에서 위파위 시통을 선택했고 FA 보상선수로 김주향을 선택했으며 고민지를 영입하며 포지션을 보강했다. 결국 우승을 하려면 레프트 포지션이 자리 잡아야 한다. 강성형 감독의 세 번째 시즌, 우승으로 가는 길을 찾을 수 있을까? 삼세번, 세 번째는 웃을 것이다!

강성형

Best 7

IN
김주향 ▶
고민지 ▶

OUT
황민경 ▶
김주하 ▶
이현지 ▶

모마 **OP** 정지윤 **OH** 양효진 **MB**

이다현 **MB** 위파위 **OH** 김다인 **S**

김연견 **L**

라인업

no.	이 름	포지션	no.	이 름	포지션	no.	이 름	포지션
1	서가은	OH	10	고민지	OH	21	정시영	OH
3	김다인	S	11	김주향	OH	23	위파위	OH
4	황연주	OP	12	이다현	MB	25	이나연	S
5	이영주	L	13	정지윤	OH	99	모마	OP
6	김사랑	S	14	양효진	MB			
8	김연견 ©	L	17	고예림	OH			
9	나현수	MB	18	한미르	L			

루키

서지혜 **OH** 최호선 **OH OP** 최서현 **S**

NO.1
서가은

OH 아웃사이드 히터

생년월일	2004.05.31
신장	179cm
출신교	추계초▶중앙여중▶근영여고
입단	2022-2023시즌 2라운드 2순위
이적	–
총 보수	4,500만 원 (연봉 4,000만 원, 옵션 500만 원)

열심히 하겠습니다! 은

3월 19일

지난 시즌 정규 리그 마지막 경기 흥국생명전. 강성형 감독이 서가은의 이름을 불렀다. 3세트부터 교체로 들어가 4세트 선발로 출전하며 프로 첫 득점을 포함해 5득점. 코트에 들어갈 때 너무 떨려서 아무것도 못 할 줄 알았지만 득점했을 때 선배들의 격려를 받고 기뻤던 감정이 지난 시즌 최고의 순간이다. 그 느낌을 더 많이 더 자주 느끼고 싶다.

롤 모델 정지윤

닮고 싶은 선수는 팀 선배인 정지윤. 노력하는 모습이 멋지고 경기가 잘 풀리지 않을 때 해결하는 모습, 그리고 스파이크가 상대 코트에 꽂히는 시원함까지 정지윤의 모든 것을 닮고 싶다. 마냥 신기하고 많이 배우며 재미있었던 첫 시즌을 보냈지만 더 큰 목표를 가질 것이다. 출전 기회가 많지 않겠지만 들어갔을 때 준비된 모습을 보여주고 싶다.

🏐 서가은의 TOP3

서가은	출전 경기 수	통산 득점	-
	3경기	5점	-

🏐 2022-2023 V-리그 경기기록

3 경기	4 세트	5 득점	- 블로킹	- 서브
27.78 공격 성공률(%)	- 세트 Avg(set)	- 리시브 효율(%)	1 디그 Avg(set)	

NO.**3**
김다인

S 세 터

생년월일	1998.10.15
신장	171cm
출신교	추계초▶세화여중▶포항여고
입단	2017-2018시즌 2라운드 4순위
이적	–
총 보수	1억 7,000만 원 (연봉 1억 2,000만 원, 옵션 5,000만 원)

마지막에 웃겠다

아쉽고 아쉽고 또 아쉬웠다. 코로나 같은 외부 변수는 어쩔 수 없더라도 팀 내 부상 선수는 언제든 발생할 수 있는 것인데 상황을 이겨내고 극복하지 못한 것이 아쉬운 시즌이었다. 서로 더 적극적으로 도와야 한다는 것을 깨달았고 끌려가기보다는 팀을 이끌고 가야겠다는 의지가 강해졌다. 이번 시즌에도 위기가 있겠지만 더 강해진 모습으로 돌파할 것이다. 의지를 말할 때 김다인의 눈이 더 초롱초롱해졌다.

평범함에서 비범함으로

경기 중 불안한 상황에 놓이게 되면 세터로서 가장 편하고 잘할 수 있는 플레이를 선택하기 마련이다. 그러나 이번 시즌에는 어려운 상황이 오더라도 과감한 시도를 해 보고 싶다. 더 다양한 플레이를 통해서 선택의 폭을 넓히고 싶다. 시행착오가 있겠지만 상대의 예측을 벗어나는 패스를 통해 경기 운영을 하고 싶다. 한 차원 높은 세터가 되었다는 평가를 받고 싶다.

🏐 김다인의 TOP3

	지난 시즌 세트 성공	통산 세트 성공	한 경기 최다 서브
김다인	**1,554**개	**3,921**개	**4**점

🏐 2022-2023 V-리그 경기기록

36 경기	141 세트	57 득점	20 블로킹	22 서브
20.27 공격 성공률(%)	**11.021** 세트 Avg(set)	**-** 리시브 효율(%)		**3.184** 디그 Avg(set)

NO.4
황연주

OP 아포짓 스파이커

생년월일	1986.08.13
신장	177cm
출신교	소사초▶원곡중▶한일전산여고▶경기대
입단	2005시즌 1라운드 2순위
이적	흥국생명▶현대건설(2010)
총 보수	1억 1,200만 원 (연봉 8,000만 원, 옵션 3,200만 원)

20번째 시즌

2005년 프로 원년부터 활약하고 있는 황연주는 20번째 시즌을 준비하고 있다. 지난 시즌 황연주는 황연주다운 존재감을 보여줬다. 외국인 선수 야스민의 부상으로 팀이 어려울 때 황연주만의 역할을 보여준 것처럼 이번 시즌에도 팀이 자신을 필요로 할 때 준비되어 있겠다는 다짐을 해 본다. 20번째 시즌에도 목표는 같다. 꾸준한 모습을 보이는 것.

배구, 기록, 그리고 은퇴에 대한 생각

헤어질 것을 생각하고 시즌을 맞이하지 않는다. 평생을 함께한 배구를 놓는다는 건 쉬운 일이 아니다. 경기력뿐만 아니라 여러 가지 의미에서 마무리하고 싶은 순간이 왔을 때 결정할 수 있을 것이다. 개인 기록 가운데 이어가고 싶은 기록은 서브와 후위 득점. 신인 때부터 자신의 이름을 알릴 수 있었던 기록이라 애착이 있다. 이번 시즌에도 황연주의 백어택을 볼 수 있을 것이다.

🏐 황연주의 TOP3

	통산 서브 득점	통산 후위 득점	출전 경기 수
황연주	**458**점	**1,246**점	**474**경기

🏐 2022-2023 V-리그 경기기록

28 경기	79 세트	249 득점	16 블로킹	14 서브
34.17 공격 성공률(%)	**0.114** 세트 Avg(set)	**50** 리시브 효율(%)	**2.076** 디그 Avg(set)	

NO.**5**
이영주

L 리 베 로

생년월일	1999.03.09
신장	161cm
출신교	추계초▶중앙여중▶중앙여고
입단	2017-2018시즌 4라운드 4순위
이적	–
총 보수	6,000만 원 (연봉 5,200만 원, 옵션 800만 원)

모든 순간에 최선을 다하기!!

이제는 승부를 걸 시간

현대건설에서 6년의 시간을 보냈다. 이번 시즌에는 몸을 생각하지 않으려 한다. 모든 것을 쏟아부을 생각이다. 심지어 다치면 그만이라는 생각도 한다. 지난 6년 동안 분명 성장했다고 믿는다. 이제는 더 많은 경기를 뛰고 싶다. 준비되어 있어야 한다. 장점은 포기하지 않는 근성이다. 팀이 정상에 섰을 때, 그곳에 꼭 함께 있겠다고 다짐해 본다.

단 하나의 서브리시브

이번 시즌 현대건설은 황민경의 이적과 고예림의 재활로 수비 라인이 흔들릴 가능성이 있어 보인다. 이영주가 파고들 틈은 여기에 있다. 20점대 한 점 승부에서 한 포인트가 필요할 때 하나의 리시브를 완벽하게 할 수 있는 그 선수가 필요하다. 공인구가 바뀐 것은 또 다른 기회다. 볼에 빨리 적응하는 사람이 기회를 잡을 것이다. 하나의 서브리시브가 필요할 때 강성형 감독의 마음속에 가장 먼저 떠오르는 선수가 되고 싶다.

이영주의 TOP3

	통산 리시브 효율	한 경기 최다 서브	-
이영주	**25.3**%	**3**점	-

2022-2023 V-리그 경기기록

10	27	-	-	-
경기	세트	득점	블로킹	서브

-	0.333	39.29	1.926
공격 성공률(%)	세트 Avg(set)	리시브 효율(%)	디그 Avg(set)

NO.6
김사랑
S 세 터

생년월일	2004.03.12
신장	173cm
출신교	파장초▶수일여중▶한봄고
입단	2022-2023시즌 2라운드 1순위
이적	–
총 보수	4,700만 원 (연봉 4,000만 원, 옵션 700만 원)

항상 화이팅!

우승 DNA, 현대건설에서도

지난 시즌 현대건설에 입단한 세터 김사랑은 한봄고 4관왕의 주역이다. 전국체전을 포함해 고교 시절 여러 번의 우승을 통해 우승 DNA를 갖게 되었다. 세터로서 볼 구질이 좋고 패스가 흔들림 없이 간다는 평가를 받았다. 그러나 프로 무대는 생각대로 차원이 달랐다. 또래와 경쟁하는 것이 아니라 모든 선배들과 경쟁해야 한다. 이곳에서 꾸준히 성장하고 싶다.

지난 시즌보다 덜 긴장하기

첫 시즌 7경기에 출전했다. 6라운드 두 경기에 세트 선발로 출전한 것이 가장 기억에 남는다. 데뷔 무대였던 IBK기업은행과의 경기는 처음 느낀 설렘이었다. 프로에 와서 가장 중요하게 생각하는 것은 역시 멘털이다. 지나친 긴장이 항상 가장 큰 문제임을 알기 때문이다. 지난 시즌보다 더 많은 출전으로 긴장을 떨쳐 내고 서서히 김사랑의 이름을 알리고 싶다.

김사랑의 TOP3

	출전 경기 수	통산 세트 성공	–
김사랑	7경기	59개	–

2022-2023 V-리그 경기기록

7 경기	14 세트	– 득점	– 블로킹	– 서브
– 공격 성공률(%)	4.214 세트 Avg(set)	– 리시브 효율(%)	1 디그 Avg(set)	

NO.8
김연견
L 리 베 로

생년월일	1993.12.01
신장	163cm
출신교	신당초▶대구일중▶대구여고
입단	2011-2012시즌 3라운드 5순위
이적	–
총 보수	3억 원 (연봉 3억 원, 옵션 –)

이번시즌 화이팅!

새로운 주장, 말보다는 행동으로

현대건설에서만 12시즌을 보낸 김연견이 현대건설의 새로운 주장이 되었다. 수비진의 리더로서 언제나 묵묵히 자신의 자리를 지켰던 김연견은 구단과 동료 선수들 그리고 팬들로부터 신뢰를 얻었다. 현대건설이 한 번에 무너지는 팀이 아닌 끈끈한 팀이라는 것을 보여줄 것이다. 지나간 결과에 연연하기보다 앞으로의 과정을 더 중시하고 말보다는 행동으로 묵묵히 걸어갈 것이다.

책임감, 부담감, 감사함

지난 시즌 발목 부상으로 시즌 중반 결장하면서 큰 책임감을 느꼈다. 역시 우승이라는 것이 쉽지 않다는 것을 느꼈고 잘 준비해서 다시 도전하기로 생각을 다졌다. 이번 시즌 팀과 FA 계약을 체결한 김연견은 구단이 보내 준 신뢰에 감사한 마음으로 시즌을 준비하고 있다. 부담감은 확실히 있다. 최선을 다해서 팀과 팬들을 위해 몸을 던질 생각이다.

김연견의 TOP3

	통산 수비 성공	통산 디그 성공	통산 리시브 효율
김연견	8,035개	5,597개	40.44%

2022-2023 V-리그 경기기록

28 경기	103 세트	- 득점	- 블로킹	- 서브
- 공격 성공률(%)	0.825 세트 Avg(set)	41.67 리시브 효율(%)	5.650 디그 Avg(set)	

NO.**9**
나현수

MB 미들 블로커

생년월일	1999.09.15
신장	183cm
출신교	문상초▶신탄중앙중▶대전용산고
입단	2018-2019시즌 2라운드 1순위
이적	KGC인삼공사▶현대건설(2022)
총 보수	5,800만 원 (연봉 5,000만 원, 옵션 800만 원)

재미있었던 이적 후 첫 시즌

지난 시즌 현대건설로 이적한 나현수는 행복한 1년을 보냈다. 프로 데뷔 후 가장 많은 경기, 가장 많은 세트에 출전해 경기 감각을 끌어올렸다. 양효진의 코로나 감염과 이다현의 어깨 부상으로 미들 블로커가 필요했을 때 나현수는 기대 이상의 모습을 보여줬다. 그동안 즐길 만한 여유가 없었기에 자신을 보여줄 기회도 없었지만 이제 나현수의 시간이 왔다. 이번 시즌에도 즐거움을 안고 코트에 나서 자신의 잠재력을 끌어낼 것이다.

아포짓 스파이커 출신의 멀티 플레이어

2023 구미 코보컵에서 나현수는 멀티 플레이어로서 자신의 존재감을 팬들에게 각인시켰다. 미들 블로커 포지션뿐만 아니라 아포짓 스파이커로 출전해 준결승까지 4경기에서 27득점을 기록하며 강성형 감독을 흡족하게 했다. 이번 시즌은 공격 득점과 블로킹 성공 개수를 늘려 미들 블로커 포지션에서 확실한 대안이 될 것이다.

나현수의 TOP3

나현수	한 경기 최다 득점	한 경기 최다 블로킹	한 경기 최다 서브
	11점	**4**개	**3**개

2022-2023 V-리그 경기기록

33 경기	83 세트	54 득점	13 블로킹	8 서브
35.87 공격 성공률(%)	**0.060** 세트 Avg(set)	**40** 리시브 효율(%)	**0.446** 디그 Avg(set)	

NO.10
고민지

OH 아웃사이드 히터

생년월일	1998.04.27
신장	173cm
출신교	달산초▶대구일중▶대구여고
입단	2016-2017시즌 1라운드 5순위
이적	IBK기업은행▶KGC인삼공사(2017)▶현대건설(2023)
총 보수	5,500만 원 (연봉 5,000만 원, 옵션 500만 원)

건강하게 부상없이 화이팅♡!

인생 2막

다시 태어난 느낌이다. V-리그를 떠나야 하는 상황 속에서 강성형 감독이 손을 내밀었다. 두 시즌 만에 다시 공격을 하고 있다. 원래부터 공격수 체질이라는 생각이 들 정도로 설레었다. 배구 인생의 새로운 막이 열렸다. 이번 기회는 놓치지 않을 것이다. 자신의 역할을 알고 있다. 팀에 필요한 작은 부분을 채워 주는 역할을 확실하게 할 것이다.

여덟 번째 시즌, 세 번째 팀

현대건설은 고민지의 세 번째 팀이다. 마지막이라는 생각으로 도전을 시작했다. 현대건설의 분위기가 너무나 마음에 든다. 모두가 배구에 진솔하다. 후배들과 동기들에게 많은 것을 배우고 있다. 이 팀의 수준에 맞는 선수가 되기 위해 노력 중이다. 팀이 가진 스타일에 녹아드는 느낌을 주고 싶다. 배구에 미쳐 있는, 즐기면서 집중하는 이 순간이 행복하다.

고민지의 TOP3

	한 경기 최다 득점	한 경기 최다 서브	통산 리시브 효율
고민지	17점	3개	36.4%

2022-2023 V-리그 경기기록

22 경기	69 세트	- 득점	- 블로킹	- 서브
- 공격 성공률(%)	0.478 세트 Avg(set)	40.52 리시브 효율(%)	3.087 디그 Avg(set)	

NO.11
김주향

OH 아웃사이드 히터

생년월일	1999.03.27
신장	180cm
출신교	치평초▶광주체중▶광주체고
입단	2017-2018시즌 1라운드 3순위
이적	현대건설▶IBK기업은행(2019)▶현대건설(2023)
총 보수	1억 1,600만 원 (연봉 8,600만 원, 옵션 3,000만 원)

4년 만의 리턴

2017-2018시즌 현대건설에 입단한 김주향은 IBK기업은행을 거쳐 이 번 시즌 FA 황민경의 보상선수로 다시 현대건설의 선택을 받았다. 이적 소식을 들었을 때 입단 동기인 김다인, 이영주와 같이 지냈던 추억이 떠 올랐다. 세심하게 팀 적응을 도와주는 친구들이 있고 현대건설의 훈련 은 서로 하고자 하는 의지가 강해 동기부여가 된다. 다시 시작하는 마음 으로 시즌을 기다릴 것이다.

단단함. 무너지지 않아야 한다

현대건설에서 살아남기 위해서는 서브리시브에서 무너지지 않아야 한 다는 것을 너무나 잘 알고 있다. 실력에 대한 자기 확신을 가지고 경기 에 나설 것이다. 스스로를 믿고 버티는 시즌이 될 것이다. 기업은행에서 의 4년은 성장의 발판이었다. 그 경험을 발판 삼아 과감하게 수비하고 과감하게 공격할 것이다. 더 단단해진 김주향을 기대해도 좋다.

김주향의 TOP3

김주향	한 경기 최다 득점	한 경기 최다 서브	한 경기 최다 블로킹
	26점	3개	3개

2022-2023 V-리그 경기기록

22 경기	31 세트	35 득점	2 블로킹	3 서브
29.13 공격 성공률(%)	- 세트 Avg(set)	26.23 리시브 효율(%)	1.323 디그 Avg(set)	

NO.12
이다현

MB 미들 블로커

생년월일	2001.11.11
신장	185cm
출신교	추계초▶중앙여중▶중앙여고
입단	2019-2020시즌 1라운드 2순위
이적	–
총 보수	1억 4,000만 원 (연봉 1억 2,000만 원, 옵션 2,000만 원)

더 책임감 있는 선수로
성장하기!!

팔방미인

이제 프로에서 다섯 번째 시즌을 맞는 이다현은 프로 선수가 갖추어야 할 모든 것을 가지고 있다. 배움에 대한 열정, 성장을 위한 의지, 팀과 국가대표팀에서 보여주는 실력, 코트에서 눈빛으로 말하는 승부욕, 외국인 선수와 자유롭게 소통하는 언어능력 그리고 팬들을 위해 끼를 발산하는 쇼맨십까지 이다현의 성장을 지켜보는 많은 사람들에게 이번 시즌도 기대하게 만든다.

안정감을 주고 책임감을 갖자

늘 꾸준하면 좋겠지만 시즌을 치르다 보면 흔들릴 때가 있기 마련이다. 출발이 좋지 않더라도 원래의 상태로 빠르게 돌아오는 것이 이번 시즌의 목표다. 경기를 잘 시작할 뿐만 아니라 잘 마무리하는 것에 초점을 맞추고 있다. 팀 내 선배들이 많기 때문에 지금까지 부담감을 내려놓고 따라갔지만 이제 책임감을 가지고 더 큰 영향력을 발휘하는 선수가 되고 싶다.

이다현의 TOP3

	한 경기 최다 득점	한 경기 최다 블로킹	한 경기 최다 서브
이다현	19점	6개	4개

2022-2023 V-리그 경기기록

34	134	295	79	21
경기	세트	득점	블로킹	서브
49.24	0.179	31.82	1.097	
공격 성공률(%)	세트 Avg(set)	리시브 효율(%)	디그 Avg(set)	

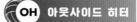

NO.13 정지윤

OH 아웃사이드 히터

생년월일	2001.01.01
신장	180cm
출신교	수정초▶경남여중▶경남여고
입단	2018-2019시즌 1라운드 4순위
이적	–
총 보수	1억 8,000만 원 (연봉 1억 3,000만 원, 옵션 5,000만 원)

결과보다 과정 먼저

커리어하이 시즌을 기대하며

이번 시즌 가장 기대되는 선수다. 2023 구미 코보컵을 통해 공격 타점을 잡는 감각이 한 단계 올라섰음을 보여줬다. 정지윤의 장점은 물론 공격이다. 서브리시브를 잘해야 한다는 강박이 있지만 부담을 덜어내고 장점을 극대화하는 배구를 보여줄 것이다. 정지윤 스스로가 기대하는 시즌이다. 현대건설이 수비에서 공격으로 전환하는 과정에서 정지윤의 가치가 빛날 것이다.

팔로워에서 리더로

지난 시즌을 돌아봤을 때 흔들린 적도 많았고 팀원들의 도움을 많이 받았다. 한 시즌을 잘 해냈다기보다는 끌려다니면서 경기를 치렀다. 이번 시즌은 더 적극적으로 나서고 소리치고 더 많은 도움을 팀원들에게 주는 것이 목표다. 정지윤은 더 이상 어린 선수가 아니다. 정신적으로 강해졌다. 위기에서 버팀목이 될 것이다. 코트에서 경기를 풀어 가는 리더가 될 것이다.

🏐 정지윤의 TOP3

	통산 공격 성공률	한 경기 최다 득점	한 경기 최다 블로킹
정지윤	**39.56**%	**23**점	**8**개

🏐 2022-2023 V-리그 경기기록

36 경기	127 세트	337 득점	32 블로킹	4 서브
38.64 공격 성공률(%)	**0.055** 세트 Avg(set)	**33.52** 리시브 효율(%)	**1.638** 디그 Avg(set)	

NO.14
양효진

MB 미들 블로커

생년월일	1989.12.14
신장	190cm
출신교	수정초▶부산여중▶남성여고▶부산대
입단	2007-2008시즌 1라운드 4순위
이적	–
총 보수	6억 원 (연봉 4억 원, 옵션 2억 원)

화이팅!

리빙 레전드, 블로퀸 양효진

1,451개. 2007년 현대건설에 입단한 양효진이 현재까지 16시즌 동안 달성한 블로킹 성공 개수. 매 시즌 90개의 블로킹 득점을 16시즌 연속 성공시켜야 달성할 수 있는 기록이다. 개인 통산 세트당 블로킹 득점은 0.816개. 보통의 미들 블로커가 자신의 커리어에서 단 한 시즌 달성하기도 어려운 수치. 역사는 계속된다. 이번 시즌 V-리그 최초로 블로킹 1,500득점을 넘어서는 살아 있는 전설의 모습을 보게 될 것이다.

가장 중요한 것은 건강

건강하게 한 시즌을 마무리하는 것이 중요하다는 것을 갈수록 크게 느끼고 있다. 부상 없이 항상 준비되어 있어야 우승의 기회도 있을 것이다. 한 시즌을 준비하면서 컨디션이 100%인 한 순간을 위해 몸을 만들고 컨디션을 끌어올리고 있다. 최상의 몸 상태까지 가는 과정이 힘들지만 목적지에 도달하기까지 갈망을 유지하며 노력한다. 이번 시즌 어느 시점에 양효진이 정점에 이를지 기대해 보자.

양효진의 TOP3

	통산 블로킹 성공	한 경기 최다 득점	한 경기 최다 블로킹 성공
양효진	1,451개	40점	11개

2022-2023 V-리그 경기기록

33 경기	129 세트	523 득점	95 블로킹	12 서브
50.3 공격 성공률(%)	0.333 세트 Avg(set)	46.55 리시브 효율(%)	1.217 디그 Avg(set)	

NO.**17**
고예림

OH 아웃사이드 히터

생년월일	1994.06.12
신장	177cm
출신교	함박초▶중앙여중▶강릉여고
입단	2013-2014시즌 1라운드 2순위
이적	한국도로공사▶IBK기업은행(2017)▶현대건설(2019)
총 보수	2억 7,200만 원 (연봉 2억 2,000만 원, 옵션 5,200만 원)

나 자신을 믿기

처음 주어진 시간

이렇게 아프거나 길게 쉬어 본 것은 배구를 시작하고 나서 처음이다. 무릎 수술 후 재활하는 시간이 길고 힘들고 지루하지만 좋은 전환점이 될 것이라 생각한다. 조급함이 생기고 빨리 훈련에 참여하고 싶은 마음이 있지만 인내해야 한다는 것을 알고 있다. 지난 시즌 하고 싶은 플레이를 못 했을 때 절망적인 느낌을 가졌다. 반드시 최고의 몸 상태로 돌아올 것이다.

서른, 잔치는 시작이다

2013년 도로공사에 입단한 고예림은 프로에서 10년을 보냈다. 이제 풋풋한 신인의 모습이 아닌 완숙한 서른의 배구를 해야 한다. 한 차원 높은 배구를 하는 것이 앞으로의 목표다. 재활 기간을 통해 생각을 확장하고 시야를 넓혀서 이제는 확실한 색깔을 보여주고 싶다. 이번 시즌 현대건설의 성패는 아웃사이드 히터들이 결정할 것이다. 팀에 균형을 가져다 줄 고예림의 빠른 복귀가 필요하다.

고예림의 TOP3

고예림	한 경기 최다 득점	통산 수비 성공	통산 리시브 효율
	26점	5,064개	38.99%

2022-2023 V-리그 경기기록

30 경기	91 세트	163 득점	8 블로킹	10 서브
31.73 공격 성공률(%)	0.231 세트 Avg(set)	47.43 리시브 효율(%)	3.187 디그 Avg(set)	

NO.18
한미르

L 리 베 로

생년월일	2002.07.13
신장	166cm
출신교	파장초▶경해여중▶선명여고
입단	2020-2021시즌 1라운드 6순위
이적	–
총 보수	5,700만 원 (연봉 5,000만 원, 옵션 700만 원)

긍정적이게

서브 하나, 디그 하나

한미르의 프로 개인 통산 6득점은 모두 서브 득점이다. 원포인트 서버로 매 세트 후반에 코트에 등장하는 한미르는 지난 시즌 34경기에 출전하며 팀이 치른 거의 대부분의 경기에 나섰다. 매 시즌 코트 안에서 역할이 많아지는 것을 보면서 성취감을 느끼고 있다. 이번 시즌에도 코트에 있는 시간이 늘어난다면 할 수 있는 것들을 하면서 팀에 보탬이 되고 싶다.

좋은 리베로의 꿈

한미르의 원 포지션은 리베로다. 2단 연결과 빠른 발을 스스로의 장점으로 꼽는다. 원포인트 서버로 경기에 들어가 수비까지 해내는 지금의 역할을 더 잘하는 것이 이번 시즌의 목표지만 리베로 포지션으로 고정된다면 더 많은 장점을 보여줄 수 있을 것이다. 그럼에도 욕심을 부리기보다는 잔잔하게 그리고 오래오래 배구를 하고 싶다.

한미르의 TOP3

한미르	한 경기 최다 서브	출전 경기 수	-
	2개	75경기	-

2022-2023 V-리그 경기기록

34 경기	98 세트	2 득점	- 블로킹	2 서브
- 공격 성공률(%)	0.051 세트 Avg(set)	9.09 리시브 효율(%)	0.245 디그 Avg(set)	

NO.21
정시영

OH 아웃사이드 히터

생년월일	1993.03.12
신장	180cm
출신교	수정초▶경남여중▶경남여고
입단	2011-2012시즌 2라운드 3순위
이적	흥국생명▶현대건설(2018)
총 보수	7,000만 원 (연봉 5,500만 원, 옵션 1,500만 원)

항상 새로운 시작처럼!!

잃어버린 3년을 지운 시즌

지난 시즌은 정시영에게 잃어버린 3년을 지운 시즌이었다. 아웃사이드 히터로 포지션을 변경했고 21번으로 등번호도 바꾸며 강한 의지를 가지고 시즌을 보냈다. 지난 시즌 17경기에 출전해 이전 3년 치 출전 시간을 넘어섰고 40득점을 기록하며 마음껏 공격했다. 자신의 존재를 다시 알린 시즌, 한마디로 괜찮았던 시즌이었다.

언제라도 늦은 건 없다

프로에서의 12년. 최선을 다했고 의미 있는 시간이었지만 조금 더 일찍 포지션 변화를 주며 아웃사이드 히터로 새 출발했다면 어땠을지 생각해본다. 다만 언제 시작해도 늦은 건 없다고 생각하며 이번 시즌에 집중하려고 한다. 개인적인 기대보다는 팀 성적이 잘 나왔으면 하는 마음이고 팀이 정상에 오르기까지 작은 부분이라도 도울 수 있다면 그것으로 충분할 것이다.

정시영의 TOP3

	한 경기 최다 득점	한 경기 최다 블로킹	한 경기 최다 서브
정시영	16점	7개	4개

2022-2023 V-리그 경기기록

17 경기	30 세트	40 득점	- 블로킹	1 서브
33.62 공격 성공률(%)	0.1 세트 Avg(set)	36.29 리시브 효율(%)	2.1 디그 Avg(set)	

NO.23
위파위

OH 아웃사이드 히터

생년월일	1999.01.28
신장	174cm
국적	태국
입단	2023 아시아쿼터 트라이아웃 2순위
이적	-
총 보수	10만 달러

My solid goal is I want to be a
KOVO League champion with my team.
So, I will put all my effort, energy,
skill to dedicate for my club.
In addition, I will play with lively and happy

높은 가성비를 기대하라

IBK기업은행이 태국 국가대표 세터 폰푼을 지명하자마자 2순위 지명권을 가진 현대건설은 태국 국가대표 아웃사이드 히터 위파위를 선택했다. 강성형 감독은 안정적인 서브리시브가 가능한 외국인 선수를 원했다. 2023 발리볼네이션스리그 캐나다전에서 18득점을 기록한 위파위는 뛰어난 공격력도 가지고 있다. 위파위가 현대건설을 아시아쿼터 수혜자로 만들 것이다.

늦게 오지만 빨리 적응해야 한다

황민경이 이적하면서 수비가 좋은 아웃사이드 히터가 필요했고 고예림의 재활 기간이 길어지면서 시즌 초반 위파위의 역할이 중요해졌다. 아시아선수권대회와 올림픽 세계 예선 그리고 아시안게임에 출전하는 태국 국가대표 위파위는 시즌 직전 팀 합류가 가능하다. 위파위가 처음부터 V-리그에 적응할 수 있을지. 매 시즌 초반 연승을 질주했던 현대건설은 위파위의 활약이 필요하다.

위파위의 TOP3

위파위	-	-	-
	-	-	-

2022-2023 V-리그 경기기록

경기	세트	득점	블로킹	서브
-	-	-	-	-

공격 성공률(%)	세트 Avg(set)	리시브 효율(%)	디그 Avg(set)
-	-	-	-

NO. **25**
이나연

S 세 터

생년월일	1992.03.25
신장	173cm
출신교	추계초▶중앙여중▶중앙여고
입단	2010-2011시즌 신생팀 우선지명
이적	IBK기업은행▶GS칼텍스(2012)▶IBK기업은행(2018)▶현대건설(2020)
총 보수	1억 6,500만 원 (연봉 1억 원, 옵션 6,500만 원)

슬럼프

지난 시즌은 프로 입단 후 가장 힘든 시즌이었다. 부진했고 경기 엔트리에서 제외된 적도 있었다. 몸이 생각한 대로 움직이지 않았다. 심리적인 부분이 컸던 것 같다. 지난 시즌 좋은 조건으로 팀과 FA 계약을 하면서 기대에 보답하려 했지만 반대의 결과가 찾아왔다. 불안이 엄습하고 겁이 나기 시작했다. 이 또한 지나가리라는 생각을 해 본다. 두려움 없이 다시 코트에서 자유롭게 춤출 시간을 기대하며.

리듬을 다시 찾아야 해

강성형 감독은 이나연에게 충분한 시간을 주면서 완전한 마음의 회복이 있을 때까지 기다려 줬다. 다행히도 이나연은 리듬을 다시 찾았다. 국가대표 세터인 김다인이 팀에 있지만 한 명의 세터가 시즌 전체를 책임질 수는 없다. 대표팀 일정으로 팀에 늦게 합류한 김다인이 체력적으로 힘든 상황에서 이나연은 자신의 역할을 해야 한다. 프로 12년의 경험이 있는 이나연이기에 반드시 이겨낼 것이다.

이나연의 TOP3

이나연	통산 세트 성공	한 경기 최다 서브	한 경기 최다 블로킹
	6,362개	**4**개	**2**개

2022-2023 V-리그 경기기록

17 경기	**23** 세트	**-** 득점	**-** 블로킹	**-** 서브
- 공격 성공률(%)	**2.304** 세트 Avg(set)	**-** 리시브 효율(%)	**0.565** 디그 Avg(set)	

NO.99
모마
바소코

OP 아포짓 스파이커

생년월일	1993.10.09
신장	182cm
국적	카메룬
입단	2023 외국인선수 트라이아웃 5순위
이적	GS칼텍스▶현대건설(2023)
총 보수	25만 달러

stay fo cused
and always Do my
best.

검증된 외국인 선수

외국인 선수 트라이아웃에서 5순위 지명권을 얻은 현대건설은 지난 두 시즌간 GS칼텍스에서 활약했던 모마 바소코를 선택했다. 지난 시즌 득점 2위, 공격 종합 2위, 서브 3위에 올랐던 모마는 가장 확실한 카드였다. 실력뿐 아니라 2년간 코트에서 보여 준 모마의 성실한 태도와 진지한 경기 자세는 현대건설의 마음을 얻기에 충분했다. 적어도 외국인 선수 때문에 어려움을 겪는 일은 없을 것이다.

우승, MVP 그리고 트리플 크라운

V-리그에서 세 번째 시즌을 준비하는 모마는 구체적인 목표를 이야기했다. 현대건설이라는 이기는 습관이 있는 팀에 합류하면서 리그 MVP에 대한 의지를 숨기지 않았다. 팀 우승은 당연한 목표다. 라운드 MVP에도 두 번이나 올랐고 베스트7상도 수상했던 모마는 V-리그 최고의 외국인 선수가 되고 싶은 열망을 표현했다. 단 한 번 기록했던 트리플 크라운도 더 자주 보여주고 싶다는 모마. 현대건설이 더 단단해졌다.

모마의 TOP3

모마	한 경기 최다 득점	한 경기 최다 서브	한 경기 최다 블로킹
	43점	5개	7개

2022-2023 V-리그 경기기록

35 경기	134 세트	879 득점	48 블로킹	33 서브
43.68 공격 성공률(%)	0.090 세트 Avg(set)	- 리시브 효율(%)		2.425 디그 Avg(set)

2005 09-10 11-12

어제의 1점 차 아쉬움,
오늘의 승리로
돌아온다!

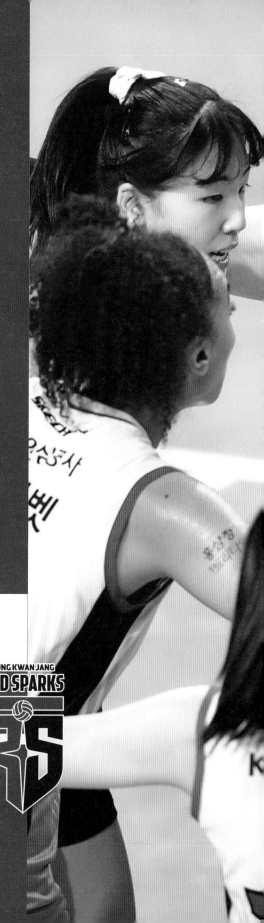

JUNG KWAN JANG
RED SPARKS

정관장
레드스파크스

최종성적

승점	56
승	19
패	17
세트 득/실(득실률)	72/72 (1.000)
점수 득/실(득실률)	3,168/3,141 (1.009)

항목별 팀 순위

득점	4위	3,168 점
공격종합	3위	40.06 %
블로킹	2위	2.56 개
서브	7위	0.74 개
디그	7위	19.24 개
세트	4위	13.44 개
리시브	2위	40.74 %
수비	6위	4,066 개

라운드별 상대 전적

	PINK SPIDERS	HILLSTATE	흥국생명	KIXX	HI-PASS	AI PEPPERS	순위
1R	0:3	2:3	1:3	3:0	3:2	3:2	4
2R	0:3	2:3	2:3	1:3	0:3	3:1	6
3R	1:3	3:2	2:3	3:1	3:1	3:0	3
4R	3:1	1:3	1:3	3:0	3:0	3:1	4
5R	0:3	3:2	0:3	3:0	3:0	3:1	3
6R	0:3	3:1	3:2	3:2	3:2	3:1	3
계	1승 5패	3승 3패	1승 5패	3승 3패	5승 1패	6승 0패	4위

홈 경기장_대전 충무체육관

사진 출처 네이버로드뷰

주소 | 대전광역시 중구 대종로 373 보문산공원 입구
수용인원 | 5,960석
클럽하우스 | 대전광역시 대덕구 벚꽃길 71 KGC인삼공사 스포츠센터

1점 차 준플레이오프 무산의 아쉬움

2023년 3월 17일, 정관장 레드스파크스에겐 경기가 없었지만 경기에 진 것보다 더한 아쉬움이 가득했던 잊지 못할 하루였다. 여자부 최초 준플레이오프 성사가 눈앞에 있었던 시즌, 결국 한 점 차로 정관장 레드스파크스(전 KGC인삼공사)는 다섯 시즌 연속 봄배구 진출에 실패했다. 하루 전인 16일 현대건설과의 경기에서 승점 3점을 추가하며 마지막까지 희망의 끈을 놓지 않았지만 결국 한국도로공사가 마지막 경기 승점 3점을 추가하며 눈앞에서 봄배구를 떠나보내야만 했다. 숙소에서 다 같이 손을 붙잡고 경기를 지켜보던 그날, 선수들과 감독은 모두 같은 생각을 했을 것이다. 내년엔 기필코 이 슬픔을 코트에서 원 없이 풀어내리라. 전력은 탄탄하다. 풍부한 중앙과 강력한 날개. 선수들이 코트에서 흔들리지만 않는다면 더 높은 곳으로 향할 수 있다고 진단했다.

 힘차게 출발하는 정관장 레드스파크스!

많은 것들을 새롭게 시작하는 시즌이다. 새로운 팀명과 새로운 배구스타일. 이번 시즌 스피드배구를 하겠다고 선언한 고희진 감독이다. 중앙 자원이 풍부한 만큼 팀의 구성에 어울리는 색깔이지만 중요한 건 팀원들 간의 호흡. 지금까지 레드스파크스가 보여줬던 플레이와는 사뭇 다른 전개가 예상되기 때문에 감독의 구상이 얼마큼 코트에서 구현되는지가 이번 시즌 레드스파크스의 불꽃 크기에 관건이 될 것이다.

체육관 대부분은 상권과 많이 떨어져 있는 곳에 위치하지만, 대전 충무체육관은 주변에 맛집들이 많은 경기장 중 한 곳이다. 바로 옆에는 볶음밥이 일품인 중국집이 있고, 조금만 걸어가면 생선구이 맛집이 있다. 경기장은 어느덧 지어진 지 50여 년이 지나 오래됐지만 늘 많은 사람이 오가서 생기가 돈다. 충무체육관을 가면 건물이 오래되더라도 많은 사람들이 애정을 갖고 계속 찾아 준다면 충분히 계속 빛날 수 있단 걸 알게 된다.

감독

고희진

눈앞에서 봄이 사라진 그날 저녁부터 다음 시즌 준비에 돌입했다

여자부 지도자를 맡은 첫 시즌, 이 팀에서 감독 고희진이 무엇을 했는지 생각해보았다. 첫 시즌이라서 흐릿했던 것들이 조금씩 선명하게 보이기 시작했다.

여자부와 남자부, 차이보다 우리는 배구선수다. 그게 가장 큰 전제였다. 적응과 깨달음의 시간이 있었고 이제 고희진의 배구를 보여줄 시즌이 왔다.

지난 시즌과 코보컵을 돌아봤을 때, 선수들이 연습할 때 보여줬던 좋은 기량이 경기장에서 충분히 발휘되지 않는 것이 안타까웠다. 외부 요인에 흔들리는 심리적인 요인이 가장 크다는 판단을 내렸고 어떤 변수가 생기더라도 프리시즌 우리가 흘린 땀과 우리가 준비한 것을 보여줄 수 있도록 만들겠다고 다짐했다. 고강도 훈련이 시작됐다. 선수들은 힘들어했지만 동시에 모두가 버텨냈다. 그렇게 한 팀으로 강해졌다.

이후 정관장 레드스파크스가 제일 잘할 수 있는 것에 집중하기로 했다. 강력한 중앙을 보유한 팀답게 스피드배구로 방향을 잡았다. 이소영이 어깨 수술을 했고 기존 아웃사이드 히터 한 자리 고민이 확실하게 해소되지 못한 가운데 레드스파크스의 양날개 공격이 약해질 수 있다는 점을 스피드 배구로 이겨내려 한다. 새로 도입된 아시아쿼터제에선 아포짓 스파이커 포지션을 뽑았다. 등록명도 무려 메가! 메가톤급 서브와 공격이 장점이라는 메가왓티와 외국인 선수 드래프트에서는 이전 시즌들과는 다르게 아웃사이드 히터 지오바나를 뽑았다. 스피드배구에선 무엇보다 세터의 역할이 중요하다. 더 빠르고 정확하게! 염혜선, 김채나 그리고 트레이드 된 안예림까지 세 명의 세터가 키를 쥐고 있다. 염혜선이 국가대표로 팀을 비운 시간이 길어 팀에서 호흡을 맞춰 볼 시간이 길지 않았다. 하지만 KOVO컵에서 빠르게 리듬을 찾은 만큼 염혜선 또한 국가대표 베테랑 세터. 바뀐 팀 컬러와 팀명까지. 다시 첫발을 내딛는 다크호스 정관장 레드스파크스의 시작을 지켜보자.

Best 7

IN		OUT	
안예림 ▶		채선아 ▶	
김세인 ▶		고의정 ▶	
		박은지 ▶	
		김현지 ▶	

메가왓티 **OP**　　정호영 **MB**　　지오바나 **OH**

박혜민 **OH**　　박은진 **MB**　　염혜선 **S**

노란 **L**

라인업

no.	이 름		포지션	no.	이 름	포지션	no.	이 름	포지션
1	이소영	©	OH	8	메가왓티	OP	18	이지수	MB
2	안예림		S	9	서유경	L	20	최효서	L
3	염혜선		S	10	박혜민	OH	77	지오바나	OH
4	김세인		OH	12	한송이	MB			
5	노란		L	14	김채나	S			
6	박은진		MB	15	이선우	OH			
7	이예솔		OP	17	정호영	MB			

루키

곽선옥 **OH**　　강다연 **OH**　　정수지 **L**

NO.1
이소영

OH 아웃사이드 히터

생년월일	1994.10.17
신장	176cm
출신교	둔포초▶근영중▶근영여고
입단	2012-2013시즌 1라운드 1순위
이적	GS칼텍스▶KGC인삼공사(2021)
총 보수	6억 5,000만 원 (연봉 4억 5,000만 원, 옵션 2억 원)

영이장군

이적 후 짊어져야 할 무게는 이미 알고 있었다. 하지만 알고 있었다고 해서 그 무게를 감당하기 쉬워지는 건 아니다. 주변의 냉정한 평가를 받아들이며 부진했던 첫 시즌을 이겨내고 팀에 도움이 될 방법이 보였던 지난 시즌이었지만 야속하게 시즌이 끝나자 이소영은 수술대에 올라야 했다. 이소영은 의사도 놀라게 하는 회복력으로 복귀 시점을 앞당겼다. 그녀의 의지에 고희진 감독 역시 얼굴에 미소가 떠나지 않는다. 그렇게 팀에게 그리고 이소영에게 다시 한번 도전의 시즌이 다가온다.

정관장 에이스

스스로의 한계에 부딪혀 가며 다시 한번 에이스로서의 책임감을 갖고 시즌에 나서는 이소영이다. 이젠 정관장 레드스파크스의 단단한 중심으로 자리 잡았다. 이소영이 없는 정관장의 코트는 공격과 수비에서 모두 빈자리가 크게 느껴질 것이다. 더 강해진 어깨, 그리고 더 강해진 마인드로 돌아오겠다고 다짐한 이소영의 모습을 코트에서 기다려 보자.

이소영의 TOP3

	통산 공격 특점	통산 리시브 정확	한 경기 최다 특점
이소영	3,171점	2,877개	30점

2022-2023 V-리그 경기기록

36 경기	144 세트	457 득점	38 블로킹	13 서브
37.18 공격 성공률(%)	**0.472** 세트 Avg(set)	**49.49** 리시브 효율(%)	**4.208** 디그 Avg(set)	

NO.2
안예림

S 세 터

생년월일	2001.09.21
신장	182㎝
출신교	사하초▶부산여중▶남성여고
입단	2019-2020시즌 1라운드 4순위
이적	한국도로공사▶정관장(2023)
총 보수	5,000만 원 (연봉 4,500만 원, 옵션 500만 원)

코트 위에서 자신있는 모습으로
여번시즌 최선을 다 하겠습니다!!

RESET

지난 시즌 2022 KOVO컵에서의 활약 이후 도로공사에서 기회를 많이 받았다. 스스로도 기대가 컸지만 개막전 이후 크게 흔들리는 자신에게 실망했다. 특히나 지난 시즌 개막전에서 크게 흔들린 이후 좀처럼 자신의 페이스를 찾지 못하고 한 시즌을 흘려보내 버렸다. 볼이 뜨면 안 했던 실수들이 나왔고 실수가 반복될수록 불안함이 쌓였다. 프리시즌은 모든 걸 버리고 다시 처음부터 시작하는 시간이었다.

당당하게 쏘기

세터라는 포지션이기에 트레이드 후 더 빠른 적응이 필요하다. 팀의 스피드배구에 맞춰 이전보다 토스를 더 낮고 빠르게 해야 한다. 이미 팀에는 두 명의 세터가 있기에 안예림은 부담은 내려놓고 코트에 들어가 자신이 할 수 있는 것만 보여주고 나오려고 한다. 무엇보다 코트에서 자신 없는 모습은 보이지 말자는 게 자신과의 첫 번째 약속! 코트를 당당하게 누비는 시즌을 상상해 보자.

안예림의 TOP3

안예림	한 경기 최다 세트	-	-
	15개	-	-

2022-2023 V-리그 경기기록

33	66	8	3	3
경기	세트	득점	블로킹	서브

18.18	1.682	-	0.379
공격 성공률(%)	세트 Avg(set)	리시브 효율(%)	디그 Avg(set)

NO.3
염혜선

S 세 터

생년월일	1991.02.03
신장	177cm
출신교	목포하당초▶목포영화중▶목포여상
입단	2008-2009시즌 1라운드 1순위
이적	현대건설▶IBK기업은행(2017)▶GS칼텍스(2019) ▶KGC인삼공사(2019)
총 보수	3억 5,000만 원 (연봉 3억 3,000만 원, 옵션 2,000만 원)

24시간이 모자라

십여 년 만에 숨이 턱끝까지 차오르는 걸 느꼈다. 그 어느 때보다 강도 높은 훈련을 소화하고 있다. 지난 시즌 봄배구에 대한 아쉬움이 팀 전체에 진지함을 넘어 더 비장함까지 느껴지게 만들었다. 국가대표로 일정을 소화하고 돌아와서도 바로 팀 훈련에 합류하는 간절함은 염혜선 또한 가지 못한 한 걸음이 내내 마음에 큰 아쉬움으로 남았기 때문이다.

스피드배구 중심엔 여미언니

스피드배구엔 세터의 역할이 무엇보다 중요하다 지난 시즌 세트 2위에 자리하고. 이미 풍부한 경험까지 갖춘 염혜선이지만 이전 시즌부터 계속 문제가 되어 왔던 건 경기마다 컸던 기복이다. 본인 스스로도 문제를 인지하고 자신의 기복이 팀의 경기력과 직결된다는 것을 알기에 충분히 무거운 책임감을 느끼고 있다. 이번 시즌을 앞둔 염혜선의 목표는 스스로에 대한 확신을 갖는 시즌을 만드는 것. 그 확신이 꾸준한 경기력으로 코트에 드러날 것이라고 믿는다.

🏐 염혜선의 TOP3

염혜선	통산 세트 성공	통산 출전 경기 수	통산 서브 득점
	13,106개	**400**경기	**242**점

🏐 2022-2023 V-리그 경기기록

36 경기	139 세트	52 득점	13 블로킹	10 서브
28.77 공격 성공률(%)	**10.885** 세트 Avg(set)	**-** 리시브 효율(%)		**2.763** 디그 Avg(set)

NO.4 김세인

OH 아웃사이드 히터

생년월일	2003.02.06
신장	173cm
출신교	유영초▶경해여중▶선명여고
입단	2021-2022시즌 1라운드 5순위
이적	페퍼저축은행▶한국도로공사(2022)▶KGC인삼공사(2023)
총 보수	5,800만 원 (연봉 5,300만 원, 옵션 500만 원)

이번 시즌 우승 가자구!

3년 차, 세 번의 트레이드

프로 데뷔 3년 차, 세 번의 트레이드. 김세인에게는 가혹하게 느껴질 수도 있는 변화였다. 하지만 매번 그 변화 속에서 유니폼을 갈아입고 자신의 가치를 빛냈던 김세인이다. 트레이드되기 전부터 김세인은 작은 신장으로도 공격 능력을 이미 인정받은 상황. 하지만 지난 시즌 정규 리그에서 신장의 한계를 확실히 느꼈다.

나야 나

2022-2023시즌 느낀 정규 리그의 벽은 이제 프로 생활이 시작인 김세인에게 여러 가지 과제를 제시했다. 프로 무대에서 더 많은 역할을 맡고 더 오랜 시간을 함께할 수 있는 방법. 그 찰나에 트레이드라는 변화가 생겼지만 이 또한 김세인의 배구 인생에 어떤 기회가 될지 모르는 터. 다시 차근차근 기본적인 것부터 준비한다. 어떤 상황에서도 코트에 들어서면 팬들이 김세인을 바로 알아볼 수 있게끔. 존재감 있는 선수가 되는 것. 이번 시즌의 목표다.

김세인의 TOP3

	2023 KOVO 컵대회	한 경기 최다 득점	-
김세인	MIP	20점 2023 KOVO컵 기록	-

2022-2023 V-리그 경기기록

31 경기	63 세트	11 득점	- 블로킹	1 서브
32.26 공격 성공률(%)	0.063 세트 Avg(set)	27.45 리시브 효율(%)	0.873 디그 Avg(set)	

NO.5
노란

(L) 리 베 로

생년월일	1994.03.17
신장	167cm
출신교	파장초▶수일여중▶한일전산여고
입단	2012-2013시즌 3라운드 3순위
이적	IBK기업은행▶KGC인삼공사(2018)
총 보수	1억 2,000만 원 (연봉 1억 1,000만 원, 옵션 1,000만 원)

아프지않고 다치지않고
시즌 무사완주 하기!

부상 방지 위원회

아킬레스건 부상으로 코트에 들어설 수 없었던 시간, 노란의 가장 큰 두 가지 마음은 미안함과 간절함. 자신의 빈자리를 채우기 위해 포지션 변경도 마다 않고 고군분투하는 동료들에게 미안함을, 그렇게 단 1점으로 놓쳐 버린 봄배구에 아쉬움을, 당장이라도 코트에 뛰어들어 가고 싶은 간절함. 그 마음을 모아 이번 시즌에 쏟아붓겠다 다짐했다. 잠시 멈췄던 배구에 대한 간절함을 다시 코트에서 펼치기 위해서는 무엇보다 다치지 않아야 한다는 걸 되새기며 노란을 팬들에게 각인시켰던 그때를 재연하려고 한다.

개나리 노란 봄에도 배구 할래

몸 상태는 최고다. 부상을 당하기 전 2021-2022시즌의 몸 상태와 기량을 코트에서 다시 한번 보여주겠다는 목표로 체력 훈련과 볼 운동의 강도를 높였다. 잠시 놓쳐 보니 느낄 수 있었던 배구의 소중함, 시즌 첫 경기에서 그 간절함을 다시 보여주겠다.

🏐 노란의 TOP3

노란	한 경기 최다 디그	한 경기 최다 리시브	통산 디그 달성
	36개	24개	1,952개

🏐 2022-2023 V-리그 경기기록

19 경기	72 세트	- 득점	- 블로킹	- 서브
- 공격 성공률(%)	0.431 세트 Avg(set)	48.46 리시브 효율(%)	4.514 디그 Avg(set)	

NO.6
박은진
MB 미들 블로커

생년월일	1999.12.15
신장	187cm
출신교	수양초▶경해여중▶선명여고
입단	2018-2019시즌 1라운드 2순위
이적	–
총 보수	1억 3,000만 원 (연봉 1억 2,500만 원, 옵션 500만 원)

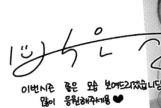

이번시즌 좋은 모습 보여드리겠습니당
많이 응원해주세용 ♥

벌써 5년

어느덧 여섯 시즌째를 앞두고 있다. 이번 시즌이 끝나면 FA. 지난 시즌 속공과 이동공격에서 10위권 안에 이름을 올린 박은진은 이제 어엿한 팀의 에이스로 자리 잡았다. 프리시즌 발리볼네이션스리그에 합류해 쉴 틈 없이 바빴지만 지난 시즌엔 부상이 있었기에 그 소중함을 알고 있다. 경기를 어떻게 보고 느껴야 하는지, 무엇을 배워야 하는지 알게 되었다. 국제경기를 마치고 돌아온 박은진은 한층 더 성장해 있을 것이다.

첫 봄

2018-2019시즌 데뷔 후 차근차근 성장하고 있는 박은진이지만 마냥 웃을 수 없는 이유, 바로 봄배구다. 아직까지 한 번도 봄배구를 경험한 적이 없는 박은진이다. 그렇기에 지난 시즌 눈앞에서 놓친 한 점 차 봄배구는 더욱 뼈아프다. 이동공격과 속공에서는 좋은 성과를 보였지만 블로킹과 서브에서는 아쉬웠던 시즌. 다가오는 시즌엔 봄까지 박은진의 웃음이 코트에 만개하기를 기대한다.

🏐 박은진의 TOP3

	한 경기 최다 블로킹	한 경기 최고 공격 성공률	한 경기 최다 득점
박은진	6개	58.82%	17점

🏐 2022-2023 V-리그 경기기록

36 경기	130 세트	184 득점	63 블로킹	8 서브
41.70 공격 성공률(%)	0.146 세트 Avg(set)	34.62 리시브 효율(%)	0.715 디그 Avg(set)	

NO.7
이예솔

OP 아포짓 스파이커

생년월일	2000.06.08
신장	177cm
출신교	대구삼덕초▶경해여중▶선명여고
입단	2018-2019시즌 2라운드 2순위
이적	–
총 보수	5,300만 원 (연봉 4,800만 원, 옵션 500만 원)

끝까지 포기하지 않겠습니다.

인고 끝에 달콤한

기회가 적을 수밖에 없는 포지션. 인생의 전부였던 배구였기에 끊임없이 고민하고 연습하며 기다렸다. 아포짓 스파이커 포지션인 이예솔의 라이벌은 외국인 선수. 기회를 늘리기 위해 공격뿐만 아니라 수비에 대한 훈련도 열심히 했다. 이예솔은 언제 찾아올지 모르는 기회를 항상 최고의 컨디션으로 기다리고 있다. 기다림에 지칠 때도 있었지만 비우며 채워지는 것을 깨달았다. 그리고 어쩌면 이번 시즌 그 기회가 찾아올지도 모른다.

나만의 배구

스피드배구에서 중요한 커버플레이까지 외국인 선수보다 한 발 더 뛰고 좀 더 촘촘히 코트를 채워 주는 선수가 되어서 확실한 게임 체인저가 되는 게 이번 시즌 이예솔의 목표. 욕심을 부리기보다 내가 할 수 있는 것, 나에게 온전히 집중하기로 했다. 한 시즌 한 시즌 지금이 마지막이라 생각하고 이예솔의 배구, 나만의 배구를 보여주기 위해 코트에 들어간다.

🏐 이예솔의 TOP3

이예솔	한 경기 최고 공격 성공률	한 경기 최다 서브	–
	46.15%	4개	–

🏐 2022-2023 V-리그 경기기록

10 경기	17 세트	12 득점	1 블로킹	1 서브
32.26 공격 성공률(%)	– 세트 Avg(set)	– 리시브 효율(%)		0.294 디그 Avg(set)

NO.8
메가왓티
퍼티위

OP 아포짓 스파이커

생년월일	1999.09.20
신장	185㎝
국적	인도네시아
입단	2023 아시아쿼터 트라이아웃 3순위
이적	–
총 보수	10만 달러

MEGAWATI

"Tujuan saya season ini, ingin bermain dengan baik dan bagus, dan tentunya ingin tim ini menjadi kompak dan akan terus kompak sampai selesai season ini, dan mari bekerja sama, dan semoga tim ini selalu diberikan keselamatan, bermain bagus dan kemenangan di setiap pertandingan. Aamiin."
FIGHTING ♡

신비의 메가슈퍼파워

"그래도 해야 해." 메가왓티가 가장 많이 듣는 한국어다. 인도네시아와 한국의 훈련 과정은 많이 다르지만 그 모든 과정이 메가왓티에겐 즐겁다. 이름처럼 메가왓티의 장점은 강력한 스파이크. 서브 역시 자신의 강한 무기라고 자신하는 메가는 이미 연습경기를 통해 코칭스태프에게 검증을 마치고 신뢰를 받고 있다. 성실한 태도와 함께 여러 번의 연습경기에서 V-리그에 충분히 위력적일 역량을 보여주면서 공격의 한 자리를 든든히 맡아 줄 거라는 믿음을 얻었다.

숨겨 왔던 나의 필살기는

"V-리그에서 직접 보여주기 위해 아직 필살기는 꺼내지도 않았다." 의사소통이 완벽하게 되지 않아도 이미 동료들의 웃음을 책임지는 분위기메이커. 오늘도 코트에서 '언니'를 외치는 메가의 쾌활한 성격 덕분에 웃음이 넘치는 '정관장 레드스파크스'다.

🏐 메가왓티의 TOP3

메가왓티	-	-	-
	-	-	-

🏐 2022-2023 V-리그 경기기록

경기	세트	득점	블로킹	서브
-	-	-	-	-

공격 성공률(%)	세트 Avg(set)	리시브 효율(%)	디그 Avg(set)
-	-	-	-

NO.9
서유경

L 리 베 로

생년월일	2002.05.02
신장	167cm
출신교	신탄진초▶신탄진중▶대전용산고
입단	2020-2021시즌 2라운드 5순위
이적	–
총 보수	3,400만 원 (연봉 3,200만 원, 옵션 200만 원)

나를 보여줄게

마지막 내딛지 못한 한 점의 아쉬움과 코트에 더 많이 딛지 못한 발걸음의 아쉬움이 짙게 남은 지난 시즌. 코트에서 더 많은 시간을 보내고 싶었지만 준비한 만큼 충분한 기회가 주어지지 않았다. 하지만 여전히 배울 것도 많고 경험해 보고 싶은 것도 많기에 아쉬움보다는 다가오는 시즌에 대한 기대가 훨씬 크다. 원래 2단 토스에 두려움이 있어 코트에서 실수가 자주 나왔지만 이번 프리시즌 집중 훈련 덕에 감을 찾은 것 같아 자신감이 생겼다. 서유경의 장점인 빠른 발과 함께 한 템포 빨라진 정관장 레드스파크스의 스피드배구를 기대해 보라.

투 머치 토커

시즌을 앞둔 서유경에게 코칭스태프의 주문은 "떠들어라". 내성적인 서유경의 콜 사인이 코트에 쩌렁쩌렁하게 울려 퍼지길 바라는 마음이다. 코트에서 더 활발해지라는 주문에 따라 이번 시즌 코트를 정신없이 누비며 투 머치 토커로 급부상할 서유경을 기다려 보자.

서유경의 TOP3

	출전 경기 수	2022 컵대회 리시브 효율	-
서유경	21경기	30.77%	-

2022-2023 V-리그 경기기록

11 경기	20 세트	2 득점	- 블로킹	- 서브
- 공격 성공률(%)	- 세트 Avg(set)	- 리시브 효율(%)	0.400 디그 Avg(set)	

NO.**10**
박혜민

OH 아웃사이드 히터

생년월일	2000.11.08
신장	181cm
출신교	수정초▶경해여중▶선명여고
입단	2018-2019시즌 1라운드 3순위
이적	GS칼텍스▶KGC인삼공사(2021)
총 보수	1억 1,500만 원 (연봉 1억 1,000만 원, 옵션 500만 원)

파워 퍼프 걸!

웜업존에서의 시간이 길었지만 그 시간을 헛되이 보내지 않았다. 오히려 배구에 대해 배울 수 있었고, 코트 안에서 자신의 역할에 대해 재정립할 수 있는 값진 시간이었다. 2023-2024시즌을 앞두고 다시 설렘을 느끼는 박혜민이다. 감독이 추구하는 스피드배구에 맞춰 공격할 때 더 스피드를 내 볼에 힘을 싣는 방법을 고민했다. 아웃사이드 히터 자원이 많은 팀에서 박혜민이 공격력을 갖춘다면 확실히 두각을 드러낼 수 있을 것이다. 수비와 더불어 공격에서도 파워풀해진 모습으로 자신의 가치를 입증하는 시즌을 기대해 보자.

프로 명언러

'행동하지 않는 것은 두려움의 결과이자 원인이다.' 박혜민의 휴대폰 1열에 있는 글이다. 이번 시즌 코트에서 두려움을 없애고, 챔프전에서도 믿고 맡길 수 있는 선수가 되겠다 다짐했다. 흔들리지 않는 멘털 관리와 감정 컨트롤로 6년 차 공수에서 커리어하이를 노린다.

박혜민의 TOP3

박혜민	한 경기 최고 공격 성공률	한 경기 최다 리시브	한 경기 최다 디그
	55%	**25**개	**24**개

2022-2023 V-리그 경기기록

29 경기	**88** 세트	**146** 득점	**18** 블로킹	**5** 서브
34.65 공격 성공률(%)	**0.170** 세트 Avg(set)	**36.92** 리시브 효율(%)	**2.705** 디그 Avg(set)	

NO.12
한송이

OH 아웃사이드 히터

생년월일	1984.09.05
신장	186cm
출신교	성호초▶수일여중▶한일전산여고▶남서울대
입단	2002년 1라운드 1순위
이적	한국도로공사▶흥국생명(2008)▶GS칼텍스(2011) ▶KGC인삼공사(2017)
총 보수	2억 1,000만 원 (연봉 2억 원, 옵션 1,000만 원)

가장 행복했던 시도으로 기억될두 있게
매군간 최보을 다하겠습니다. ☺

장기 근속 비결

20년이 지났어도 한송이는 필수불가결한 선수다. 분위기를 바꿔야 하는 순간 어김없이 감독이 찾을 수밖에 없는 베테랑 중의 베테랑. '도와줘요, 한송이!' 하면 기대를 저버리지 않고 우리가 기억하는 그 모습으로 기대하는 그 활약을 보여준다. 미들 블로커와 아웃사이트 히터. 팀이 원하면 어디서든 제 몫을 하는 한송이. 흐르는 세월과는 별개로 한송이의 역할은 한층 더 중요해져 간다.

꽃향기를 남기러 왔단다

한송이에게는 매 시즌이 도전을 하는 과정이기도 하면서 마무리를 해가는 과정이기도 하다. 그렇기에 숙명처럼 크고 작은 부상을 달고 있지만 어려움을 이겨내고 모든 훈련에 함께했다. 묵묵히 시즌을 준비하며 한송이가 걸어온 배구인생처럼 팀과 함께 멋진 피날레를 울리며 한송이다운 최고의 엔딩을 꿈꾼다.

🏐 한송이의 TOP3

한송이	통산 득점	통산 블로킹	통산 출전 경기 수
	5,297 점	**833** 개	**517** 경기

🏐 2022-2023 V-리그 경기기록

36 경기	**116** 세트	**112** 득점	**50** 블로킹	**2** 서브
35.09 공격 성공률(%)	**0.241** 세트 Avg(set)	**26.15** 리시브 효율(%)	**0.750** 디그 Avg(set)	

NO.**14**
김채나
S 세 터

생년월일	1996.05.04
신장	174cm
출신교	치평초▶중앙여중▶대구여고
입단	2014-2015시즌 수련선수
이적	한국도로공사▶KGC인삼공사(2016) ▶한국도로공사(2018)▶KGC인삼공사(2021)
총 보수	5,500만 원 (연봉 5,000만 원, 옵션 500만 원)

봄 배구 Go !
매 경기 최선을 다하고
더 안정적인 토스를 보여드리겠습니다!

10

지난 시즌 팀으로는 한 점의 아쉬움을, 개인적으로는 기회의 아쉬움을 여실히 느꼈다. 그래서 이번 시즌을 앞두고는 이를 악물고 더 독하게 준비했다. 팀이 스피드배구에 새롭게 도전하면서 김채나는 다시 기회를 봤다. 어느덧 프로에서 10년, 프리시즌 팀원들과 바뀐 배구 흐름에 맞춰 강도 높은 체력 훈련까지 병행하며 힘든 시간을 견뎌냈고 한 단계 더 성장했다는 평가를 받았다.

점프점프

작은 신장에서 오는 한계를 극복하기 위해 빠르게 속도감을 살려 올리는 토스와 점프토스로 팀의 스피드배구에 더 시너지를 내려고 한다. 많은 연습량은 코트에서 드러날 것이라고 믿는다. 프리시즌 동안 힘든 시간을 버텨 왔기에 지금 당당히 자신을 믿을 수 있다고 말하는 김채나의 새 시즌이 기대된다.

김채나의 TOP3

김채나	한 경기 최다 세트	출전 경기 수	-
	28개	54경기	-

2022-2023 V-리그 경기기록

9 경기	11 세트	2 득점	2 블로킹	- 서브
- 공격 성공률(%)	2.091 세트 Avg(set)	- 리시브 효율(%)	0.364 디그 Avg(set)	

NO.15
이선우

OH 아웃사이드 히터

생년월일	2002.07.12
신장	184cm
출신교	사하초▶부산여중▶남성여고
입단	2020-2021시즌 1라운드 2순위
이적	–
총 보수	6,500만 원 (연봉 6,000만 원, 옵션 500만 원)

발전한 모습 보여드릴수 있도록
했습니다! 정관장 화이팅?

확실한 공격 본능

장점이 확실하다. 자신감 넘치는 공격과 강력한 서브. 하지만 지난 시즌 평소 약했던 리시브를 극복하지 못해 오랫동안 코트를 지키지는 못했다 범실은 많이 줄였지만 서브리시브에서는 해결책을 찾지 못한 듯했다. 이후 프리시즌에 다시 한번 아포짓 스파이커로 발리볼네이션스리그에 함께했다. 국제 경기는 한 경기 이상의 경험이 되기에, 다른 자리에서였지만 한층 넓어진 시야로 성장한 모습을 기대한다.

본업으로

다시 팀에서 아웃사이드 히터로 코트에 들어서는 이선우다. 특히나 팀은 스피드배구를 지향하며 큰 변화를 앞두고 있는 상태. 이선우는 신인왕 이후 받았던 기대를 다시 한번 보여 줘야 하는 시간이 다가왔다. 이번 시즌 박혜민과 함께 아웃사이드 히터 한 자리를 잘 맡아 줬으면 하는 감독의 바람처럼 4년 차를 맞이하는 이선우가 이제 알을 깨고 나와 자신의 자리를 찾아가는 2023-2024시즌이 되길 응원한다.

🏐 이선우의 TOP3

	한 경기 최다 득점	한 경기 최다 서브	한 경기 최고 공격 성공률
이선우	**21**점	**3**개	**47.62**%

🏐 2022-2023 V-리그 경기기록

30 경기	57 세트	54 득점	6 블로킹	3 서브

29.61 공격 성공률(%)	0.053 세트 Avg(set)	20.63 리시브 효율(%)	0.737 디그 Avg(set)

NO.**17**
정호영

MB 미들 블로커

생년월일	2001.08.23
신장	190cm
출신교	경양초▶광주체중▶선명여고
입단	2019-2020시즌 1라운드 1순위
이적	–
총 보수	1억 3,000만 원 (연봉 1억 2,000만 원, 옵션 1,000만 원)

올시즌도 부상없이
좋은모습 보여드리겠습니다·♡

업업그레이드

지난 시즌 공격에서 확실히 눈에 띄는 성장을 보였다. 개인 한 경기 최다 공격 득점, 공격 성공률, 블로킹까지 기록하며 성장하는 모습을 코트에서 보였다. 특히 시즌 후반에 그 모습이 두드러졌지만 결국 팀의 봄배구 진출 실패로 눈물을 삼켜야 했다. 프리시즌 국제대회에서 한층 성장한 정호영은 이제 미들 블로커로서 한 단계 도약을 꿈꾸고 있다.

스피드배구의 키

특히나 팀의 날개 공격수들의 활약이 불확실한 상황에서 이미 검증된 중앙의 활약이 필요한 상황이다. 그 가운데 지난 시즌 속공 3위, 블로킹 6위를 기록하며 급성장한 정호영은 이제 팀이 가진 가장 강력한 공격 옵션 중 하나. 스피드배구의 중심에서 함께 국가대표팀에 다녀온 염혜선과의 호흡은 문제가 없겠지만 그 이외의 팀 전체적인 호흡이 관건이다. 짧은 시간이지만 얼마나 서로 유기적인 호흡을 맞춰 시즌을 시작하는지에 따라 정관장 레드스파크스의 운명이 달려 있지 않을까.

🏐 정호영의 TOP3

정호영	한 경기 최다 득점	한 경기 최다 블로킹	한 경기 최고 공격 성공률
	21점	**7**개	**76.92**%

🏐 2022-2023 V-리그 경기기록

36 경기	140 세트	355 득점	96 블로킹	5 서브
45.77 공격 성공률(%)	**0.129** 세트 Avg(set)	**26.83** 리시브 효율(%)	**0.757** 디그 Avg(set)	

NO.18
이지수

MB 미들 블로커

생년월일	2003.06.18
신장	182cm
출신교	수원초▶구운중▶한봄고
입단	2021-2022시즌 1라운드 7순위
이적	-
총 보수	4,500만 원 (연봉 4,000만 원, 옵션 500만 원)

전 시즌 보다
더 나은 모습 보여드리겠습니다

의미 있는 네모 상자

웜업존에서의 시간은 유독 길게 느껴졌지만 때론 깨달음을 주기도 했다
승리에 대한 집념과 간절함. 프로 생활의 길고 짧음의 여부와 상관없이
코트에서 팀은 한마음으로 간절했고 열정적이었다. 그리고 웜업존에서
지켜보고 있던 이지수 또한 배구에 대한 더 뜨거워지는 열정을 느꼈다.
그리고 다가온 새로운 시즌, 이젠 코트에 뛰어들어가 그 뜨거움을 함께
느껴보고 싶다. 코트안에서 느껴보는 짜릿한 승리를 느껴보고 싶다.

발 빠른 MB

팀에 워낙 좋은 미들 블로커들이 많아 기회가 적었다. 그러던 중 이번
시즌 팀의 스피드배구라는 방향성은 긍정적인 신호. 미들 블로커 중 신
장은 작은 편이지만 발이 빠른 이지수가 팀의 빠른 배구를 구현해 낼 때
그 가치가 비로소 빛나지 않을까? 덧붙여 강아지 같은 웃음 뒤에 감춰
져 있는 이지수의 승부욕을 이번 시즌 코트에서 꺼내는 게 코칭스테프
의 목표이기도 하다

이지수의 TOP3

	한 경기 최고 공격 성공률	출전 경기 수	-
이지수	**28.57**%	**12**경기	-

2022-2023 V-리그 경기기록

10 경기	13 세트	1 득점	- 블로킹	- 서브
13.67 공격 성공률(%)	- 세트 Avg(set)	- 리시브 효율(%)	**0.077** 디그 Avg(set)	

NO.20
최효서

L 리베로

생년월일	2004.05.20
신장	168cm
출신교	옥천초▶수일여중▶한봄고
입단	2022-2023시즌 2라운드 6순위
이적	–
총 보수	5,000만 원 (연봉 4,500만 원, 옵션 500만 원)

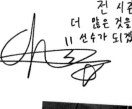

전 시즌보다
더 많은 것을 보여드리는
11 선수가 되겠습니다!

용두사두

신인왕을 받았지만 최효서는 이제 시작일 뿐이다. 갑작스러운 팀 주전 리베로의 부상으로 프로 첫해부터 개막전 선발로 코트에 들어섰다. 뜻밖에 찾아온 기회를 최효서는 놓치지 않았고 리그를 뜨겁게 달구며 순식간에 가장 뜨거운 신인이 되었다. 주변의 기대와 관심이 부담스러웠을수도 있지만 그 시선을 이겨 내고 당당히 신인왕을 거머쥐었다.

신인왕은 시작일 뿐

시즌이 끝나고 신인왕 트로피를 들어 올렸지만 최효서에겐 데뷔 시즌이 만족스럽지만은 않았다. 시즌 초반 좋았던 리시브가 후반에 흔들리면서 코트에 서는 시간이 줄었기 때문이다. 생각이 많아지고 잘해야겠다는 부담감이 커지며 자신의 장점이 사라져 갔다. 이번 시즌엔 최대한 부담을 내려놓고 집중하려고 한다. 가장 자신 있는 무기는 튼튼함! 배구를 시작하고 지금껏 다쳐 본 적이 없다. 운동선수는 건강한 게 최고의 무기인 만큼 건강하게 코트를 가르는 신인왕의 모습을 상상해 보자.

🏐 최효서의 TOP3

	한 경기 최다 디그	한 경기 최다 리시브	-
최효서	23개	12개	-

🏐 2022-2023 V-리그 경기기록

22	51	-	-	-
경기	세트	득점	블로킹	서브
-	0.451	29.94	2.059	
공격 성공률(%)	세트 Avg(set)	리시브 효율(%)	디그 Avg(set)	

NO.77
지오바나
밀라나

OH 아웃사이드 히터

생년월일	1998.06.13
신장	186cm
국적	미국
입단	2023 외국인선수 트라이아웃 4순위
이적	–
총 보수	25만 달러

My goal for this season is
to win the championship with my team.
Throughout the whole season,
every set is important to make this happen.
Sets that are lost
need to be seen as opportunities to learn,
and sets won are to be handled
the same in order to reach my goal.

넌 우리의 1순위

외국인 드래프트 4순위로 뽑혔지만 팀의 마음속엔 원픽이었다. 2021-2022 프랑스와 푸에르토리코에서 프로 생활을 시작해 이탈리아리그까지 다양한 해외리그를 경험하고 V-리그로 왔다. 신장은 작은 편이지만 스피드와 파워, 리시브까지 안정적이라는 평가를 받고 V-리그에 도전했다. 정관장에서 그동안 채워지지 않았던 OH 한 자리를 말끔히 채워줄 수 있을까?

77

등번호에서부터 느껴지는 긍정적인 분위기. 지오바나는 코트 내에서 배구 이외에도 팀 분위기를 밝힐 수 있는 힘을 지녔다. 팀에 들어와 강도 높은 훈련을 견디며 시즌을 무사히 버텨내고 싶다는 의지가 강하고 스스로에 대한 믿음 또한 강하다. V-리그에 합류해 선수들이 보여 주는 열정에 지오바나는 지금이 자신의 인생에 큰 전환점이 될 순간이라는 걸 느꼈다.

🏐 지오바나의 TOP3

지오바나	-	-	-
	-	-	-

🏐 2022-2023 V-리그 경기기록

-	-	-	-	-
경기	세트	득점	블로킹	서브

-	-	-	-
공격 성공률(%)	세트 Avg(set)	리시브 효율(%)	디그 Avg(set)

07-08 · 13-14 · 20-21

변화의 바람,
다시 한번
트레블 우승을 꿈꾼다

GS Caltex Seoul
KÍXX
Volleyball Team

GS칼텍스
서울Kixx

최종성적

승점	48
승	16
패	20
세트 득/실(득실률)	66/75 (0.880)
점수 득/실(득실률)	3,100/3,111 (0.996)

항목별 팀 순위

득점	5 위	3,100 점
공격종합	2 위	40.41 %
블로킹	5 위	2.09 개
서브	4 위	0.80 개
디그	6 위	19.29 개
세트	2 위	13.63 개
리시브	5 위	39.46 %
수비	7 위	3,949 개

라운드별 상대 전적

	PINK SPIDERS	HILLSTATE	KB	RS	흥국생명	AI PEPPERS	순위
1R	0:3	0:3	2:3	0:3	3:0	3:1	6
2R	3:2	2:3	0:3	3:1	1:3	3:1	5
3R	3:2	1:3	3:1	1:3	2:3	3:0	4
4R	2:3	3:2	1:3	3:2	3:0	1:3	5
5R	1:3	0:3	3:1	1:3	1:3	3:1	5
6R	3:2	0:3	0:3	3:0	2:3	3:1	4
계	3승 3패	1승 5패	2승 4패	3승 3패	2승 4패	5승 1패	5위

홈 경기장_서울 장충체육관

사진 출처: 서울시설공단홈페이지

주소 | 서울특별시 중구 장충동 동호로 241
수용인원 | 3,927석
클럽하우스 | 경기도 가평군 설악면 용문천길 258 청평 GS칼텍스 클럽하우스

GS IS OUR ENERGY

지난 시즌 코트에서 GS의 모습은 팬들에게 낯설었다. 무엇보다 조직력만큼은 리그에서 둘째가라면 서러웠던 팀이 삐그덕거리기 시작했다. 동선이 겹치고 어설픈 실수가 나오기 시작했다. 감독과 선수도 당황스럽긴 마찬가지였다. 다시 처음부터 새롭게 단단하게 다지는 시즌. 차곡차곡 다시 팀을 뭉쳤다. 코트 밖에서 볼 때 빈틈이 보이지 않는, 원맨팀이 아닌 코트에 있는 모두가 한 팀을 넘어 한 선수처럼 똘똘 뭉쳐 승리를 만들어내는 GS만의 배구를 다시 준비했다. 물론 결과도 중요하고 경쟁도 중요하다. 하지만 가장 중요한 건 팀 컬러를 잊지 않는 것. 경기를 즐기는 선수들의 모습에 보는 팬들마저 가끔은 냉정한 스포츠의 세계를 깜빡 잊게 만드는 GS만의 배구를 다시 만나기를 기대한다.

민트 ver.2

시즌 전 청천벽력 같은 안혜진 선수의 부상 소식이 전해졌다. 아시아쿼터에서 두 번의 교체로 세터를 영입했지만 늦어진 합류로 확신할 순 없는 카드다. 한 시즌을 꾸려 가는 데 세터 포지션의 불안함은 팀에게는 부담스러운 변수. 가능성과 잠재력 있는 팀의 세 명의 세터에게 기대를 걸어 보는 수밖에 없다. 다행인 부분은 거친 공도 유연하게 처리해 줄 수 있는 베테랑이 팀에 영입되었다는 것. 정대영의 합류로 다양한 공격 옵션과 함께 강소휘와 유서연의 성장은 GS의 한층 강해진 공격력을 돋보이게 해 줄 것이다. 또 외국인 선구안을 가진 차상현 감독이 과감하게 모마와의 재계약을 포기하고 선택한 지젤 실바의 역할 또한 기대되는 바. 지난 시즌 지속적인 문제로 꼽혀 왔던 높이를 보강했고 무엇보다 GS만의 유쾌함과 끈끈함을 되찾았다. 변화를 선언한 GS의 NEW 민트 버전을 기대해 본다.

감독

차상현

GS처럼! GS다운! GS답게! 코트에서 놀아보자!

지난 시즌이 끝나고 맞이한 비시즌, 차상현 감독에겐 유독 추운 시간이었다. 성적보다 아쉬웠던 건 항상 자부해 왔던 GS만의 에너지가 사라졌다는 사실이었다.

내부적으로도 외부적으로도 V-리그에서 가장 끈기 있는 팀이라고 자부했다. 하지만 지난 시즌 그 믿음이 흔들렸다. 시즌이 끝나고 감독도 선수도 인정했다. 팀워크가 망가졌다. 어느덧 차상현 감독이 팀을 이끈 지 7시즌, 정체되어 있는 팀 분위기를 바꾸지 않으면 다음 시즌의 반등도 어렵다고 생각했다.

시즌이 끝나고 결단을 내렸다. 코치진부터 트레이너까지 모두 바뀌었다. 수석 코치로 현대캐피탈에 있던 임동규 코치를, IBK에 있던 공태현 코치를 영입했다. 선수단의 구성과 분위기에도 변화를 줬다. 가장 큰 변화는 정대영의 영입. 정대영을 영입하면서 한 번에 두마리 토끼를 잡았다. 팀의 최고참으로 중심을 잡아 주고 그동안 약점으로 꼽혀 왔던 높이, 속공에 대한 갈증도 해갈했다.

강소휘에게는 주장을 맡기며 한층 책임감을 더했다. 부주장 유서연은 젊은 에너지로 팀이 더 단단해지도록 했다. 감독과 선수 모두 원래 GS칼텍스의 분위기를 되찾겠다는 의지가 강했다.

대대적인 변화의 1차 평가 무대, 2023 KOVO컵에서 2연패를 달성하면서 여자부 최다 우승으로 긍정적인 변화를 확인했다. 이제 본무대, 정규 시즌에서 다시 끈끈해진 GS칼텍스를 보여주려 한다. 감독에게도 GS칼텍스에게도 의미 있는 중요한 시즌이 될 것이다. 차상현 감독은 GS만이 가지고 있는 색깔을 다시 코트에서 보여주는 시즌을 기다리고 있다. 무엇보다 선수들이 즐거워 보이는 팀, 그런 GS칼텍스의 모습이 다시 코트 위에서 재연되길 바란다.

Best 7

IN

김지우 ▶

김민지 ▶

정대영 ▶

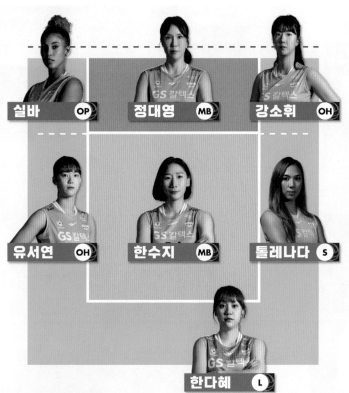

실바 OP 정대영 MB 강소휘 OH

유서연 OH 한수지 MB 톨레나다 S

한다혜 L

OUT

김유리 ▶

김주희 ▶

김보빈 ▶

라인업

no.	이 름	포지션
4	한다혜	L
5	실바	OP
7	안혜진	S
8	김민지	L
9	김지우	S
10	강소휘 ⓒ	OH
11	최은지	OH

no.	이 름	포지션
13	정대영	MB
14	김지원	S
15	문명화	MB
17	문지윤	OP
18	권민지	OH
19	유서연	OH
23	윤결	MB

no.	이 름	포지션
32	톨레나다	S
34	한수지	MB
47	한수진	L
54	오세연	MB

루키

유가람 L 이윤신 S

NO.**4**
한다혜

L 리 베 로

생년월일	1995.02.28
신장	164cm
출신교	추계초▶중앙여중▶원곡고
입단	2013-2014시즌 3라운드 5순위
이적	–
총 보수	1억 3,000만 원 (연봉 1억 2,000만 원, 옵션 1,000만 원)

최선을 다하자!!

욕심쟁이 우후훗

리시브 3위, 디그 6위, 수비 7위. 대부분의 부문에 10위권 안에 들었지만 한다혜에겐 아쉽기만 한 성적이다. 11년 차 한다혜에겐 여전히 코트에 서는 매 순간이 한없이 짧게만 느껴진다. 지난 시즌이 온전히 자신의 역량을 다 보여줄 수 있는 기회였다고 생각했는데 아쉽게 그 기회를 놓쳤다. 인정받고 있던 찰나 무릎 통증으로 풀타임 코트를 지키지 못한 게 내내 아쉽다. 프로 리그의 리베로로서 원리베로로 한 시즌을 온전히 책임져 보고 싶은 욕심이 있는 한다혜다.

맑은 눈의 리베로로

가끔은 엉뚱한 표정으로 코칭스태프와 동료들을 당황시키지만 배구를 할 때 만큼은 재빠르게 움직인다. 한다혜가 GS에서 맞이하는 10번째 시즌, 11년의 선수생활 중 10년을 GS와 함께하며 성장했다. 다음 시즌엔 그 시간을 객관적으로 평가받을 수 있는 FA가 기다리고 있다. 그렇기에 이번 시즌 자신의 가치를 코트에서 직접 증명해 내고 싶다.

한다혜의 TOP3

	한 경기 최다 리시브	한 경기 최다 디그	통산 리시브 효율
한다혜	24개	37개	44.98%

2022-2023 V-리그 경기기록

36 경기	136 세트	2 득점	- 블로킹	2 서브
- 공격 성공률(%)	63 세트 Avg(set)	50.52 리시브 효율(%)	4.353 디그 Avg(set)	

NO.**5**
지젤 실바

OP 아포짓 스파이커

생년월일	1991.10.29
신장	191cm
국적	아제르바이잔
입단	2023 외국인선수 트라이아웃 6순위
이적	-
총 보수	25만 달러

191

팀에서 자신의 역할을 확실하게 알고 있다. 지젤 실바가 생각하는 자신의 강점은 서브. 서브득점을 내야겠다고 마음먹으면 백발백중 정말 생각대로 이뤄진다고. 또한 지젤 실바의 높은 타점은 지금까지 GS가 안고 있던 높이에 대한 고민 역시 시원하게 해결해 줄 수 있다. 여러 나라의 리그를 경험해 본 지젤 실바지만 V-리그에서 촘촘한 수비의 차이를 확실하게 느끼고 있다. 좀처럼 공격포인트가 잘 나지 않기 때문에 좀 더 확실하게 해결하는 방법을 고민하고 있다.

웰컴 외국인 등용문

변화가 필요했던 팀이 모마와의 재계약을 과감히 포기하고 선택한 외국인 선수. 운명처럼 GS 특유의 에너지 넘치는 팀의 색깔과 닮아 있다. 고질적으로 무릎이 좋지 않다는 걱정이 있지만 일찍이 팀에 합류해 몸 상태를 끌어올렸다. 항상 어떤 외국인 선수가 와도 최고의 시너지를 냈던 GS칼텍스, 이번엔 지젤 실바의 어떤 모습을 이끌어 낼지 기대된다.

실바의 TOP3

실바	-	-	-
	-	-	-

2022-2023 V-리그 경기기록

경기	세트	득점	블로킹	서브
-	-	-	-	-

공격 성공률(%)	세트 Avg(set)	리시브 효율(%)	디그 Avg(set)
-	-	-	-

NO.**7**

안혜진

| S | 세 터 |

생년월일	1998.02.16
신장	175cm
출신교	아산둔포초▶강릉해람중▶강릉여고
입단	2016-2017 1라운드 3순위
이적	–
총 보수	2억 8,000만 원 (연봉 2억 3,000만 원, 옵션 5,000만 원)

아프지마 도토혜진

지난 시즌을 어깨 통증으로 힘들게 보냈다. 고질적인 습관성 탈구가 문제였다. 시즌 시작부터 부상으로 함께 출발하지 못했고 힘들게 1라운드 후반에 돌아왔지만 부상을 갖고 코트에 들어서니 토스할 때 팔의 밸런스가 무너졌다. 기대로 시작했던 FA 첫 시즌은 실망으로 끝이 났다. 힘겹게 시즌을 버텼지만 부상이 재발하면서 결국 수술대에 올랐다.

디톡스 타임

예상되는 재활 기간은 8개월, 안혜진의 배구인생에 이렇게 긴 재활은 처음이다. 동료들이 코트에서 뛰는 모습을보면 당장이라도 뛰어내려가고 싶은 마음이 요동치지만 조급해하기보다 오히려 비워 내기로 했다. 이번 재활을 잘 끝내고 나면 오히려 이전까지 그를 괴롭히던 부상 없이 마음껏 배구를 할 수 있다는 희망을 안고, 지루한 재활을 견뎌낸다. 그간 바쁘게 달려오며 돌보지 못했던 몸을 돌아보며 코트로 뛰어내려 갈 날을 기다린다.

안혜진의 TOP3

안혜진	통산 세트 성공	한 경기 최다 서브	한 경기 최다 세트
	5,005개	6개	72개

2022-2023 V-리그 경기기록

31 경기	110 세트	36 득점	10 블로킹	10 서브
23.19 공격 성공률(%)	10.055 세트 Avg(set)	- 리시브 효율(%)		1.800 디그 Avg(set)

NO.8
김민지

L 리 베 로

생년월일	2004.03.08
신장	165cm
출신교	치평초▶일신여중▶일신여상
입단	2022-2023시즌 3라운드 1순위
이적	흥국생명▶GS칼텍스(2023)
총 보수	3,000만 원 (연봉 3,000만 원, 옵션 -)

열정♡ 열정♡ 열정♡

2023 매직

2022-2023시즌 3라운드 1순위 흥국생명에 입단해 첫 시즌이 끝나고 방출이라는 위기를 겪으며 잠시 배구에 대한 꿈을 내려놓아야 하나 고민했던 김민지. 전혀 예상하지 못했던 GS의 제안에 다시 한번 인생에서 배구의 의미를 생각해 봤다. 초등학교 때부터 좋아서 했던 배구. 이렇게 포기할 수 없었다. 두 번째 기회이자 마지막 기회라고 생각한다. 배구를 세터로 시작해 2단 연결에 자신이 있고 운동 능력이 좋아 발이 빠른 장점이 있다.

배구선수 김민지

이번 시즌 팬들에게 배구선수로서 김민지라는 이름 석 자를 기억하게 만드는 게 그녀의 목표다. 이번 시즌 코보컵 준결승전 매치포인트를 원 포인트 서버로 출전해 서브에이스로 끝내며 1차로 팬들에게 짧지만 강한 인상을 남겼다. 마지막 기회라고 생각하고 배구선수 김민지의 모습을 코트에서 후회 없이 보여주겠다는 다짐으로 오늘도 연습에 나선다.

김민지의 TOP3

김민지	-	-	-
	-	-	-

2022-2023 V-리그 경기기록

1	1	-	-	-
경기	세트	득점	블로킹	서브
-	-	-	-	
공격 성공률(%)	세트 Avg(set)	리시브 효율(%)	디그 Avg(set)	

NO.9
김지우

S 세 터

생년월일	2005.01.02
신장	171cm
출신교	충무초▶신반포중▶세화여고
입단	2022-2023시즌 흥국생명 수련선수
이적	흥국생명▶GS칼텍스(2023)
총 보수	3,000만 원 (연봉 3,000만 원, 옵션 -)

코보컵 때 다 보셨쥬?

2022-2023 흥국생명에 수련선수로 입단해 지난 시즌 한 차례도 코트를 밟지 못했다. 이후 팀을 나와 프로에서의 경험이 끝났다고 생각했을 때 오히려 새로운 배구인생이 시작되었다.특히나 이번 시즌을 앞두고 KOVO컵에서 대회를 처음부터 끝까지 책임진 첫 경험이 김지우에게 동기부여가 되었다. 코트에 들어가 보니 아직 보여주지 못한 게 너무 많았다. 떨리는 마음에 2단 연결도 정확하게 올리지 못했다. 아쉬움이 커졌고 다가오는 정규 시즌엔 더 많은 경기에 들어가고 싶다.

새하얀 도화지우

힘들 거라고 생각했던 프로 생활, 시간이 지날수록 다양한 플레이와 체계적인 훈련, 자신의 생각과 색깔이 반영되는 배구가 재미있게 느껴지고 있는 김지우다. 어떤 공이든 처리해 주고 아낌없이 칭찬을 쏟아 주는 언니들 덕분에 자신감이 생기고 있다. 새하얀 도화지에 조금씩 입혀 가는 김지우 세터의 색이 궁금해진다.

김지우의 TOP3

김지우	-	-	-
	-	-	-

2022-2023 V-리그 경기기록

경기	세트	득점	블로킹	서브
-	-	-	-	-

공격 성공률(%)	세트 Avg(set)	리시브 효율(%)	디그 Avg(set)
-	-	-	-

NO.10 강소휘

OH 아웃사이드 히터

생년월일	1997.07.18
신장	180cm
출신교	안산서초▶원곡중▶원곡고
입단	2015-2016시즌 1라운드 1순위
이적	–
총 보수	5억 5,000만 원 (연봉 4억 원, 옵션 1억 5,000만 원)

캡소휘

주장이 된 강소휘에게선 확실히 달라진 향기가 났다. 특유의 톡톡 튀는 매력 위로 무게감이 생겼다고 해야 할까? 팀워크가 강점이었던 GS가 지난 시즌 내부적으로 흔들리며 무너졌다. 주장으로서 뭘 할 수 있을까 걱정도 많이 했고 어떤 리더십을 가져가야 할까 고민도 많이 했다. 한 가지 확실한 건 무엇보다 낙천적이고 긍정적인 캡소휘를 필두로 GS는 발랄한 GS만의 매력으로 가득가득 차고 있다는 것.

열정소휘 말리지마

국제무대는 강소휘가 성장의 한계를 넘어서게 만드는 경험이다. 어김없이 성장하고 나면 팀에서 자신의 역할에 대한 책임감에 불타는 강소휘다. 탄탄해진 팀의 중앙과 함께 팀이 더 많은 승리를 가져가기를 기대한다. 언제나 구체적인 목표를 이야기하는 캡소휘. 이번 시즌 목표는…
"시즌 전체 득점 500점에 공격 성공률과 리시브 성공률 40%를 넘고, 트리플 크라운과 라운드 MVP, 팀의 챔피언결정전 진출까지! 아자!!!"

강소휘의 TOP3

	베스트7	KOVO컵 MVP	한 경기 최다 득점
강소휘	2회	3회	35점

2022-2023 V-리그 경기기록

경기	세트	득점	블로킹	서브
32	119	455	25	21

공격 성공률(%)	세트 Avg(set)	리시브 효율(%)	디그 Avg(set)
40.45	0.235	37.48	3.160

NO.11
최은지

OH 아웃사이드 히터

생년월일	1992.06.07
신장	182cm
출신교	평거초▶경해여중▶선명여고
입단	2011-2012시즌 신생팀 우선지명
이적	IBK기업은행▶한국도로공사(2016)▶KGC인삼공사(2018)▶GS칼텍스(2021)
총 보수	9,000만 원 (연봉 8,000만 원, 옵션 1,000만 원)

두눈 부릅뜨고 하겠습니다!!

슈퍼은지

2023 KOVO컵, 코트에서 넘어지는 최은지를 보고 모두 놀라 자리에서 벌떡 일어났다. 지난 시즌에도 부상으로 이탈했었기 때문에 다시 한번 찾아온 부상 위기에 모두 숨죽여 지켜볼 수밖에 없었다. 다행히 큰 부상은 피할 수 있었고 무리 없이 정규 시즌에 코트에서 볼 수 있게 됐다. 지난 시즌 자신의 배구가 큰 산을 넘어 성장하고 있음을 느낄 때 부상으로 코트를 떠나 아쉬움이 더 컸다. '부상 없이 시즌을 잘 마쳤으면 좋겠어요'라는 말이 이렇게 진심으로 다가왔던 시즌이 없었던 것 같다.

사랑해 배구야

당연하게 여기던 배구가 당연한 게 아니라는 걸 깨닫게 한 큰 부상. 건강하게 배구 하는 게 행복하다고 느낀 만큼 코트에 들어서는 마음가짐이 달라졌다. 최은지는 기다리고 있다. 부상 이전에 느꼈던 느낌, 배구가 늘어 간다는, 내가 성장하고 있다는 그 느낌을 받는 순간으로 돌아가서 가장 최고의 모습으로 코트에 서있는 그 모습을.

🏐 최은지의 TOP3

최은지	한 경기 최다 특점	한 경기 최다 서브	한 경기 최다 블로킹
	22점	5개	4개

🏐 2022-2023 V-리그 경기기록

21 경기	54 세트	90 득점	7 블로킹	3 서브
38.10 공격 성공률(%)	0.204 세트 Avg(set)	30.73 리시브 효율(%)	1.500 디그 Avg(set)	

NO.**13**
정대영

MB 미들 블로커

생년월일	1981.08.12
신장	185cm
출신교	청주서원초▶충북여중▶양백여상▶남서울대
입단	1999년 자유계약 입단
이적	현대건설▶GS칼텍스(2007)▶한국도로공사(2014)▶GS칼텍스(2023)
총 보수	3억 원 (연봉 2억 5,000만 원, 옵션 5,000만 원)

마지막 이란 생각으로
열심히 뛰어보겠습니다~

돌아온 대영정

차상현 감독을 제일 많이 웃게 하는 왕언니. 훈련할 때 가장 먼저 파이팅을 외치고 가장 먼저 발을 떼는 정대영이다. 지난 시즌 GS에게 가장 필요했던 역할이 아니었을까? 밝고 활기 넘치는 팀원들이 정대영 선수를 구심점으로 단단히 뭉치고 있다. 개인 훈련 시간에 정대영 선수는 인기가 많다. 저연차 미들 블로커 선수들이 정대영 선수의 플레이를 보며 배우고 궁금증을 해결한다. 팀에 든든한 조력자가 합류했다.

모든 코트가 나에게 힘을 준다

팀은 변화를 원했고 정대영을 영입했다. 지난 시즌 GS를 지독히도 괴롭혔던 건 높이. 중앙에서의 한계는 번번히 GS에게 벽을 느끼게 했다. 이번 시즌 정대영이 중앙에서 버텨 주면서 확실히 보완이 됐다. 좋은 아웃사이드 히터 자원을 보유하고 있으니 호흡만 잘 맞는다면 시너지 효과가 확실할 것이다. 체력적인 걱정은… "코트에 들어서면 코트가 나에게 에너지를 주는 것 같다"고. 배구선수가 천직. 올해도 36경기 예약.

정대영의 TOP3

	통산 득점	통산 블로킹	베스트7
정대영	5,596점	1,211개	2018-2019시즌

2022-2023 V-리그 경기기록

36 경기	143 세트	261 득점	110 블로킹	22 서브
36.13 공격 성공률(%)	0.210 세트 Avg(set)	19.51 리시브 효율(%)	1.280 디그 Avg(set)	

NO.14
김지원

S 세 터

생년월일	2001.10.26
신장	174cm
출신교	평거초▶경해여중▶제천여고
입단	2020-2021시즌 1라운드 1순위
이적	–
총 보수	7,000만 원 (연봉 3,600만 원, 옵션 3,400만 원)

내 자신을 믿자

이것이 라이징스타의 클라쓰

2023 코보컵에서 라이징스타상을 받으며 꽃피우는 4년 차를 예고했다. 베테랑 같은 여유를 보여주는 김지원은 국제무대에서도 긴장하지 않는다. 지난해 팀의 주전 세터가 부상으로 자주 자리를 비우며 100세트 가까이 책임졌다. 경험만큼 좋은 스승은 없다. 시즌이 끝나고는 생애 첫 태극마크까지 달았다. 국제대회를 경험하며 한 단계 더 성장했다.

스타 탄생의 서막?

첫 국제대회에서도 부담스럽지 않고 다 재미있었다는 소감을 전하는 강심장의 세터. 김지원은 코트에서 늘 여유 있고 자신감이 넘친다. 항상 칭찬과 사랑으로 보듬어 준 팀 언니들도 큰 공헌을 했지만 타고난 특유의 대범함도 한 몫 했다. 이겼을 때보다 졌을 때 느끼는 게 더 많아 진 경기를 더 많이 생각한다는 김지원. 진 경기를 더 많이 복기하면서 이렇게 해 봤으면 어땠을까 생각하며 다음 경기를 기다린다. 세터로서 가진 많은 잠재력을 폭발시키는 시즌을 기대하고 있다. 출발이 좋다.

김지원의 TOP3

김지원	2023 KOVO 컵대회	한 경기 최다 세트	한 경기 최다 서브
	라이징스타상	67개	3개

2022-2023 V-리그 경기기록

31	94	19	5	9
경기	세트	득점	블로킹	서브

29.41	6.160	-	1.351
공격 성공률(%)	세트 Avg(set)	리시브 효율(%)	디그 Avg(set)

NO.15
문명화

MB 미들 블로커

생년월일	1995.09.04
신장	189cm
출신교	금정초▶금양중▶남성여고
입단	2014-2015시즌 1라운드 4순위
이적	KGC인삼공사▶GS칼텍스(2017)
총 보수	9,000만 원 (연봉 7,500만 원, 옵션 1,500만 원)

할수있다! 항해보자!!

다시 1

지겹게도 쫓아다니던 부상이 없던 첫 시즌이었다. 하지만 예상하지 못했다. 몸은 좋았는데 배구가 잘되지 않았다. 나 자신에게 화가 났다. 부상으로 코트를 바라보기만 하면서 애타게 기다렸던 시즌을 그렇게 보냈다. 모래알처럼 한 시즌이 흘러가고 나니 야속하게 그제야 원인이 보였다. 부상으로 아쉬웠던 10년을 한 시즌에 쏟아부으려 했다. 조급함이 코트에서 실수로 이어졌고 움츠러들었다. 11년 차라고 생각하지 않는다. 다 내려놓고 다시 처음부터 생각하기로 했다. 난 1년 차!

내려놓으면 비로소 보이는 것들

내려놓으니 오히려 자신에 대한 확신이 생겼다. 이제는 자신의 역할이 무엇인지, 무엇을 할 수 있는지 확실히 알고, 해낼 수 있다는 자신감이 생겼다. 슬럼프가 찾아오면 다시 리듬을 찾는 법도 찾아냈다. 이번엔 후회만 하고 있지 않겠다. 어느 자리에 들어가든 맡은 역할을 충분히 해내며 후회 없는 경기를 하고 코트를 나오는 게 문명화의 목표다.

문명화의 TOP3

	한 경기 최다 블로킹	한 경기 최다 서브	-
문명화	7개	3개	-

2022-2023 V-리그 경기기록

30 경기	62 세트	44 득점	19 블로킹	3 서브
36.07 공격 성공률(%)	**0.048** 세트 Avg(set)	**-** 리시브 효율(%)		**0.597** 디그 Avg(set)

NO.17
문지윤

OP 아포짓 스파이커

생년월일	2000.07.25
신장	180cm
출신교	염동초▶원곡중▶원곡고
입단	2018-2019시즌 1라운드 5순위
이적	IBK기업은행▶GS칼텍스(2020)
총 보수	7,000만 원 (연봉 3,600만 원, 옵션 3,400만 원)

힘내. 이겨내. 버텨
할 수 있다. 내자신!

카멜레온

포지션의 한계를 느끼며 센터로 출전이 잦았던 지난 시즌, 시즌이 끝나고는 처음으로 국가대표로 발탁되어 다시 아포짓 스파이커로 발리볼네이션스리그에 다녀왔다. 그리고 돌아와 팀에서는 리시브 연습을 했다. 도전을 두려워하지 않고 망설이지 않는다. 일단 부딪혀 보는 도전 정신으로 포지션 특성상의 어려움을 뚫고 매 시즌 기회를 늘려 가고 있다. 그래서 문지윤은 한자리에 정체되지 않는다.

가깝고도 먼 내 목표

'코트에 들어가서 리시브 하나 받기' 이번 시즌 문지윤의 목표이다. 프로 데뷔 6년 차 문지윤에게 올 시즌 꼭 이루고 싶은, 다른 사람들이 보면 웃을지 몰라도 자신에게만은 간절한 목표이다. 걱정도 많이 되지만 앞으로 자신의 배구 인생을 위해 필요한 도전이라고 생각한다. 그렇게 다시 한번 배구에 대한 열정, 나에 대한 믿음으로 조금 낯설지만 설레는 도전에 나선다.

문지윤의 TOP3

	2022 KOVO 컵대회	한 경기 최다 득점	한 경기 최다 블로킹
문지윤	MVP	18점	4개

2022-2023 V-리그 경기기록

28 경기	88 세트	130 득점	15 블로킹	4 서브
39.50 공격 성공률(%)	**0.091** 세트 Avg(set)	**20.00** 리시브 효율(%)	**0.932** 디그 Avg(set)	

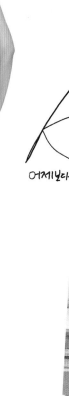

NO.18
권민지

(OH) 아웃사이드 히터

생년월일	2001.11.02
신장	178cm
출신교	대구삼덕초▶대구일중▶대구여고
입단	2019-2020시즌 1라운드 3순위
이적	–
총 보수	1억 원 (연봉 6,000만 원, 옵션 4,000만 원)

어제보다 더 나은 오늘을 살자!!

못하는 게 뭐야?

미들 블로커에서 아웃사이드 히터로 포지션을 변경해 뛴 첫 시즌에서 성공적인 결과물을 보였다. 성장하는 모습을 보여 줬다는 부분에서 스스로도 꽤 만족할 만한 시즌이었다. 정규 시즌 35경기에 나서며 활약했고 시즌 후반에는 팀에 걸출한 아웃사이드 히터들을 제치고 스타팅으로 경기에 나섰다. 매 시즌 비약적인 성장을 보여 주고 있는 권민지. 지난 시즌을 마치고는 생애 첫 국가대표로 발탁되며 국제무대 경험까지 쌓고 한층 성장해 돌아왔다.

성장엔 끝이 없다

블로킹이나 공격적인 부분에서 활약은 자신 있지만 리시브가 가장 큰 과제다. 정신력과 노력으로 이겨내야 한다는 걸 잘 알고 있기 때문에 끝없이 연습하고 도전하고 있다. 무엇보다 코트에서 가장 중요한 건 발전할 수 있다는 모습을 보여주는 것이라고 생각하는 권민지. 다섯 번째 시즌 권민지가 준비하고 있는 다음 단계는 무엇일지 벌써 기대된다.

권민지의 TOP3

	2022 KOVO 컵대회	한 경기 최다 블로킹	한 경기 최다 득점
권민지	라이징스타상	6개	18점

2022-2023 V-리그 경기기록

35	106	215	20	1
경기	세트	득점	블로킹	서브

36.26	0.066	35.61	1.349
공격 성공률(%)	세트 Avg(set)	리시브 효율(%)	디그 Avg(set)

NO.**19**
유서연

OH 아웃사이드 히터

생년월일	1999.01.02
신장	174cm
출신교	평거초▶경해여중▶선명여고
입단	2016-2017시즌 1라운드 4순위
이적	흥국생명▶KGC인삼공사(2017)▶한국도로공사(2017) ▶GS칼텍스(2020)
총 보수	2억 5,000만 원 (연봉 2억 원, 옵션 5,000만 원)

Just do it! 그냥 해. 자신있게!

부주장

V-리그 최초(?) 부주장! GS 개혁 프로그램의 1단계 주장&부주장 시스템이다. 그리고 부주장을 맡은 유서연. 부주장 이야기를 듣고 고민이 많았다. FA 이후 첫 시즌 부담이 컸는지 잦은 잔부상과 기복으로 부진에 빠졌고 만족스럽지 않은 시즌후에 부주장을 맡으니 부담감이 있었다. 하지만 책임감을 갖고 먼저 움직이기로 했다. 감독과 선수의 다리 역할도 하고 주변을 둘러보며 팀 전체를 생각하려 한다. 자리의 무게감이 때론 힘들지만 팀의 결속력이 느껴지니 더 잘해 내고 싶다.

중요한 건 밸런스

무엇보다 공격과 수비의 엇박자가 컸다. 공격이 되면 수비가 안 되고 수비가 되면 공격이 안 됐다. 부상이나 기술적인 부분보다는 심리적인 부담이 컸다. 이번 시즌은 KOVO컵 후반으로 갈수록 몸이 돌아오고 있음을 느꼈다. 지난 시즌보다 잘하는 것은 물론이고 이젠 코트에서 더 파이팅 있게 분위기를 이끌어 가려고 노력할 것이다. 난 부주장이니까.

유서연의 TOP3

	한 경기 최다 득점	한 경기 최다 서브	2021-2022 시즌
유서연	**28**점	**4**개	**3개 항목 10위권** 서브, 리시브, 디그

2022-2023 V-리그 경기기록

36 경기	118 세트	263 득점	9 블로킹	12 서브
40.20 공격 성공률(%)	**0.212** 세트 Avg(set)	**40.38** 리시브 효율(%)	**2.381** 디그 Avg(set)	

NO.23
윤결

MB 미 들 블 로 커

생년월일	2003.11.29
신장	185cm
출신교	송화초▶혜람중▶강릉여고
입단	2019-2020시즌 1라운드 6순위
이적	–
총 보수	4,500만 원 (연봉 4,500만 원, 옵션 –)

盡人事待天命

〈진인사 대천명〉

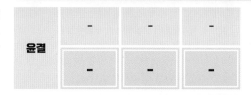

아직 배우는 중입니다

고등학교 때 뒤늦게 배구를 시작했다. 하지만 아쉬움은 없다. 늦게 시작했기 때문에 지금 배구에 더 올인할 수 있다. 185cm의 큰 피지컬 자체가 장점인데 여기에 귀한 왼손잡이다. 아직 다듬어지지 않은 원석형 인재. 배구를 늦게 시작한 탓에 체력운동과 기본기를 집중적으로 하며 V-리그를 깜짝 놀라게 할 그날을 기다리며 성장 중이다.

결이는 흔들리지 않지

경기에 못 들어간다고 해서 멘털이 흔들리거나 속상해하지 않는다. 기회가 올 때까지 기다릴 수 있는 단단한 멘털의 소유자다. 지난 시즌까지는 팀에 있다는 사실만으로 벅차 정신없이 보냈지만 이번 시즌은 경기장에서 가능한 한 배구에 대한 많은 배움을 얻어 가고 싶다. 엉뚱한 면도 있지만 배구에 대한 열정만은 진지하다. 앞으로 자신의 매력을 코트에서 보여줄 날만을 기다리고 있다. 언젠가 코트에서 만날 팬들에게…
"항상 보이지 않는 곳에서 열심히 하고 있으니 응원 많이 해 주세요!"

윤결의 TOP3

윤결	-	-	-
	-	-	-

2022-2023 V-리그 경기기록

경기	세트	득점	블로킹	서브
-	-	-	-	-

공격 성공률(%)	세트 Avg(set)	리시브 효율(%)	디그 Avg(set)
-	-	-	-

NO.32
아이리스 톨레나다

S 세 터

생년월일	1991.08.25
신장	174cm
국적	필리핀
입단	2023 아시아쿼터 트라이아웃 6순위 교체선수
이적	–
총 보수	10만 달러

I want our team to win the championship.

찾았다 우리 팀

시즌이 시작하기도 전에 불가피하게 아시아쿼터 외국인 선수 교체를 두 번이나 해야 했다. 아이리스 톨레나다는 필리핀 국가대표팀에서 활약했고 빠른 플레이와 함께 순발력이 좋아 영리한 경기 운영을 하는 세터로 평가받았다. 또한 개인 역량 또한 뛰어나 필리핀리그에서는 이미 인정 받는 선수다. 한국이 첫 해외리그지만 활발하고 밝은 에너지는 GS칼텍스와 이미 운명처럼 맺어져 있었던 듯하다.

G며들어야 해

팀의 전술상 꼭 필요한 세터 포지션이기에 단행한 교체지만 팀의 합류가 늦어 호흡을 맞추는 시간이 절대적으로 부족했다. 무엇보다 빠르게 공격수들과 호흡을 맞추는 것이 중요하다. 새롭게 중앙이 보완된 만큼 팀이 가진 다양한 공격 옵션을 어떻게 활용하는지가 관건. 지치지 않는 플레이와 V-리그에 대한 열정으로 새롭게 출발을 예고한 아이리스 톨레나다. GS칼텍스에서 어떤 색깔을 녹여 낼지가 관건이다.

톨레나다의 TOP3

톨레나다

-	-	-
-	-	-

2022-2023 V-리그 경기기록

-	-	-	-	-
경기	세트	득점	블로킹	서브

-	-	-	-
공격 성공률(%)	세트 Avg(set)	리시브 효율(%)	디그 Avg(set)

NO.34
한수지

MB 미들 블로커

생년월일	1989.02.01
신장	182cm
출신교	전주동초▶근영여중▶근영여고
입단	2006-2007시즌 1라운드 1순위
이적	GS칼텍스▶현대건설(2007)▶KGC인삼공사(2010) ▶GS칼텍스(2019)
총 보수	2억 6,000만 원 (연봉 1억 8,000만 원, 옵션 8,000만 원)

넘버투인데 완이야

완장도 넘겨주고 넘버원도 아닌데 여전히 팀을 생각하는 마음은 민트보스다. 그 누구보다 팀을 먼저 생각하고 그 누구보다 배구를 진지하게 대하는 만큼 지난 시즌에 대한 아쉬움도 컸다. 5위로 끝나고 냉정하게 돌아본 시즌, 자만했다고 판단했다. 변화가 필요했고 팀은 조금씩 변화하고 있다. 새로운 주장 역시 새로운 변화의 좋은 시그널이라고 생각한다. 팀이 내부적으로 단단해지는 시즌이 될 바란다. 뒤에서 묵묵히 지켜보며 팀을 단단히 받치고 있는 한수지다.

넘버원!

생애 첫 블로킹 1위! 그럼에도 바라는 건 한결같다. '부상 없이 시즌을 마칠 수 있게 몸 관리 잘하고 해 왔던 것들을 최대한 유지시켜 보자.' 올해는 정대영까지 합류했으니 보완된 중앙을 이용해 그간의 설움을 풀어내 보는 시즌이 되는 것도 좋겠다. 비교적 경험이 적은 세터들 걱정은 경험 만렙 미들 블로커들 보니 저절로 사라졌다.

한수지의 TOP3

한수지	2006-2007 시즌	통산 블로킹 득점	2009-2010 시즌
	신인선수상	743점	세터상

2022-2023 V-리그 경기기록

35 경기	133 세트	230 득점	110 블로킹	11 서브
38.52 공격 성공률(%)	**0.827** 세트 Avg(set)	**12.90** 리시브 효율(%)	**1.323** 디그 Avg(set)

NO.47
한수진

L 리 베 로

생년월일	1999.07.02
신장	165cm
출신교	파장초▶수일여중▶수원전산여고
입단	2017-2018시즌 1라운드 1순위
이적	–
총 보수	9,000만 원 (연봉 7,500만 원, 옵션 1,500만 원)

도움이 되겠습니다!

바라는 대로~

지난 시즌은 코트에 들어설 때마다 제 몫을 하고 나온 것 같아 만족스러운 시즌이었다. 그래서 이번 시즌이 더 기다려진다. 지난 시즌 코트에서 자신감을 찾았다면 이번엔 리시브에서 안정감을 찾고 싶다. 시즌을 앞두고 코보컵에서 리시브 시도를 많이 했는데 생각보다 잘되어서 시즌 출발 느낌이 좋다. 사용구 변경으로 걱정이 많았지만 한수진의 노력은 미카사볼도 막을 수 없었다.

귀여운 관중

코트에 들어갔을 때 눈에 띄는 선수가 되고 싶다는 게 한수진의 바람. 종목 불문하고 대기하다 갑자기 경기에 들어가 활약하는 건 쉽지 않은 일이다. 그러나 그 부담감과 압박감을 이겨내고 기회를 살려 활약하는 선수는 그 이후에 또 기회를 받고 선수로서의 삶을 개척해 나간다. 한수진의 목표 역시 항상 완벽하게 준비하고 있다가 모두의 시선을 사로잡는 활약으로 기회를 만드는 것. 아직 보여줄 것이 많이 남아 있다.

한수진의 TOP3

	한 경기 최다 디그	한 경기 최다 세트	한 경기 최다 서브
한수진	31개	57개	3개

2022-2023 V-리그 경기기록

34 경기	95 세트	1 득점	- 블로킹	1 서브
- 공격 성공률(%)	0.137 세트 Avg(set)	35.56 리시브 효율(%)	1.579 디그 Avg(set)	

NO.**54**
오세연

MB 미들 블로커

생년월일	2002.05.04
신장	180cm
출신교	양지초▶원곡중▶중앙여고
입단	2020-2021시즌 2라운드 6순위
이적	–
총 보수	5,500만 원 (연봉 3,600만 원, 옵션 1,900만 원)

하던대로 해~!

잇몸 만개

2022 코보컵에서의 많은 관심이 오세연에게는 부담으로 다가왔다. 잘 해야겠다는 부담감이 컸고 그 부담감은 기복으로 이어졌다. 그렇게 기대를 한껏 받았던 시즌을 흘려보냈다. 프리시즌 여러 시도끝에 찾은 해결책은 생각보다 간단했다. 억지로라도 웃기. 오세연은 실수를 하더라도 웃기로 했다. 웃다 보니 부정적인 생각과 분위기가 이어지지 않았다. 아쉬움은 빨리 떨치고 다음 기회에 잘해서 만회하면 된다는 건 진리!

이젠 관심을 즐겨!

지난 시즌 높은 프로의 벽을 느꼈다. 하지만 주변을 깜짝 놀라게 하며 폭풍 성장하기가 오세연의 취미이자 특기. 이번 프리시즌 팀에 새롭게 합류한 정대영에게 긍정적인 영향도 받고, 특유의 스폰지 같은 습득력으로 폭풍 성장을 마쳤다. 그리고 KOVO컵 결승전 맛보기를 보여줬다. 오세연의 잠재력은 언제라도 튀어나올 수 있으니 긴장 늦추지 말고 오세연을 주목해 보시길.

오세연의 TOP3

	한 경기 최다 블로킹	한 경기 최고 공격 성공률	한 경기 최대 득점
오세연	**4**개	**53.13**% 2023 KOVO컵 기록	**10**점 2023 KOVO컵 기록

2022-2023 V-리그 경기기록

26 경기	65 세트	62 득점	25 블로킹	3 서브
33.33 공격 성공률(%)	**-** 세트 Avg(set)	**-** 리시브 효율(%)	**0.492** 디그 Avg(set)	

12-13 14-15 16-17

이제는 진짜!
SPEED UP!

IBK기업은행
알토스

🏐 최종성적

승점	48
승	15
패	21
세트 득/실(득실률)	61/76 (0.803)
점수 득/실(득실률)	3,010/3,096 (0.972)

🏐 항목별 팀 순위

득점	6 위	3,010	점
공격종합	6 위	35.41	%
블로킹	3 위	2.496	개
서브	3 위	0.847	개
디그	1 위	23.095	개
세트	5 위	13.270	개
리시브	3 위	39.92	%
수비	1 위	31.365	개

🏐 라운드별 상대 전적

	PINK SPIDERS	HILLSTATE		RS	KIXX	AI PEPPERS	순위
1R	0:3	1:3	3:1	2:3	0:3	3:1	5
2R	1:3	0:3	1:3	3:0	3:1	3:1	4
3R	0:3	0:3	2:3	1:3	3:2	3:1	5
4R	1:3	0:3	3:0	0:3	0:3	3:0	6
5R	3:1	3:0	1:3	0:3	3:1	3:1	2
6R	0:3	0:3	3:1	2:3	3:2	2:3	6
계	1승 5패	1승 5패	3승 3패	1승 5패	4승 2패	5승 1패	6 위

🏐 홈 경기장_화성종합경기타운 실내체육관

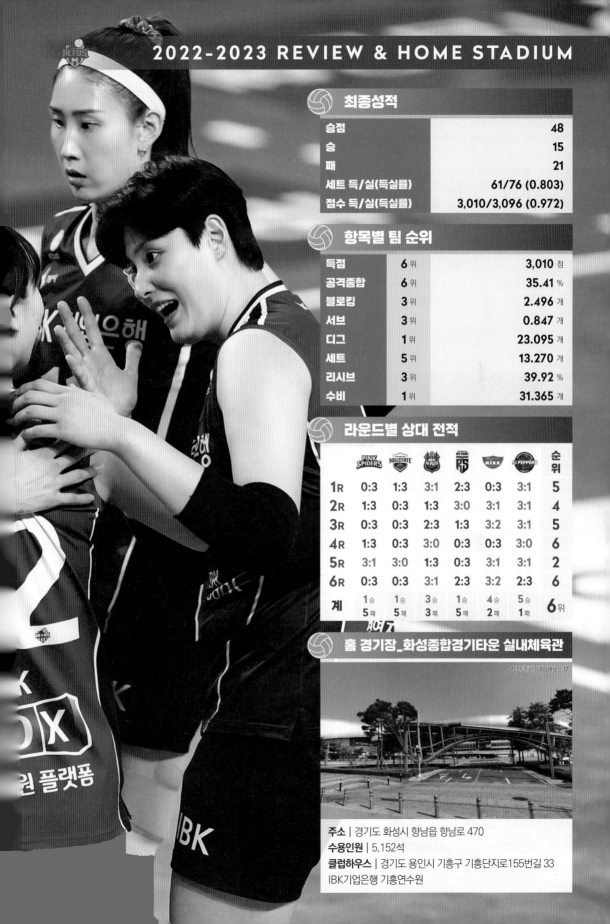

사진 출처_네이버로드뷰

주소 | 경기도 화성시 향남읍 향남로 470
수용인원 | 5,152석
클럽하우스 | 경기도 용인시 기흥구 기흥단지로155번길 33
IBK기업은행 기흥연수원

낮고 빠른 배구를 위한 승부수

시대를 대표하던 명 세터 출신 감독. 그래서 그의 세터 선택은 언제나 큰 관심을 불러일으킨다. 그런 그가 처음으로 시행된 아시아쿼터를 통해. 무려 1순위로, 게다가 최초로, 그것도 유일하게 외국인 세터를 선발했다. 주인공은 바로 태국 대표팀 주전 세터로 우리나라 팬들에게도 친숙한 폰푼. 이유는 확실했다. IBK 기업은행이 추구하는 낮고 빠른 배구에 가장 적합한 선수라고 판단했다. 관건은 적응이다. 세터 포지션은 팀의 공격수에 대한 이해도가 가장 중요하다는 걸 누구보다 잘 알고 있는 사람이 바로 김호철 감독 본인이다. 게다가 대표팀 일정으로 팀 합류가 늦어 동료들과 호흡을 맞출 시간이 부족하다. 새로운 팀에서, 짧은 시간 안에, 어느 정도로 우리 선수들을 이해하고 활용할지가 관건. 여기에 성장에 자극을 더한 김하경의 역할 분담 역시 체크 포인트다.

1순위 행운과 외부 영입으로 정리된 팀

최근 몇 년간 가장 큰 과제는 분위기를 추스르는 것. 다음은 포지션별 선수 구성 정리였다. 그중 역할도, 관심도 큰 건 바로 팀의 프랜차이즈 스타 김희진의 포지션. 지난 시즌 다시 아포짓 중책을 맡았고 착실히 준비했지만, 부상이 발목을 잡았다. 결국 시즌 종료 후 큰 수술을 받아야 했다. 다시 코칭스태프와 충분한 대화를 나눈 끝에 미들 블로커로 돌아간다. 가운데서 강점인 공격력을 살려 상대 견제를 높이고자 한다. 외국인 선수는 아포짓 포지션을 선발하기로 했고, 트라이아웃에서 1순위 구슬이 나오자 주저 없이 브리트니 아베크롬비를 선택했다. 한국에서 키 크고 힘 있는 외국인 선수를 선호하는 게 현실이지만, 팀이 추구하는 빠른 플레이에는 이런 선수가 필요했기 때문이다. 여기에 FA를 통해 황민경을 영입하며 수비 안정감을 더했다. 생각했던 전력이 드디어 갖춰졌다. 한쪽으로 치우치지 않는 토털 배구로 모두가 편안한 공격을 추구한다.

감 독

계획대로, 생각대로, 다시 전진!

지난 시즌은 감독 커리어를 통틀어 가장 아쉬운 시간이었다. 비단 만족스러운 성적이 나오지 않아서가 아니다. 최선을 다해 준비한 내용이 시작부터 어긋났기 때문이다. 하지만 베테랑 감독은 그 속에서 과제를 발견하고 빠르게 움직였다. 부임 직후 어수선한 팀 분위기를 추스르기 위해서는 무엇보다 믿음이 필요했던 만큼 지난 시즌은 모두 함께 가겠다고 선수단과 약속했다. 하지만 그 시간을 통해 다음 시즌을 위해 꼭 필요한 구성원을 가리겠다는 확실한 메시지도 함께 담았다. 그렇게 새 시즌을 앞두고 정리를 마쳤다. 선수단 정리만큼이나 중요했던 포지션 정리를 위해 마음을 모았고, 충분한 대화를 나눴다. 구단도 지원했고 여기에 행운까지 따르면서 활용 폭이 넓어졌고 자리마다 여유도 생겼다. 이제는 그토록 추구했던 빠른 배구를 위한 밑그림이 그려졌다.

전력은 완성됐다. 이제는 소통과 호흡으로 전진할 차례. 베테랑 감독의 운영 철학은 같다. 남녀 팀 차이를 두지 않는다. 세대와도 관계없다. 스포츠는 똑같고, 배구 역시 똑같다. 그저 배구장에서만큼은 언제나 최선을 다하는 태도를 원한다. 우리의 '일'만큼은 열심히 해 달라는 뜻. 단순하다. '할 건 하자. 그리고 당당하게 원하라.' 호랑이 감독이라는 소리도 듣지만, 선수단의 열정이라는 필요가 충족되면 감독의 허용이라는 충분은 반드시 이어진다는 소신은 한결같이 지켜 왔다. 지킬 건 지키면서, 선수단과 손을 맞추며. 언제나 최선을 다한다는 IBK기업은행의 팀 컬러를 만들고 싶다.

김호철

Best 7

IN
- 황민경 ▶
- 임혜림 ▶
- 김채원 ▶
- 김정아 ▶

OUT
- 김수지 ▶
- 김주향 ▶
- 최수빈 ▶
- 이 진 ▶
- 양유경 ▶
- 전현경 ▶
- 오유란 ▶

아베크롬비 OP **황민경** OH **김희진** MB

최정민 MB **표승주** OH **폰푼** S

신연경 L

라인업

no.	이름	포지션
1	육서영	OH
3	신연경 ©	L
4	김윤우	S
5	김하경	S
6	이솔아	S
7	김희진	MB
8	김수빈	L

no.	이름	포지션
10	구혜인	L
11	아베크롬비	OP
12	박민지	OH
13	최정민	MB
14	김채원	L
15	황민경	OH
17	김현정	MB

no.	이름	포지션
19	표승주	OH
20	김정아	OH
21	임혜림	MB
23	폰푼	S

루키

전수민 OH **김세율** L **주연희** OH

NO.1
육서영

OH 아웃사이드 히터

생년월일	2001.06.09
신장	180cm
출신교	반포초▶일신여중▶일신여상
입단	2019-2020시즌 2라운드 2순위
이적	–
총 보수	8,300만 원 (연봉 6,800만 원, 옵션 1,500만 원)

하나씩, 강점은 늘려 가고 단점은 줄여 가고

지난 시즌 생각지 못하게 많은 기회를 받았다. 강점으로 평가받던 공격력을 맘껏 보여줬다. 이번 컵대회에서는 황민경의 부상 공백으로 수비의 역할이 커지면서 보여주지 못했던 수비력을 선보였다. 다음으로 보완하고 싶은 건 서브. 실전에서 통하지 않다 보니 심리적 불안감이 커졌다. 플로터 서브로 바꿔 범실을 줄이는 걸 목표로 삼는다. 하나씩 살리고 고쳐 간다.

더 '강해진' 육서영을 기대해

조금씩 연차가 쌓일수록 더 섬세하고 노련해져야겠다고 생각했다. 강점인 파워풀한 공격력도 좋지만, 그보다 안정감 있는 모습이 더 중요하다는 걸 깨달았다. 이를 위해 필요한 건 멘털 관리. 아예 흔들리지 않을 수는 없다. 관건은 빨리 이겨내는 것. 주변의 조언으로 '멘털 노하우'를 터득하고 있다. 막히더라도 계속 부딪히면서. 그렇게 강해지길 기대한다.

육서영의 TOP3

	한 경기 최다 득점	한 시즌 최다 득점	한 경기 최고 공격 점유율
육서영	22점	270점	30.16%

2022-2023 V-리그 경기기록

33 경기	109 세트	270 득점	26 블로킹	7 서브
34.25 공격 성공률(%)	0.110 세트 Avg(set)	38.98 리시브 효율(%)	2.459 디그 Avg(set)	

© NO.**3**

신연경

L 리 베 로

생년월일	1994.03.09
신장	176cm
출신교	유영초▶경해여중▶선명여고
입단	2012-2013시즌 1라운드 3순위
이적	IBK기업은행▶흥국생명(2014)▶IBK기업은행(2020)
총 보수	2억 7,000만 원 (연봉 2억 5,000만 원, 옵션 2,000만 원)

아프지말고
건강하게 배구하기

부상 없이 행복 배구

언제나 다치지 않고 시즌을 마무리 짓는 걸 '최우선' 목표로 세운다 하지만 그걸 이루지 못해 아쉬운 지난 시즌이었다. 무릎과 발목이 좋지 않았는데, 수술 대신 재활로 이겨내려니 통증이 점점 누적돼 악순환이 이어졌다. 그래서 비시즌 건강한 몸을 만들기 위해 노력하고 있다. 올 시즌 역시 아프지 않는 게 가장 중요하다. 그래야 좋은 전력으로 포스트시즌 진출도 가능하다.

새로운 구성, 새로운 마음

구성이 탄탄해졌다. 외국인 선수를 모두 1번으로 뽑았다는 것만으로도 기대감을 높인다. 여기에 수비형 아웃사이드 히터 황민경의 합류는 직접적인 도움이 된다. 한 경기였지만 함께 컵대회를 치러 보니 확실히 수비 범위가 넓다. 그렇다고 그저 안도하고만 있지 않다. 좋은 선수가 오더라도 콤비가 안 맞으면 소용이 없다. 동선부터 호흡까지 더 신경 쓰는 이유다.

🏐 신연경의 TOP3

신연경	통산 디그 성공	통산 리시브 효율	통산 출전 경기 수
	2,984개	40.3%	276경기

🏐 2022-2023 V-리그 경기기록

경기	세트	득점	블로킹	서브
30	111	-	-	-

공격 성공률(%)	세트 Avg(set)	리시브 효율(%)	디그 Avg(set)
-	0.622	50	5.505

NO.**4**
김윤우

S 세 터

생년월일	2004.03.08
신장	176cm
출신교	추계초▶중앙여중▶강릉여고
입단	2022-2023시즌 1라운드 5순위
이적	–
총 보수	4,800만 원 (연봉 4,800만 원, 옵션 –)

이번시즌도 부상없이
화이팅!

언니 오늘
재밌었다

김호철 감독이 선택한 신인 세터

영광스럽다. 선택을 받은 것도, 배울 수 있는 것도. 역량과 감각은 가지고 있다는 평가다. 여기에 지도와 학습이 더해진다. 명 세터 출신 감독과 더불어 세계적인 세터 폰푼과 함께한다. 언젠가 내 것으로 만들 수 있도록 더 많이 보고 배우고 싶다. 힘이 부족하다는 평가 역시 체계적인 체력 훈련으로 보완하고 있다. 확실히 힘이 붙고 있음을 느끼며 새 시즌을 출발한다.

목표는 컴퓨터 세터

학창 시절엔 리더십이 있고 다양한 플레이를 구사하는 세터라는 평가를 받았다. 하지만 프로에 온 이후에는 정확성과 안정성이 더 중요하다는 걸 느꼈다. '세터는 정확하게 올리는 게 가장 중요하다'는 감독의 주문을 확실하게 이해했기 때문이다. 그동안엔 특별한 목표를 두지는 않았는데 이젠 감독님과 같은 컴퓨터 세터가 되는 걸 목표로 삼았다. 새 시즌 범실 없는 안정감을 보여주고 싶다.

🏐 김윤우의 TOP3

김윤우	한 경기 최다 세트	–	–
	10개	–	–

🏐 2022-2023 V-리그 경기기록

23	36	–	–	–
경기	세트	득점	블로킹	서브

–	2.000	–	0.500
공격 성공률(%)	세트 Avg(set)	리시브 효율(%)	디그 Avg(set)

NO.**5**

김하경

S 세 터

생년월일	1996.11.15
신장	174cm
출신교	수유초▶일신여중▶원곡고
입단	2014-2015시즌 2라운드 2순위
이적	–
총 보수	1억 2,210만 원 (연봉 1억 원, 옵션 2,210만 원)

다쳐 없는 건강한 시즌,
웃는 경기가 많은 행복한 시즌 보내기!

경험을 통한 성숙

지난 시즌을 앞두고 대표팀 발탁으로 공격수와 호흡을 맞출 시간이 적었다. 그렇게 시즌에 돌입하니 우려가 현실이 됐다. 마음이 급해졌고, 압박감에 생각이 갇히면서 독이 됐다. 기준에 지나치게 몰입하는 건 도움이 안 된다는 걸 배웠다. 달라진 생각으로, 김호철 감독과 세 번째 시즌을 맞는다. 올 시즌도 부딪히면서 이겨내고 싶다.

경쟁을 통한 성장

작년 국제대회에 출전하면서 태국 대표팀 세터 폰푼이 선보이는 빠른 플레이에 매료됐었다. 그와 같은 팀이 됐다. 경쟁은 불가피하지만 배울 건 배우고 싶다. 여기에 아포짓 외국인 선수가 온 만큼 양쪽으로 고르게 공격을 분배하고 싶다. 컵대회 때 미들 블로커 활용을 높인 것도 긍정적인 성과. 비시즌 공격수들과 많은 시간을 보낸 건 자신감의 원동력으로 더했다.

김하경의 TOP3

김하경	한 경기 최다 세트	한 경기 최다 블로킹	한 경기 최다 서브
	65개	3개	3개

2022-2023 V-리그 경기기록

36	136	56	15	23
경기	세트	득점	블로킹	서브

26.47	10.243	-	2.787
공격 성공률(%)	세트 Avg(set)	리시브 효율(%)	디그 Avg(set)

NO.6
이솔아

S 세 터

생년월일	1998.08.11
신장	174cm
출신교	추계초 ▶ 중앙여중 ▶ 중앙여고
입단	2017-2018시즌 2라운드 1순위
이적	IBK기업은행 ▶ KGC인삼공사(2017) ▶ IBK기업은행(2022)
총 보수	6,000만 원 (연봉 5,000만 원, 옵션 1,000만 원)

컴퓨터 세터 감독님의 1타 강의 수강생

지난 시즌 다시 프로 무대에 돌아왔고 커리어 중 가장 많은 출전 시간을 소화했다. 또 한 번 부족함을 느꼈다. 하지만 그만큼 많이 배운 시간이었다. 오자마자 세터 출신 감독은 좋지 않은 자세가 많다는 걸 인지시켰다. 지적을 받아들이고 토스 폼을 많이 바꿨다. 지금도 진행형이지만 나아지고 있다는 걸 느낀다. 더 많은 걸 흡수하고 싶다.

나의 역할은 중간 역할

IBK기업은행에 오고 나서 가장 크게 바뀐 게 있다. 바로 세터 지론. 전에는 자신을 많이 어필하고 싶었다면 이제는 공격수를 더 만족시키는 세터가 되고 싶다. 그들이 좋은 퍼포먼스를 내야 내 가치가 높아진다는 걸 깨달았다. 새 시즌. 세터 폰푸이 오면서 기회가 더 적어질 수 있다. 하지만 새로운 마음가짐으로, 나로 인해 공격수들이 자신감을 가질 수 있길 바란다.

🏐 이솔아의 TOP3

이솔아	한 경기 최다 세트	통산 세트(Avg)	통산 디그(Avg)
	23개	1.678개	0.583개

🏐 2022-2023 V-리그 경기기록

25 경기	53 세트	9 득점	3 블로킹	1 서브
33.33 공격 성공률(%)	2.660 세트 Avg(set)	- 리시브 효율(%)		0.830 디그 Avg(set)

NO.7
김희진

MB 미들 블로커

생년월일	1991.04.29
신장	185cm
출신교	추계초▶중앙여중▶중앙여고
입단	2010-2011시즌 신생팀 우선지명
이적	-
총 보수	3억 5,000만 원 (연봉 1억 5,000만 원, 옵션 2억 원)

부상 없어 시즌 보내기~

아프지만 않으면 뭐든 할 수 있다!

지난 시즌은 '충격'이었다고 표현했다. 착실하게 준비했고 어느 때보다 몸이 좋았다. 모든 걸 맞춰 놨지만 부상이 가로막았다. 배구를 시작하고 가장 긴 재활에 돌입했다. 불안하기도 했다. 작은 부상이 아닌 만큼 신경도 계속 써야 한다. 하지만 소극적인 마음으로 100% 역량을 발휘하지 못하는 건 싫다. '아프지만 않으면 할 수 있는 게 많다. 건강한 몸으로 기회를 기다리기보다 만들고 싶은 마음이다.'

팀을 위해, 이끌기보다 밀어주기

어느 위치에서든 최선을 다하는 게 선수의 몫이라고 생각한다. 그래서 미들 블로커 역할 역시 그저 받아들였다. 공격력은 확실하다. 속공과 이동공격 위주로 팀플레이가 더 빨라질 전망이다. 어려운 상황에 닥쳤을 때 중앙공격수 하나가 확실하게 살아 있다는 건 팀에 큰 도움이 된다. 언제든 공격을 준비한다. 팀을 위해. 이제는 이끌어 가기보다 밀어줄 수 있는 방향으로.

🏐 김희진의 TOP3

	통산 서브 득점	통산 득점	한 경기 최다 블로킹
김희진	337점	4,170점	7개

🏐 2022-2023 V-리그 경기기록

28 경기	90 세트	251 득점	20 블로킹	3 서브
32.48 공격 성공률(%)	**0.156** 세트 Avg(set)	**28.57** 리시브 효율(%)	**2.144** 디그 Avg(set)	

NO.**8**
김수빈

L | 리 베 로

생년월일	2002.09.14
신장	165cm
출신교	옥천초▶해람중▶강릉여고
입단	2020-2021 2라운드 4순위
이적	–
총 보수	4,000만 원 (연봉 3,600만 원, 옵션 400만 원)

Keep going ☆

리시브 보강

지난 시즌엔 주전 리베로 신연경의 부상으로 선발 기회를 받기도 했다. 학창 시절부터 자신 있는 수비나 2단 연결에선 괜찮았지만, 리시브에서 보완이 필요하다고 느꼈다. 그래서 비시즌 리시브 훈련에 많은 시간을 투자했다. 여기에 팀이 추구하는 낮고 빠른 플레이를 위해 2단 연결 역시 낮고 빠르게. 필요성이 더 높아진 새 시즌을 기대한다.

더 성장한 4년 차를 기대하며

리베로 포지션에서 더 큰 힘을 싣고 싶다. 같은 포지션에 김채원이 합류했지만, 자신이 해야 하는 역할을 하고 싶다. 어느 자리에 들어가게 될지는 모른다. 어느 위치에서든 최선을 다하면 팀에 플러스가 될 거란 믿음으로 네 번째 시즌을 맞는다. 목표는 한 단계 더 성장한 선수. 이를 위해 가장 중요한 건 연습이라고 했다. 보이지 않는 곳에서 구슬땀을 흘리고 있다.

🏐 김수빈의 TOP3

	통산 디그(Avg)	통산 출전 경기 수	-
김수빈	1.688개	39경기	-

🏐 2022-2023 V-리그 경기기록

16 경기	35 세트	- 득점	- 블로킹	- 서브
- 공격 성공률(%)	0.286 세트 Avg(set)	25.98 리시브 효율(%)	2.286 디그 Avg(set)	

NO.10
구혜인

L 리 베 로

생년월일	2003.09.23
신장	170cm
출신교	안산서초▶원곡중▶제천여고
입단	2021-2022 4라운드 2순위
이적	–
총 보수	3,500만 원 (연봉 3,300만 원, 옵션 200만 원)

더 발전한 모습 보여드릴게요!!

3년 차, 수비도 부탁해

2년 차였던 지난 시즌 팀에서 기대하는 비중이 더 높아졌다. 팀에 도움이 되어 기쁘지만, 더 발전하고 싶다. 올 시즌에도 원포인트 서버 역할을 맡을 전망이다. 여기에 수비 가담 비율을 더 높이고 싶고, 팀에서도 그렇게 해주길 바라고 있다. 발이 빠르고 공을 보는 위치가 좋다는 장점을 살려 후위 수비 세 자리를 모두 소화할 수 있도록 비시즌 수비 보강에 집중했다.

범실은 줄이고 보탬이 되도록

자신에게 부여된 역할이 역할인 만큼 자신 있는 건 서브다. 다만 서브 득점에 욕심을 내지는 않는다. 무리한 서브로 범실을 하게 되면 돌아오는 수비 기회도 없다. 정교한 목적타 서브로 최대한 상대를 괴롭히는 게 주요 포인트. 사실 학창 시절 서브에 강점이 있지는 않았다. 하지만 팀에서 원하는 역할인 만큼 많은 연습을 통해 장점으로 만들고자 한다.

🏐 구혜인의 TOP3

구혜인	통산 출전 경기 수	2022-2023 시즌 서브 득점	통산 디그(Avg)
	51경기	5점	0.407개

🏐 2022-2023 V-리그 경기기록

31	65	5	-	5
경기	세트	득점	블로킹	서브

-	-	-	0.231
공격 성공률(%)	세트 Avg(set)	리시브 효율(%)	디그 Avg(set)

NO.11
브리트니
아베크롬비

OP 아포짓 스파이커

생년월일	1995.12.28
신장	191cm
국적	미국/푸에르토리코
입단	2023-2024시즌 외국인 선수 트라이아웃 1순위
이적	–
총 보수	25만 달러

1순위 외국인 선수

가장 먼저 이름이 불렸을 때 놀라웠고 영광스러웠다. 트라이아웃에서부터 선발이 된다면 어떤 기대치를 가질지 느꼈기에 새 시즌 자신의 역할 역시 말하지 않아도 안다. V-리그에서 외국인 선수에게 기대하는 만큼 공격 점유율 50% 정도를 예상한다. 다른 리그에서도 그 정도를 책임져 본 적이 있다. 최근 2년간 팀의 공격이 쏠렸었다. 이제는 고르게 분산해 모든 선수가 편하게 공격에 가담하게 하려면 브리트니의 역할이 가장 중요하다.

SPEED & SMART

감독은 팀이 추구하는 빠른 플레이에 가장 적합한 선수였다고 표현했다. 자신 역시 빠른 플레이를 좋아하고, 잘한다고 생각한다. 여기에 희귀한 왼손잡이 아포짓의 장점을 살리고 싶다. 코트에서 크게 동요하지 않고 어느 상황이든 차분하게 경기를 풀어 간다는 평가를 받는 만큼 기복 없이, 똑똑하게 경기를 풀어 나가고 싶다.

🏐 아베크롬비의 TOP3

아베크롬비	-	-	-
	-	-	-

🏐 2022-2023 V-리그 경기기록

-	-	-	-	-
경기	세트	득점	블로킹	서브

-	-	-	-
공격 성공률(%)	세트 Avg(set)	리시브 효율(%)	디그 Avg(set)

NO.12
박민지

OH 아웃사이드 히터

생년월일	1999.05.12
신장	176cm
출신교	인천영선초▶부평여중▶수원전산여고
입단	2017-2018시즌 수련선수
이적	GS칼텍스▶IBK기업은행(2020)
총 보수	5,000만 원 (연봉 4,000만 원, 옵션 1,000만 원)

새로운 '인생 경기'를 꿈꾸며

이제는 조금씩 보여줘야 할 때가 아닌가 생각한다. 강렬한 인상을 남긴 적이 없는 건 아니다. 2018 컵대회에서 라이징스타상을 받으며 존재감을 알렸고 개인적으로도 의미 있는 순간이었다. 하지만 더 이상 그때가 가장 기억에 남는다고 말하고 싶지 않다. 이제는 빛났던 과거를 끌어오기보다 빛날 미래를 새로 만들고 싶다. 나를 보여줄 수 있는 기회가 많아지길 바란다.

더 공격적으로!

생존하기 위해서는 강점인 공격을 더 살리는 게 낫다고 생각한다. 잘할 수 있는 걸로 더 확실하게 팀에 도움이 되고 싶다. 감독 역시 백업으로 경기에 투입되면 더 공격적인 모습으로 분위기를 바꿔 주길 주문했다. 다만 조금 더 과감했으면 하지만 막상 코트에 들어가면 범실에 대한 걱정이 앞서 몸이 따르지 않는다. 하지만 이제는 해야 한다. 과감하게. 더 공격적으로.

박민지의 TOP3

	한 경기 최다 서브	한 경기 최다 블로킹	통산 출전 경기 수
박민지	2개	2개	80경기

2022-2023 V-리그 경기기록

15 경기	15 세트	9 득점	- 블로킹	1 서브
25 공격 성공률(%)	- 세트 Avg(set)	39.13 리시브 효율(%)	0.933 디그 Avg(set)	

NO.13
최정민

MB 미들 블로커

생년월일	2002.12.21
신장	179cm
출신교	옥천초▶수일여중▶한봉고
입단	2020-2021시즌 1라운드 3순위
이적	–
총 보수	7,500만 원 (연봉 6,500만 원, 옵션 1,000만 원)

다치지 말고
봄배구 가보자!

목표는 주도적인 주전!

지난 시즌 풀타임을 소화하며 한 단계 성장했다. 블로킹에 대한 강점을 보여준 게 고무적이었다. 다만 그때는 함께 미들 블로커로 나섰던 경험 많은 김수지가 전술적으로, 심리적으로 도움을 줬다. 이젠 상황이 다르다. 본인이 상대의 더 높은 블로킹을 맡아야 한다는 책임감이 커졌다. 감독이 요구한 생각하는 배구. 조금 더 주도적으로 중심을 잡고 싶다.

기동력 있는 미들 블로커

미들 블로커로서 자신 있는 건 빠른 스피드. 포지션 대비 상대적으로 신장이 큰 편은 아니지만 빠르게 움직이면서 상대를 막아내고 공격을 선보이고 싶다. 다만 마음이 급해지는 건 경계해야 한다. 이번 컵대회를 통해 한 번 더 느꼈다. 마음이 급해지니 연습 때 잘됐던 게 실전 경기에서 나오지 않았다. 이것만 잘 조절한다면 더 많은 걸 보여줄 수 있다.

최정민의 TOP3

	한 시즌 최다 블로킹	한 경기 최다 블로킹	한 경기 최고 공격 점유율
최정민	67개	6개	35.79%

2022-2023 V-리그 경기기록

36 경기	124 세트	227 득점	67 블로킹	12 서브
34.91 공격 성공률(%)	0.121 세트 Avg(set)	15 리시브 효율(%)	1.129 디그 Avg(set)	

NO.**14**
김채원
L 리 베 로

생년월일	1997.08.15
신장	167cm
출신교	하당초▶영화중목포여상
입단	2015-2016시즌 3라운드 1순위
이적	GS칼텍스▶IBK기업은행(2023)
총 보수	5,000만 원(연봉 4,000만 원, 옵션 1,000만 원)

그래도, 배구

프로 생활이 너무 힘들었다. 여섯 시즌. 그렇게 프로 무대를 떠났다. 새로운 일도 해보고 싶은 마음에 8개월 정도 배구를 하지 않았다. 문득 너무 빨리 내려놨다는 생각이 들었다. 실업팀에 가면 조금 더 많은 경기에 뛸 수 있기에 그렇게 다시 배구를 시작했고 IBK기업은행에서 입단 테스트를 제안받아 프로에서 새 출발을 한다. 6년의 시간이 헛되진 않았다. 적응은 문제없다.

처음으로, 후회 없이

그동안 자신감이 부족했다. 실패를 두려워했다. 잘하지 못하면 교체라는 압박감이 오히려 자신을 괴롭혔다. 하지만 그렇게 아쉬움만 남긴 채 프로 생활을 마무리 짓고 싶지 않다. 다시 기회가 주어진 지금도 마음을 다잡기 어려울 때도 있다. 그러나 이내 재밌다. 새로운 마음가짐으로 후회 없는 시즌을 만들고 싶다. 두려움 없이, 마지막이라는 생각으로.

김채원의 TOP3

	한 경기 최다 디그	통산 디그(Avg)	통산 출전 경기수
김채원	10개	0.563개	69경기

2022-2023 V-리그 경기기록

경기	세트	득점	블로킹	서브
-	-	-	-	-

공격 성공률(%)	세트 Avg(set)	리시브 효율(%)	디그 Avg(set)
-	-	-	-

생년월일	1990.06.02
신장	174cm
출신교	세화여중▶세화여고
입단	2008-2009시즌 1라운드 2순위
이적	한국도로공사▶GS칼텍스(2016)▶현대건설(2017) ▶IBK기업은행(2020)
총 보수	4억 5,000만 원 (연봉 3억 2,000만 원, 옵션 1억 3,000만 원)

NO.15
황민경

OH 아웃사이드 히터

스스로에게 부끄럽지 않기!

15년 차, No.15

FA 계약을 통해 팀을 옮겼다. 네 번째 팀이다. 돌아보면 내가 선택하지 않은 이적도 있었지만, 자신을 필요로 한다는 것에 감사함을 느낀다. 단순 전력 보강을 위해 좋은 조건을 제시한 게 아니라는 걸 베테랑은 직감으로 안다. 팀을 잘 이끌어야 한다는 책임감. 경기력을 압도적으로 올려주기보다 덜 떨어지게 한다는 마음으로. 왜 자신을 데려왔는지 증명해내고 싶다.

결국엔, 수비!

한 경기였지만 컵대회에서 안정적인 수비는 물론 적극적인 공격으로 승리를 이끌었다. 영입에 있어서 수비 강화를 가장 우선으로 생각한 건 맞지만 팀이 추구하는 건 공격에서 한쪽으로 치우치지 않는 토털 배구다. 다시 본질을 떠올린다. 모두가 때릴 수 있는 공격 루트를 만들기 위해선 어찌 됐든 받는 게 첫 번째다. 수비에 조금 더 집중하되 공격에서도 힘을 싣는다.

황민경의 TOP3

	통산 서브 득점	통산 수비 성공	한 경기 최다 득점
황민경	**346**점	**8,273**개	**23**점

2022-2023 V-리그 경기기록

34 경기	124 세트	266 득점	32 블로킹	20 서브
31.38 공격 성공률(%)	**0.290** 세트 Avg(set)	**41.82** 리시브 효율(%)	**3.500** 디그 Avg(set)

NO.17 김현정
MB 미들 블로커

생년월일	1998.08.28
신장	180cm
출신교	반포초▶세화여중▶중앙여고
입단	2016-2017시즌 2라운드 4순위
이적	GS칼텍스▶IBK기업은행(2020)
총 보수	7,500만 원(연봉 6,500만 원, 옵션 1,000만 원)

23-24시즌은
웃음이 가득한 시즌 모내기!!

분석의 힘

IBK기업은행으로 이적한 후 가장 많은 경기에 뛰었다. 하지만 라운드를 거듭할수록 기회가 줄었다는 건 아쉬운 부분이다. 블로킹 보완이 더 필요하다고 느꼈다. 이를 위해서 중요한 건 철저한 분석. 깨달음을 토대로 이번 컵대회에서는 분석에 공을 들였고, 팀 내 가장 많은 블로킹 득점으로 한층 발전한 모습을 보여줬다. 이제는 시즌 때 보여줄 차례.

잘해야 하는 이유

책임감이 높아지는 이유가 많다. 첫 번째는 붙박이 주전 미들 블로커의 이적으로 무한 주전 경쟁에 돌입한다. 두 번째는 시즌을 마치고 FA 자격을 취득한다. 부담이 되기도 하지만 잘해야 한다는 마음이 더 큰 건 당연하다. 선의의 경쟁을 통해, 궂은일을 도맡아 하는 미들 블로커라는 자신의 장점을 더 살리며 의미 있는 시즌을 다짐한다.

김현정의 TOP3

	통산 블로킹 성공	한 경기 최다 블로킹	한 경기 최다 득점
김현정	93개	6개	10점

2022-2023 V-리그 경기기록

28	64	70	26	5
경기	세트	득점	블로킹	서브

38.61	0.109	-	0.688
공격 성공률(%)	세트 Avg(set)	리시브 효율(%)	디그 Avg(set)

NO.19
표승주

OH 아웃사이드 히터

생년월일	1992.08.07
신장	182cm
출신교	옥현초▶월평중▶한일전산여고
입단	2010-2011시즌 1라운드 1순위
이적	한국도로공사▶GS칼텍스(2014)▶IBK기업은행(2019)
총 보수	2억 8,210만 원 (연봉 2억 5,000만 원, 옵션 3,210만 원)

529득점

지난 시즌 프로 입단 후 처음으로 500득점을 넘겼다. 사정은 다르지만, 그 전 최다 득점이 2015-2016시즌의 369득점이라는 걸 생각하면 얼마나 고군분투했는지 알게 한다. 무조건 버텨야겠다는 생각뿐이었다. 팀이 어려운 상황 속에서 나까지 흔들리면 팀이 너무 힘들어진다는 걸 알았기에 더 책임감을 높였다. 팀은 아쉬웠지만, 개인적으로는 충분히 수고한 한 시즌이었다.

목표는 유지

새 시즌 역시 지난 시즌의 기록을 유지하는 게 목표다. 팀 상황은 달라졌지만, 그 정도는 해줘야 한다는 기대감을 느낀다. 다만 대표팀 발탁으로 체력 관리와 호흡 등에 어려움이 예상된다. 하지만 이 또한 이겨내야 한다고 생각한다. 어느 소속으로 있든 그에 맞춰 열심히 하는 게 자신의 몫이라고. 최대한 팀에 도움이 되어야 팀도 좋고 나도 좋다.

표승주의 TOP3

	통산 서브 득점	한 경기 최다 득점	통산 공격 득점
표승주	284점	28점	2,594점

2022-2023 V-리그 경기기록

36 경기	137 세트	529 득점	49 블로킹	12 서브
34.77 공격 성공률(%)	**0.212** 세트 Avg(set)	**36.42** 리시브 효율(%)	**4.051** 디그 Avg(set)	

NO.20
김정아

OH 아웃사이드 히터

생년월일	2002.02.08
신장	172cm
출신교	남천초▶제천여중▶제천여고
입단	2020-2021시즌 1라운드 4순위
이적	한국도로공사▶IBK기업은행(2023)
총 보수	6,000만 원 (연봉 5,000만 원, 옵션 1,000만 원)

다시, 프로

프로에서 1년 공백이 있지만 실업팀에서 계속 배구를 했다. 조금 더 많은 경기에 뛸 수 있었기에 성인이 되고 처음으로 배구의 재미를 느낄 수도 있었다. 그렇게 2~3년 정도 더 실력을 다지다가 프로에 다시 도전장을 내밀고 싶었지만, 생각보다 빠르게 기회가 왔다. 고민도 됐지만 언제 또 이렇게 기회가 찾아올지 모른다는 생각에 다시, 굳게 마음을 다잡았다.

역할은 리시브 보강

팀에서 요구하는 역할을 명확히 인지하고 있다. 바로 리시브 보강. 더 안정감을 높이기 위해 자세를 수정하며 비시즌을 보내고 있다. 습관이라는 게 단숨에 바뀌는 건 아니라 시행착오도 있다. 하지만 모든 건 단계적으로 올라가는 법. 정성을 들인 만큼 언젠가 효과가 있으리라 기대하면서 매일 야간 훈련까지 소화하며 다가올 새 시즌을 준비한다.

김정아의 TOP3

김정아	-	-	-
	-	-	-

2022-2023 V-리그 경기기록

경기	세트	득점	블로킹	서브
-	-	-	-	-

공격 성공률(%)	세트 Avg(set)	리시브 효율(%)	디그 Avg(set)
-	-	-	-

NO.21
임혜림

MB 미들 블로커

생년월일	2004.10.04
신장	184cm
출신교	서울매헌초▶세화여중▶세화여고
입단	2022-2023시즌 1라운드 2순위
이적	흥국생명▶IBK기업은행(2023)
총 보수	4,500만 원 (연봉 4,500만 원, 옵션 -)

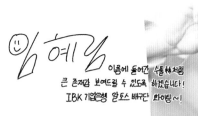

이름에 들어간 수풀 林처럼
큰 존재감 보여질 수 있도록 하겠습니다!
IBK 기업은행 알토스 배구단 화이팅~!

프로 2년 차, 새로운 팀으로

FA 보상선수로 프로 2년 차에 이적을 경험했다. 선택받은 이유가 분명히 있다. 일단 키가 크다는 좋은 신체 조건을 가지고 있고 그만큼 타점이 높다. 중학교 2학년쯤 배구를 시작해 구력이 짧기는 하지만 그에 비해 빠른 성장세를 보인다. 빠른 플레이를 추구하는 팀 컬러에 맞게 큰 키를 살린 타점 높은 공격이 가능하다는 것도 기대 요소다.

성장과 경쟁을 함께

신인임에도 잠재력만으로 틈틈이 기회를 받았고 시즌 마지막 경기에선 선발로도 나왔다. 덕분에 많은 걸 배울 수 있었다. 그리고 프로에서 첫 비시즌을 보냈다. 체계적인 체력 훈련에 몸이 더 좋아지고 있다. 2년 차 역시 많은 걸 배웠으면 좋겠다. 구단 역시 팀의 미래를 책임질 자원으로 생각했다. 하지만 경쟁 조건은 같다. 언제, 어떻게 기회가 올지 모른다.

임혜림의 TOP3

	한 경기 최다 득점	한 경기 최다 블로킹	한 경기 최다 서브
임혜림	7점	2개	2개

2022-2023 V-리그 경기기록

18 경기	30 세트	18 득점	6 블로킹	5 서브
38.89 공격 성공률(%)	- 세트 Avg(set)	20 리시브 효율(%)	0.367 디그 Avg(set)	

NO.**23**
폰 푼
게드파르드

S 세 터

생년월일	1993.05.05
신장	173cm
국적	태국
입단	2023-2024시즌 아시아쿼터 1순위
이적	–
총 보수	10만 달러

V-리그 최초 외국인 세터

국제대회에서 선보인 인상적인 운영과 정확한 연결로 세계 팬들 사이에서 이름이 드높다. 그런 그가 V-리그에서 처음으로 시행된 아시아쿼터 참가를 신청했다. 공격수를 모두 활용하는 빠른 플레이는 '컴퓨터 세터' 출신 김호철 감독의 눈길을 사로잡기에 충분했다. 여기에 행운까지 따랐다. 전체 1순위 구슬. 주저 없이, 선택은 폰푼이었다.

기대는 여전, 호흡이 관건

세계적인 세터가 V-리그에서 선보일 토스웍에 대한 기대감이 벌써 높다. 빠른 연결에 능한 만큼 팀이 추구하는 낮고 빠른 배구에 가장 적합하다는 데 이견은 없다. 다만 호흡이 관건. 아시안게임 출전으로 팀 합류가 늦다. 전체적인 공격을 운영해야 하는 세터가 동료들과 맞춰 볼 시간이 부족하다는 게 변수. 기량이야 어디 가지 않겠지만 선수단 이해와 활용이 체크 포인트.

폰푼의 TOP3

폰푼		
-	-	-
-	-	-

2022-2023 V-리그 경기기록

경기	세트	득점	블로킹	서브
-	-	-	-	-

공격 성공률(%)	세트 Avg(set)	리시브 효율(%)	디그 Avg(set)
-	-	-	-

공격적인 선수 영입,
페퍼스의 시작은
지금부터다

PEPPER SAVINGS BANK
AI PEPPERS
GWANGJU

페퍼저축은행
AI PEPPERS

최종성적

승점	14
승	5
패	31
세트 득/실(득실률)	35/101 (0.347)
점수 득/실(득실률)	2,668/3,196 (0.835)

항목별 팀 순위

득점	7 위	2,668	점
공격종합	7 위	34.15	%
블로킹	7 위	1.65	개
서브	6 위	0.75	개
디그	5 위	20.06	개
세트	7 위	11.67	개
리시브	7 위	34.33	%
수비	5 위	3,849	개

라운드별 상대 전적

	PINK SPIDERS	HILLSTATE	SKY WALKERS	RED SPARKS	KIXX	AI PEPPERS	순위
1R	0:3	1:3	0:3	2:3	1:3	1:3	7
2R	1:3	0:3	1:3	1:3	1:3	1:3	7
3R	1:3	0:3	3:1	0:3	0:3	1:3	7
4R	1:3	0:3	0:3	1:3	3:1	0:3	7
5R	0:3	3:2	3:2	1:3	1:3	1:3	7
6R	1:3	2:3	0:3	1:3	0:3	3:1	7
계	0승 6패	1승 5패	2승 4패	0승 6패	1승 5패	1승 5패	7위

홈 경기장_페퍼스타디움

사진 출처 : 구단공식홈페이지

PEPPER STADIUM 종 합 체 육 관

주소	광주광역시 서구 금화로 278
수용인원	8,500석
훈련경기장	광주광역시 서구 금화로 278 페퍼스타디움 내

박정아 그리고 야스민, 강해진 페퍼스!

창단 후 두 시즌 연속 리그 최하위를 기록한 페퍼저축은행은 지난 시즌 도로공사를 V-리그 우승으로 이끈 FA 박정아를 영입했다. 또한 최근 두 시즌 현대건설에서 좋은 활약을 펼친 야스민 베다르트를 외국인 선수 트라이아웃에서 지명했다. 그분만 아니라 수비가 안정적인 정관장의 채선아까지 영입하면서 전력 강화를 위한 선수 보강을 마쳤다. 젊은 선수들로 이루어진 팀 스쿼드에 경험이 풍부한 선수들이 더해지면서 페퍼저축은행은 단번에 이번 시즌 포스트시즌 진출 후보로 강력하게 떠올랐다. 승점 자판기는 이제 잊어라! 더 이상 다른 팀들에 쉽게 승리를 내주는 일은 없을 것이다. 달라진 페퍼스, 강해진 페퍼스를 기대해도 좋다.

탈꼴찌 자신 있다! 어디까지 올라갈까?

지난 시즌 세터 이고은과 리베로 오지영을 영입하면서 팀의 기둥을 세운 페퍼저축은행은 이번 시즌 공격수 영입에 초점을 맞췄다. 리그 최고 공격수 박정아, 국가대표 레프트로 성장한 이한비, 검증된 외국인 선수 야스민 그리고 기존에 팀을 지키던 박경현과 박은서까지 윙스파이커들은 다른 팀과 비교해도 경쟁력이 충분하다는 평가를 받는다. 약점은 미들 블로커. 최가은이 도로공사로 이적했고 서채원의 부담이 커진 상황에서 지난 시즌 부상으로 뛰지 못했던 하혜진이 어느 정도의 경기력을 보여줄지가 관건이다. 또한 지난 시즌 전체 1순위로 페퍼스에 입단한 염어르헝과 아시아쿼터로 지명된 필리핀의 M.J. 필립스가 자신의 가능성을 증명해야 한다.

감독

조 트린지

스마트한 분석가, 조 트린지 감독의 도전

"그저 마음이 시키는 대로 했을 뿐이다." 조 트린지 감독에게 V-리그에 온 이유를 묻자 간단한 대답이 돌아왔다. 원래 계획한 삶이 있어 처음에는 거절했지만 페퍼저축은행의 제안을 받고 심사숙고한 끝에 도전해야겠다고 결심했다. 미국 여자배구 대표팀 코치를 지내면서 도로공사에서 뛰었던 니콜 포셋의 V-리그 경기를 많이 봤다고 이야기한 트린지 감독은 V-리그에 대해 이미 친숙한 느낌을 가지고 있었다. 또한 외할아버지가 한국전쟁 참전 용사인 것도 한국을 가깝게 느끼는 부분이었다.

조 트린지 감독은 배구가 정신적으로 도전하는 운동이라고 정의한다. 중요하게 생각하는 부분은 볼 하나하나에 집중하고 다음 것을 생각하지 말자는 것이다. 기대 없이 시작해야 한다는 것이다. 잘하고 있다고 생각하거나 못하고 있다고 생각하면 현재에 집중하지 못한다. 매 점수 하나하나에 최선을 다하고 매일매일 최선을 다해야 한다는 것은 코치 시절 미국 대표팀 감독인 카치 키랄리에게 배운 인생철학이다. 배구의 움직임은 복잡하지 않으며 개개인이 협업해 능력을 모으는 것이 목표이며 이곳에서 자신이 할 일이라고 이야기한다.

조 트린지 감독은 배구는 상대보다 6점을 더 얻으면 이기는 경기라고 말한다. 세 번의 세트에서 2점씩 더 얻기 위해서 페퍼스는 치열하게 시즌을 준비하고 있다. 대학에서 응용수학을 전공하고 데이터 분석가로서 미국 여자배구 대표팀의 전력 분석 코치를 지낸 트린지 감독이 V-리그 상대팀들을 어떻게 분석하고 공략할지. 이번 시즌 페퍼스를 만나는 모든 팀들은 이전과 다른 페퍼스를 보게 될 것이다.

Best 7

IN

| 박정아 | ▶ |
| 채선아 | ▶ |

OUT

최가은	▶
이현	▶
구솔	▶
이은지	▶
지민경	▶

야스민 **OP**　박정아 **OH**　M.J.필립스 **MB**

하혜진 **MB**　이한비 **OH**　이고은 **S**

오지영 **L**

라인업

no.	이 름	포지션	no.	이 름	포지션	no.	이 름	포지션
4	서채원	MB	11	채선아	OH	19	김해빈	L
5	야스민	OP	12	박경현	OH	21	이민서	OP
6	이고은	S	13	박은서	OH	23	M.J.필립스	MB
7	문슬기	L	15	박사랑	S			
8	박연화	MB	16	이한비 ©	OH			
9	오지영	L	17	하혜진	MB			
10	박정아	OH	18	염어르헝	MB			

루키

류혜선 **OH**　박수빈 **S**　이주현 **S**　이채은 **L**

NO.4
서채원
MB 미들 블로커

생년월일	2003.09.05
신장	181cm
출신교	삼덕초▶대구일중▶대구여고
입단	2021-2022시즌 1라운드 3순위
이적	–
총 보수	6,200만 원 (연봉 5,200만 원, 옵션 1,000만 원)

하루하루 발전하는 모습
보여드리도록 하겠습니다!

잊을 수 없는 두 번의 도로공사전

3라운드 도로공사전. 2022년의 마지막 날, 페퍼스는 하이패스를 이기고 개막 후 17연패 끝에 시즌 첫 승을 거뒀다. 서채원에게 가장 기억에 남는 날이다. 그리고 5라운드 도로공사전. 서채원에게 가장 의미 있는 경기가 펼쳐졌다. 프로 입단 후 한 경기 최다 득점인 8득점을 기록했고 팀은 다시 승리했다. 이번 시즌 더 많은 코트의 기억을 저장하고 싶다.

목표는 팡팡플레이어

시즌 목표는 팡팡플레이어. 경기 후 생방송 인터뷰를 하는 것이다. 최고의 활약을 펼치거나 그날 경기에서 가장 인상적인 선수에게 주어지는 기회. 스스로 꼽는 최고의 장점은 유효 블로킹. 지난 시즌 서채원은 29개의 블로킹 득점을 기록했다. 부족할 수 있지만 2년 차 선수로서 가능성을 보여주기에 충분했다. 이번 시즌은 경쟁이 치열하다. 하혜진, M.J.필립스 그리고 염어르헝까지. 주전 미들 블로커가 되는 것이 1차 목표가 될 것이다.

🏐 서채원의 TOP3

서채원	한 경기 최다 득점	한 시즌 최다 블로킹	한 경기 최다 서브
	8점	3개	2개

🏐 2022-2023 V-리그 경기기록

32 경기	115 세트	116 득점	29 블로킹	11 서브
26.21 공격 성공률(%)	**0.061** 세트 Avg(set)	**–** 리시브 효율(%)		**0.826** 디그 Avg(set)

NO.**5**
야스민 베다르트

OP 아포짓 스파이커

생년월일	1996.11.08
신장	192cm
국적	미국
입단	2023 외국인선수 트라이아웃 2순위
이적	현대건설▶페퍼저축은행(2023)
총 보수	25만 달러

FIGHT STRONG UNTIL THE END!

AGAIN 2021-2022

페퍼저축은행은 지난 시즌의 야스민을 보고 선택한 것이 아니다. 현대건설에서의 첫 시즌에 보여준 2021년의 야스민을 기억한다. 야스민이 부상에서 완전하게 회복한다면 V-리그 최고의 외국인 선수가 될 것이라 믿고 있다. 2021-2022시즌 공격 종합 2위, 서브 1위, 후위공격 2위에 올랐던 야스민은 최고의 몸 상태로 돌아올 것을 약속했다. 페퍼저축은행의 선택은 틀리지 않을 것이다.

문제는 허리

리스크는 분명히 있다. 야스민의 좋은 컨디션이 시즌 내내 유지되기를 바랄 뿐이다. 야스민은 두 시즌 연속 시즌 초반 라운드 MVP를 차지할 정도로 출발이 좋았다. 다만 허리에 문제가 생기기 전까지. 야스민은 결국 13경기를 끝으로 코트에 돌아오지 못했고 시즌을 전반기에 마무리했다. 자신에 대한 우려를 잠재우는 시즌이 되어야 한다. 1라운드 현대건설전이 매우 흥미로울 것 같다.

야스민의 TOP3

야스민	한 경기 최다 득점	한 경기 최다 서브	한 경기 최다 블로킹
	43점	5개	7개

2022-2023 V-리그 경기기록

13 경기	47 세트	359 득점	32 블로킹	21 서브
46.86 공격 성공률(%)	0.170 세트 Avg(set)	33.33 리시브 효율(%)	2.106 디그 Avg(set)	

NO.6
이고은
S 세   터

생년월일	1995.01.09
신장	170cm
출신교	중앙여중▶대구여고
입단	2013-2014시즌 1라운드 3순위
이적	도로공사▶IBK기업은행(2016)▶GS칼텍스(2018) ▶도로공사(2020)▶페퍼저축은행(2022)
총 보수	3억 3,000만 원 (연봉 3억 원, 옵션 3,000만 원)

Why always me?

"왜 나만 갖고 그래?" 이고은이 했을 법한 말이다. FA 보상선수 지명 과정에서 이고은은 도로공사의 선택을 받았고 다시 페퍼저축은행으로 이적하는 웃지 못할 해프닝이 발생했다. 이고은은 페퍼저축은행 구단 첫 FA 영입 선수이고 팀의 중심 선수였지만 자신의 뜻과 다르게 양 팀의 줄다리기 싸움에 역사적인 주인공이 됐다. 이고은은 다른 이야기의 주인공이 되어야 한다. 페퍼스 봄배구 스토리의 전설로 남아야 한다.

10년의 경험, 이제 눈을 뜰 때

아쉬웠지만 많은 것을 배운 시즌이었다. 페퍼스에서의 첫 시즌이 그렇게 지나갔다. 지는 경기가 많았지만 그 속에서 성장이 있었다. 팀이 흔들릴 때 같이 급해져 버린 면이 있었지만 이제 방향성을 잡았다. 안정감 있는 모습을 보여줄 것이다. 하면 할수록 어려운 배구지만 프로 10년이 지나고 이제 눈을 뜰 때가 되었다고 생각한다. 이번 시즌 최대한 갈 수 있는 데까지 가 보고 싶다.

이고은의 TOP3

이고은	통산 세트 성공	입단 후 공식이적횟수	통산 출전 경기 수
	5,942개	6회	270경기

2022-2023 V-리그 경기기록

33 경기	122 세트	46 득점	15 블로킹	8 서브
26.14 공격 성공률(%)	10.057 세트 Avg(set)	- 리시브 효율(%)		3.262 디그 Avg(set)

NO.**7**
문슬기
L 리 베 로

생년월일	1992.06.19
신장	171cm
출신교	하당초 ▶ 목포영화중 ▶ 목포여상
입단	2021-2022시즌 1라운드 6순위
이적	–
총 보수	7,000만 원 (연봉 7,000만 원, 옵션 –)

웃는날이 더

벌써 2년

서른에 뛰어든 프로 배구. 두 시즌 모두 30경기 이상 출전한 문슬기는 철저한 자기 관리를 보여주며 팀의 가장 어려운 시절을 함께했다. 부담 감이 있었던 2년이었다. 더 나아져야 한다는 부담, 보여줘야 한다는 부담이 따랐다. 팀의 필요에 따라 공격하는 수비수로 변신해 동생들의 버팀목이 되었다. 경력직 입사 3년 차, 이제 자신의 배구를 할 시간이다.

처음 느낀 짜릿함, 서브

리베로 문슬기가 서브를 넣을 일은 거의 없었다. 배구를 하면서 사실상 처음 경험한 서브와 공격이었다. 공격으로 득점한 것은 완전히 다른 희열이었다. 지난 시즌 서브 7득점을 포함해 14득점을 기록한 문슬기는 이 짜릿함을 좋은 기억으로 남기로 했다. 이번 시즌에는 부담을 내려놓고 즐기는 배구를 할 것이다. 본연의 역할에 충실하며 서브리시브에서 더 안정적인 선수가 되는 것이 목표다.

문슬기의 TOP3

문슬기	한 경기 최다 득점	통산 리시브 효율	한 경기 최다 서브
	6점	34.4%	2개

2022-2023 V-리그 경기기록

33	97	14	-	7
경기	세트	득점	블로킹	서브

22.58	0.320	38.71	1.876
공격 성공률(%)	세트 Avg(set)	리시브 효율(%)	디그 Avg(set)

NO.8
박연화

MB 미들 블로커

생년월일	2003.11.12
신장	176cm
출신교	제천남천초▶제천여중▶제천여고
입단	2021-2022시즌 5라운드 3순위
이적	–
총 보수	3,500만 원 (연봉 3,500만 원, 옵션 –)

항상 최선을 다하고
발전하는 선수가 되겠습니다!

해피엔딩

3월 18일, 페퍼저축은행의 정규 시즌 마지막 경기였던 IBK기업은행전. 박연화는 선발로 출전해 자신의 한 경기 최다 득점인 6득점을 기록했다. 갑자기 찾아온 기회라 긴장했지만 팀이 시즌 5승째를 거두고 시즌을 마감하면서 팀에 도움을 준 것 같아 뿌듯한 마음이었다. 프로에서의 모든 순간이 기회라 생각한다. 기회를 살리는 시즌을 보내고 싶다.

목적타 서브에 시즌을 건다

이번 시즌 페퍼저축은행의 미들 블로커 라인은 높아졌다. 하혜진과 염어르헝이 부상에서 돌아왔고 아시아쿼터로 M.J.필립스를 영입하면서 미들 블로커 포지션에서 박연화의 출전 기회는 줄어들 확률이 높다. 박연화는 서브에 초점을 맞추고 있다. 목적타 서브 훈련을 반복하면서 서브에서 차별점을 보여주려고 한다. 그리고 기회가 주어진다면 단 한 번의 속공 기회를 놓치지 않을 것이다.

🏐 박연화의 TOP3

박연화	한 경기 최다 득점	한 경기 최다 블로킹	한 경기 최다 서브
	6점	1개	1개

🏐 2022-2023 V-리그 경기기록

7 경기	18 세트	15 득점	1 블로킹	1 서브
34.21 공격 성공률(%)	0.111 세트 Avg(set)	– 리시브 효율(%)		1.056 디그 Avg(set)

NO.9
오지영

L 리 베 로

생년월일	1988.07.11
신장	170cm
출신교	근영여중▶근영여고
입단	2006-2007시즌 1라운드 4순위
이적	도로공사▶KGC인삼공사(2017)▶GS칼텍스(2021)▶페퍼저축은행(2022)
총 보수	3억 원 (연봉 2억 원, 옵션 1억 원)

눈과 마음이 즐거운
배구를 보여드리겠습니다!!!!!

불가능은 없다. 꿈은 크게

오지영은 페퍼저축은행의 우승이 불가능하다고 생각하지 않는다. 이 멤버라면 충분히 도전해 볼 목표라 생각한다. 오랜만에 배구를 하면서 행복하다는 느낌을 받고 있다. 자신만의 플레이를 펼칠 수 있어서 좋다. 이번 시즌 최대한 오를 수 있는 만큼 올라가고 싶다. 정규 리그 5위로는 절대 만족할 수 없다. 무조건 봄배구다. 프로 16번째 시즌, 불가능에 도전해 보겠다.

수비 7,000개

개인 통산 6,955개의 수비 성공 기록을 가지고 있는 오지영은 시즌 초반 무난하게 수비 성공 7,000개를 돌파할 것으로 예상한다. 프로 15시즌의 경험에 비추어 볼 때 아주 많은 수비 성공 기록은 아니지만 2017년 KGC인삼공사 이적 후부터 본격적인 수비 전문 선수로 활약하면서 에너지 넘치는 베테랑 리베로로서의 입지를 굳히고 있다. 또한 2018년과 2019년에 이어 다시 한번 리베로 부문 베스트 7에 도전한다.

오지영의 TOP3

오지영	통산 수비 성공	통산 리시브 효율	한 경기 최다 서브
	6,955개	48.42%	5개

2022-2023 V-리그 경기기록

30 경기	101 세트	- 득점	- 블로킹	- 서브
- 공격 성공률(%)	0.693 세트 Avg(set)	46.95 리시브 효율(%)	4.822 디그 Avg(set)	

NO.**10**
박정아
OH 아웃사이드 히터

생년월일	1993.03.26
신장	187cm
출신교	모라초▶부산여중▶남성여고▶국제사이버대
입단	2011-2012시즌 신생팀 우선지명
이적	IBK기업은행▶한국도로공사(2017)▶페퍼저축은행(2023)
총 보수	7억 7,500만 원 (연봉 4억 7,500만 원, 옵션 3억 원)

이번시즌도
즐겁게 재밌게 ~!!

페퍼스, 최고의 선수를 품다

만약 우승하지 못했다면 미련이 남았을 것이다. 도로공사에 V-리그 우승컵을 안기고 박정아는 새로운 도전을 택했다. 페퍼저축은행 팀도 광주라는 지역도 모든 것이 새롭다. 새로운 환경에서 도전하는 자체가 동기부여가 된다. 국가대표팀 주장의 역할도 감당해야 할 몫이다. 피지컬은 힘들지만 마인드는 준비됐다. 여자부 최고 연봉 선수답게 페퍼스를 자랑스럽게 만들 것이다.

박정아가 가는 곳에 트로피가 있다

박정아는 지난 시즌 개인 통산 V-리그 5번째 우승컵을 품에 안았다. IBK기업은행에서 세 차례 우승, 한국도로공사에서 두 차례 우승을 차지했다. 박정아가 가는 곳에 트로피가 있었다. 프로 12년의 경력에서 박정아는 8번이나 챔피언결정전을 치렀다. 여자부 챔피언결정전이 열리지 않은 19-20, 21-22시즌을 제외하면 2012년부터 박정아 없는 챔피언결정전은 20-21시즌이 유일하다. 우승 제조기인 것이 확실하다.

박정아의 TOP3

	한 경기 최다 득점	통산 득점	통산 공격 득점
박정아	**40**점	**5,269**점	**4,582**점

2022-2023 V-리그 경기기록

32 경기	**126** 세트	**526** 득점	**53** 블로킹	**15** 서브
35.59 공격 성공률(%)	**0.103** 세트 Avg(set)	**21.77** 리시브 효율(%)	**2.484** 디그 Avg(set)	

NO.11
채선아

OH 아웃사이드 히터

생년월일	1992.06.08
신장	174cm
출신교	추계초▶중앙여중▶중앙여고▶국제사이버대
입단	2011-2012시즌 신생팀 우선지명
이적	IBK기업은행▶KGC인삼공사(2017)▶페퍼저축은행(2023)
총 보수	1억 원 (연봉 9,000만 원, 옵션 1,000만 원)

FA, 세 번째 팀

IBK기업은행에서 6년, KGC인삼공사에서 6년. 그렇게 12년을 보냈다. 페퍼저축은행은 경험 많은 채선아를 불렀다. FA로서 자신의 가치를 확인한 시간이었다. 팀 내에서 오지영 다음으로 리그 경험이 풍부하지만 채선아는 경력을 자랑하지 않는다. 경기 분위기를 살리는 분위기 메이커 역할을 하고 싶다. 페퍼스의 새로운 복덩이가 되고 싶다.

팀이 원하는 것은 안정감

채선아는 팀이 자신에게 원하는 것을 알고 있다. 팀은 전체적으로 경험이 부족한 스쿼드에 안정감을 더하길 원했다. 박정아를 영입하면서 채선아를 동시에 영입한 이유다. 팀에 균형을 가져다 줄 채선아는 안정적인 서브리시브와 2단 연결을 책임질 것이다. 리베로 오지영과 채선아가 버티는 리시브 라인은 분명 위기에서 빛날 것이다.

채선아의 TOP3

채선아	한 경기 최다 득점	통산 리시브 효율	한 경기 최다 서브
	15점	**38.25**%	**3**개

2022-2023 V-리그 경기기록

29 경기	78 세트	61 득점	2 블로킹	4 서브
30.05 공격 성공률(%)	**0.282** 세트 Avg(set)	**37.15** 리시브 효율(%)	**2.590** 디그 Avg(set)

NO.12
박경현

OH 아웃사이드 히터

생년월일	1997.07.25
신장	178cm
출신교	포항동부초 ▶ 포항여중 ▶ 수원전산여고
입단	2015-2016시즌 1라운드 4순위
이적	현대건설 ▶ 자유신분선수(2017) ▶ 페퍼저축은행(2021)
총 보수	7,500만 원 (연봉 7,000만 원, 옵션 500만 원)

242

페퍼저축은행에 입단한 후 박경현은 우연의 일치로 두 시즌 연속 242 득점을 기록했다. 매 시즌 30경기 이상 출전하며 어려운 상황의 팀을 지탱시켰다. 인생 경기는 지난 시즌 최종전이었던 IBK기업은행전. 박경현은 39%의 공격 점유율과 자신의 한 경기 최다 득점인 26득점을 기록하며 외국인 선수의 역할을 대신했다. 최고의 시즌 피날레였고, 그 느낌을 이어가려 한다. 242. 박경현은 이 스코어를 넘을 수 있을 것이다.

출전 시간보다는 퀄리티로 승부해야

팀의 공격적인 선수 영입으로 지난 시즌보다 경기 출전시간이 줄어들 것을 예상한다. 코트에 들어갔을 때 할 수 있는 만큼의 몫을 해내는 것이 중요하다. 지난 시즌부터 부담을 떨쳐내는 방법을 깨닫고 박경현은 이제 자신의 배구를 하기 시작했다. 마음가짐을 편하게 하고 경기를 즐기면 더 좋은 모습을 보여줄 수 있을 것이다. 실력으로만 평가하는 조 트린지 감독의 시선에서 박경현은 충분히 경쟁력을 가지고 있다.

🏐 박경현의 TOP3

	한 경기 최다 득점	한 경기 최다 블로킹	통산 리시브 효율
박경현	**26**점	**3**개	**25.53**%

🏐 2022-2023 V-리그 경기기록

33 경기	106 세트	242 득점	11 블로킹	1 서브
33 공격 성공률(%)	**0.075** 세트 Avg(set)	**25.53** 리시브 효율(%)	**2.5** 디그 Avg(set)	

NO.13
박은서

OH 아웃사이드 히터

생년월일	2003.04.16
신장	178cm
출신교	추계초▶일신여중▶일신여상
입단	2021-2022시즌 1라운드 2순위
이적	–
총 보수	6,200만 원 (연봉 5,200만 원, 옵션 1,000만 원)

항상 최선을 다해
좋은 모습 보여드리겠습니다

서브, 게임 체인저

박은서의 서브는 특별하다. 볼의 회전이 많지 않기 때문에 상대팀 리시버가 받기에 까다롭다. 서브 하나로 경기의 흐름을 바꿀 수 있는 선수다. 프리시즌 모든 훈련에서 서브에 집중하면서 이전보다 더 서브에 자신감이 생겼다. 지난 시즌 기록한 서브 13득점의 두 배 이상을 기대한다. 강한 서브를 장착한 게임 체인저가 될 것이다.

부상 없이 마치는 시즌

두 시즌 연속 23경기에 출전했다. 발목 부상으로 지난 시즌 5라운드 이후 출전하지 못한 박은서는 시즌을 완주하는 것을 이번 시즌 기본 목표로 세웠다. 다치지 않는 것도 실력이다. 부상에서 완전히 회복했기 때문에 이번 시즌 좋은 경기력을 기대하고 있다. 안정적인 서브리시브는 해결해야 할 숙제다. 그래야 창이 더 날카로워질 것이다.

박은서의 TOP3

박은서	한 경기 최다 득점	한 경기 최다 서브	한 경기 최고 공격 성공률
	18점	4개	60.71%

2022-2023 V-리그 경기기록

23 경기	59 세트	133 득점	7 블로킹	13 서브
33.33 공격 성공률(%)	0.186 세트 Avg(set)	27.88 리시브 효율(%)	2.339 디그 Avg(set)	

NO.15
박사랑

S 세 터

생년월일	2003.08.26
신장	178cm
출신교	신당초▶대구일중▶대구여고
입단	2021-2022시즌 1라운드 1순위
이적	–
총 보수	6,200만 원 (연봉 5,700만 원, 옵션 500만 원)

잘할수 있는 선수가 아닌
잘하는 선수가 되겠습니다.

문제는 마음에 있다

창단 시즌, 전체 1순위로 신생 팀에 입단한 세터 박사랑은 많은 주목을 받았다. 주변의 높은 기대치가 부담으로 작용했다. 긴장감을 적절하게 유지하는 법을 몰랐고 자신감이 결여돼 있었다. 경기에 투입됐을 때 마음 컨트롤을 해야 볼 컨트롤이 가능하다는 것을 깨달았다. 방법은 훈련뿐이다. 자신감을 되찾아야 한다. 알을 깨고 나오는 시즌이 될 것이다.

기회를 잡는 시즌

지난 시즌 4명이었던 세터 라인업이 이번 시즌 2명으로 줄었다. 주전 세터 이고은의 백업 역할을 확실하게 해야 한다. 6라운드 마지막 3경기에 선발로 출전한 경험이 시즌을 준비하는 데 큰 도움이 되고 있다. 178cm의 신장을 장점으로 살리고 싶다. 이번 시즌은 기회가 왔을 때 기회를 잡는 시즌이 되었으면 한다. 교체로 들어갔을 때 빠르게 경기 흐름에 적응하는 모습을 보여주고 싶다.

박사랑의 TOP3

박사랑	통산 출전 경기 수	한 경기 최다 세트	한 경기 최다 디그
	43경기	46개	10개

2022-2023 V-리그 경기기록

32 경기	78 세트	16 득점	8 블로킹	1 서브
28 공격 성공률(%)	**1.949** 세트 Avg(set)	**-** 리시브 효율(%)		**0.385** 디그 Avg(set)

© NO.**16**
이한비
OH 아웃사이드 히터

생년월일	1996.10.28
신장	177cm
출신교	평거초▶원곡중▶원곡고
입단	2015-2016시즌 1라운드 3순위
이적	흥국생명▶페퍼저축은행(2021)
총 보수	3억 5,000만 원 (연봉 2억 3,000만 원, 옵션 1억 2,000만 원)

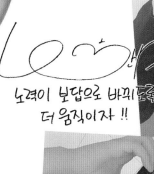

노력이 보답으로 바뀌도록
더 움직이자 !!

팀과 함께 성장하는 이한비

페퍼저축은행으로 오면서 이한비는 날개를 달았다. 프로팀의 주장으로서 국가대표팀의 일원으로서 이한비는 매해 새로운 경험을 하고 있다. 페퍼스에 합류해 많은 경기에 출전하면서 기회를 잡았고 기대하지 않았던 성공적인 FA 계약까지 할 수 있었다. 새로운 마음가짐으로 이제 또 다른 도전을 시작한다. 디테일 싸움이다. 더 정교하게 발전하는 이한비가 될 것이다.

기록으로 말한다

지난 시즌 이한비는 팀의 정규 시즌 36경기에 모두 출전했다. 39%의 리시브 효율로 수비부문 TOP10에 올랐고 서브와 블로킹에서 각각 20 득점을 기록하며 여러 부문에서 균형 잡힌 실력을 보여줬다. 또한 439 득점으로 득점 면에서 커리어하이 시즌을 만든 이한비는 김연경, 표승주, 박정아, 양효진, 이소영, 강소휘 다음으로 국내 선수 득점 7위에 오르면서 팀의 주 공격수 역할을 잘 해냈다.

이한비의 TOP3

이한비	한 경기 최다 득점	한 경기 최다 서브	한 경기 최고 공격 성공률
	23점	**3**개	**61.11**%

2022-2023 V-리그 경기기록

36 경기	**136** 세트	**439** 득점	**20** 블로킹	**20** 서브
34.4 공격 성공률(%)	**0.147** 세트 Avg(set)	**39.23** 리시브 효율(%)	**3** 디그 Avg(set)	

NO.17
하혜진

MB 미들 블로커

생년월일	1996.09.07
신장	181cm
출신교	유영초▶경해여중▶선명여고
입단	2014-2015시즌 1라운드 3순위
이적	한국도로공사▶페퍼저축은행(2021)
총 보수	1억 1,000만 원 (연봉 1억 원, 옵션 1,000만 원)

다시 돌아온 만큼 코트에서 좋은 모습 보여드리겠습니다 ♡

시즌 아웃

하혜진의 1년이 사라졌다. 2022년 대표팀 훈련 중 어깨 인대 파열로 시즌 아웃 통보를 받은 하혜진은 긴 재활 기간을 거쳐 이번 시즌 복귀를 앞두고 있다. 2021년 페퍼스로 이적하면서 미들 블로커로 포지션 변화를 주고 첫 시즌 공격 100득점, 블로킹 40득점의 적응력을 보였기에 지난 시즌 결장은 개인적으로도 팀으로도 아쉬웠다. 이번 시즌 두 배의 활약을 보여줄 생각이다.

퍼즐 하나

긴 시간 재활 센터에 다니면서 많은 사람들의 조언도 듣고 마음이 단단해졌다. 다시 일어날 수 있는 힘을 얻고 코트로 돌아올 준비를 끝냈다. 지난 시즌 팀의 경기를 보면서 한 자리가 비어 있는 느낌을 받았다. 이제 코트에 들어가 나머지 조각 하나를 맞추고 싶다. 페퍼스에 오고 나서 항상 새로운 도전을 받아들인다. 이번 시즌은 자신과의 싸움이 될 것 같다.

하혜진의 TOP3

	한 경기 최다 득점	한 경기 최다 블로킹	한 경기 최다 서브
하혜진	23점	5개	3개

2022-2023 V-리그 경기기록

경기	세트	득점	블로킹	서브
-	-	-	-	-

공격 성공률(%)	세트 Avg(set)	리시브 효율(%)	디그 Avg(set)
-	-	-	-

NO.**18**
염어르헝
MB 미들 블로커

생년월일	2004.08.27
신장	195cm
출신교	목포여상
입단	2022-2023시즌 1라운드 1순위
이적	-
총 보수	4,500만 원 (연봉 4,500만 원, 옵션 -)

이번 시즌은 코트에서 만나요!

'23 7 15

귀화 선수로 V리거의 꿈을 이루다

2019년 12월 23일. 처음 한국에 온 날을 잊지 못한다. 목포여상을 졸업한 염어르헝은 한국에 온 지 3년 만에 프로팀 입단과 귀화의 꿈을 이뤘다. 초고속이었다. 지난 시즌 신인 드래프트에서 전체 1순위로 페퍼저축은행의 지명을 받았지만 2경기 만에 무릎 부상으로 시즌을 끝냈다. 재활만 하다가 지나간 시즌이었다. 이제 진정한 첫 시즌이 다가온다. 많은 기대를 받은 만큼 좋은 경기로 보답하고 싶다.

국내 최장신 선수

195cm. 국내 최장신 선수 염어르헝은 페퍼저축은행의 희망이다. 다른 팀에 비해 미들 블로커 포지션이 약하다는 평가를 받는 페퍼저축은행은 염어르헝의 존재로 높이에서 상대팀과 경쟁할 수 있게 됐다. 문제는 스피드. 블로킹에 자신감을 갖고 있는 어르헝이 집중하는 부분은 빠른 움직임이다. 빠른 공격을 장착해 트린지 감독의 마음을 사로잡을 생각이다.

염어르헝의 TOP3

염어르헝	통산 출전 경기 수	-	-
	2경기	-	-

2022-2023 V-리그 경기기록

2 경기	**3** 세트	**-** 득점	**-** 블로킹	**-** 서브
- 공격 성공률(%)	**-** 세트 Avg(set)	**100** 리시브 효율(%)	**0.333** 디그 Avg(set)	

NO.19
김해빈

L 리 베 로

생년월일	2000.03.01
신장	157cm
출신교	강릉여고
입단	2018-2019시즌 3라운드 2순위
이적	IBK기업은행▶GS칼텍스(2020)▶페퍼저축은행(2022)
총 보수	6,500만 원 (연봉 6,500만 원, 옵션 -)

끝날때까지 끝난게 아니다
항상 최선을 다해서 ♡♡

디그는 나의 힘

자신의 세 번째 팀인 페퍼저축은행에서 첫 시즌을 보냈다. 지난 시즌 총 252개의 디그를 성공시키며 프로 데뷔 후 4년간 기록한 디그를 합친 것만큼의 활약을 했다. 시즌 내내 상대의 공격을 쉴 새 없이 걷어 올렸으며 시즌 최종전인 IBK기업은행전에서는 자신의 한 경기 최다 디그인 25개를 성공시켜 팀 승리에 기여했다. 올 시즌에도 페퍼스에서 가장 많이 몸을 던지는 선수가 될 것이다.

키는 작지만 꿈의 크기는 작지 않다

157cm의 단신이지만 김해빈은 빠른 움직임과 특유의 성실함을 강점으로 코트를 누비고 있다. 디그의 자신감이 서브리시브까지 이어지도록 하는 것이 이번 시즌 목표. 리시브를 아래로 끌고 내려오는 습관을 고친다면 기술적으로 한 단계 발전할 수 있을 것이다. 원포인트 서버로 기용될 것을 예상해 목적타 서브와 상대팀 공격수 분석에 집중하고 있다.

🏐 김해빈의 TOP3

	통산 리시브 효율	한 경기 최다 리시브	한 경기 최다 디그
김해빈	26.5%	16개	25개

🏐 2022-2023 V-리그 경기기록

22	76	-	-	-
경기	세트	득점	블로킹	서브

-	0.408	27.04	3.316
공격 성공률(%)	세트 Avg(set)	리시브 효율(%)	디그 Avg(set)

NO.21
이민서

OP 아포짓 스파이커

생년월일	2003.07.23
신장	175cm
출신교	대구일중▶경해여중▶선명여고
입단	2022-2023시즌 1라운드 3순위
이적	-
총 보수	4,800만 원 (연봉 4,800만 원, 옵션 -)

첫 시즌과는 달리 더 성장한 모습 보여드리겠습니다!!

왼손 스파이크 서브

루키 이민서는 서브로 이름 석 자를 배구 팬들에게 알렸다. 왼손잡이 아포짓스파이커로 외국인 선수와 같은 포지션이기에 공격 기회가 많지 않았지만 기회가 있을 때마다 날카로운 서브로 경기 분위기를 끌어올리는 역할을 했다. 무회전의 스파이크 서브가 특징인 이민서는 6라운드 도로공사전에서 서브 3득점을 포함해 한 경기 8득점을 기록하며 다가오는 시즌을 기대하게 만들었다.

수비를 발전시키는 시즌

원포인트 서버의 역할은 서브로 끝나지 않는다. 서브를 구사한 후 수비 자리를 잘 찾아 들어가는 것이 이번 시즌 이민서의 숙제. 랠리마다 수비 자리를 잘 찾고 공격 패턴을 빠르게 파악해 준비하는 것에 집중하고 있다. 재미있었던 첫 시즌이 지났다. 두 번째 시즌에도 경기 분위기를 바꾸는 페퍼스의 게임 체인저가 되고 싶다.

이민서의 TOP3

이민서	한 경기 최다 특점	한 경기 최다 서브	-
	8점	3개	-

2022-2023 V-리그 경기기록

27 경기	83 세트	21 득점	- 블로킹	11 서브
24.39 공격 성공률(%)	- 세트 Avg(set)	- 리시브 효율(%)		0.361 디그 Avg(set)

NO.23
M.J. 필립스

MB 미들 블로커

생년월일	1995.06.15
신장	182cm
국적	필리핀
입단	2023 아시아쿼터 트라이아웃 5순위
이적	–
총 보수	10만 달러

MY GOAL IS TO CONTRIBUTE TO THE TEAM ANYWAY I CAN + RELIEVE PRESSURE FROM THE WINGS SO THAT MEANS ALWAYS BEING VP + AVAILABLE.

내 이름은 민주

말 제이나 필립스. 가족들은 제이나라 부르지만 페퍼저축은행 선수들은 M.J에게 '민주'라는 이름을 붙여 줬다. 어머니와 할머니가 항상 배구를 시청해 어려서부터 배구에 관심을 갖게 됐다. 필리핀 국적이지만 대학 졸업 때까지 미국에서 생활했다. 이후 필리핀에서 5년간 배구선수로 활약하다 V-리그 아시아쿼터에 참여했다. 할 수 있는 것만 확실하게 하는 모습을 보여주겠다고 말한다.

서프라이즈

기대하지 않았고 상상하지 않았다. 아시아쿼터 드래프트 현장에서 자신의 이름이 불리어졌을 때 M.J.필립스는 전혀 예상하지 못했기에 너무나 놀랐다. 친구들과 가족들의 축하가 이어졌고 에이전트와 기쁜 감정을 공유한 것은 여전히 좋은 기억이다. 체공 시간이 길고 점프가 강점이라고 이야기하는 그녀는 팀이 자신을 선택한 것에 대해 좋은 경기력으로 보답할 것이다.

M.J.필립스의 TOP3

M.J.필립스	-	-	-
	-	-	-

2022-2023 V-리그 경기기록

경기	세트	득점	블로킹	서브
-	-	-	-	-

공격 성공률(%)	세트 Avg(set)	리시브 효율(%)	디그 Avg(set)
-	-	-	-

SCOUTING REPORT

2023 - 2024

남자부

17-18   20-21   21-22   22-23

V-리그 최초에
도전한다!
4연속 통합 우승으로!

김규민

1

KOREAN AIR

인천
대한항공 점보스

최종성적

승점	76
승	26
패	10
세트 득/실(득실률)	88/48 (1.833)
점수 득/실(득실률)	3,176/2,932 (1.083)

항목별 팀 순위

득점	3위	3,176 점
공격종합	1위	54.55 %
블로킹	2위	2.61 개
서브	1위	1.54 개
디그	2위	9.10 개
세트	1위	12.60 개
리시브	2위	36.33 %
수비	2위	2,268 개

라운드별 상대 전적

	SKY WALKERS	WON	VIXTORM	OK MAN	STARS		순위
1R	3:0	2:3	3:2	3:1	3:1	3:0	1
2R	3:0	3:0	3:0	2:3	3:0	3:0	1
3R	3:1	3:0	3:2	0:3	3:0	3:2	1
4R	3:2	2:3	3:2	3:0	0:3	3:1	2
5R	1:3	0:3	1:3	3:0	3:1	2:3	5
6R	3:0	3:2	3:1	3:0	3:0	0:3	1
계	5승 1패	3승 3패	5승 1패	4승 2패	5승 1패	4승 2패	1위

홈 경기장_인천계양체육관

사진 출처: 인천시설공단 홈페이지

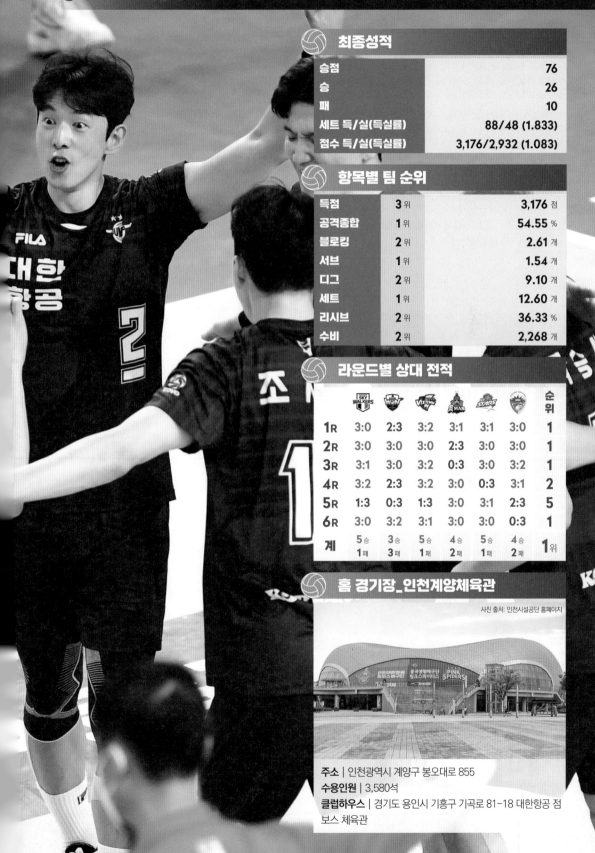

주소 | 인천광역시 계양구 봉오대로 855
수용인원 | 3,580석
클럽하우스 | 경기도 용인시 기흥구 기곡로 81-18 대한항공 점 보스 체육관

지키는게 더 어렵다고들 하지만

최근 몇 시즌 대한항공을 보면 지고 있어도 질 것 같지 않은 기세를 보여 준다. 주전 선수가 부상을 당하면 그 공백을 말끔히 지우는 선수가 나타나고 에이스가 부진하면 그 에이스를 잊게 하는 깜짝 스타가 등장한다. 그렇게 화수분 같은 배구로 대한항공은 3년 연속 정규 리그와 챔피언결정전까지 통합 우승을 거머쥐며 대한항공 왕조 시대를 열었다. 그리고 이번엔 V-리그 최초의 기록에 도전한다. V-리그 최초 4연속 통합 우승! 과거 삼성화재도 왕조 시절 달성하지 못했던 대기록에 도전하는 대한항공이다. V-리그 역사에 이름을 남길 수 있다는 사실에 대한항공 선수들의 동기부여는 이미 끝이 났다. 그리고 그 우승으로 향하는 과정 속 팀 내부에서는 선의의 경쟁을 통해 성장을 거듭하며 더 강해질 '항공 왕조'다.

좋은 선수 옆에 더 좋은 선수가

국가대표팀 선수만 여섯 명. 프리시즌 훈련이 가능할까 걱정이 될 정도로 대표팀에 합류한 선수들이 많았고 그 때문에 KOVO컵에서는 파격적인 포지션 변경과 전술로 이색적인 배구가 불가피했다. 그만큼 대한항공에는 리그를 대표하는 선수들이 많다는 이야기다. 그리고 대표팀 선수들이 자리를 비운 사이 화수분 같은 선수단에서 정한용, 이준, 아시아쿼터로 합류한 에스페호까지 잠재력을 보여주던 선수들이 빠른 성장세를 보이며 감독을 흡족하게 만드는 활약으로 눈도장을 찍었다. 지난 시즌에 이어 이번 시즌도 풍부한 좋은 선수들 속에서 토미 감독의 행복한 고민은 계속된다.

감독

토미 틸리카이넨

배구라는 미지의 세계를 탐험하는 개척자, 토미 틸리카이넨!

배구바보. 팬들이 토미 감독을 부르는 애칭이다. 항상 배구 생각밖에 하지 않는 감독. 그만큼 배구에 대한 톡톡튀는 창의적인 아이디어가 항상 넘친다. 덕분에 대한항공 배구를 보는 팬들은 행복한 비명을 지른다. 대한항공의 왕조 시대가 열렸지만 3년 연속 통합 우승이라는 결과에도 토미 감독은 만족하지 않는다. 대한항공을 국제무대에서도 경쟁력 있는 팀으로 만드는 게 토미 감독의 궁극적인 목표. 프리시즌 아시아클럽선수권 대회에 주축 선수들 없이 참가해 젊은 선수들의 성장을 확인했다. 프리시즌 해외 팀들을 한국으로 초청해 여러 차례 친선경기를 갖기도 했다. 선수들의 시야를 넓혀 좀 더 넓은 배구 세상을 이해하게 만들고 싶은 감독의 바람이다. 지난 시즌 대한항공은 시즌 초반부터 줄곧 선두 자리를 지키며 시즌 마지막까지 큰 위기 없이 우승을 차지했다. 코트 안에서 안정감을 느꼈지만 안주하지 않았다. 이제는 한 단계 더 나아가 그 안에서 각자에 맞는 성장을 자유롭게 찾아가기를 기다린다.

토미 기장의 다음 행선지는 V-리그 최초 4연속 통합 우승. 도전을 좋아하는 감독에게도 기대되는 대기록이다. V-리그에 최초의 기록을 새길 수 있다는 사실은 대한항공 팀을 더욱 하나로 뭉치게 해줬다. 4연속 통합 우승이라는 동기부여에 KOVO컵에서 보여준 대한항공의 창의적인 배구는 이미 팬들의 궁금증을 끌어올려 이목을 집중시켰다. 팬들이 멈추지 않고 대한항공의 다음 행보를 궁금하게 하는 게 토미감독이 보여주고 싶은 배구다. 2023-2024시즌 또 어떤 배구로 V-리그를 놀라게 할지 궁금해진다.

Best 7

IN

링컨 OP · 정지석 OH · 김규민 MB

김민재 MB · 곽승석 OH · 한선수 S

오은렬 L

OUT

천종범 ▶

임재영 ▶

박지훈 ▶

라인업

no.	이 름		포지션	no.	이 름	포지션	no.	이 름	포지션
1	김규민		MB	8	진지위	MB	17	임동혁	OP
2	한선수	©	S	9	곽승석	OH	18	링컨	OP
3	정진혁		S	10	정지석	OH	20	정성민	L
4	송민근		L	12	조재영	MB	21	강승일	L
5	유광우		S	14	오은렬	L	23	김민재	MB
6	이수황		MB	15	에스페호	OH			
7	이준		OH	16	정한용	OH			

아시아쿼터

에스페호 OH

NO.1
김규민

MB 미들 블로커

생년월일	1990.12.28
신장	197cm
출신교	대덕초▶벌교중▶벌교제일고▶경기대
입단	2013-2014시즌 1라운드 6순위
이적	OK저축은행▶삼성화재(2016)▶대한항공(2018)
총 보수	5억 500만 원 (연봉 3억 5,000만 원, 옵션 1억 5,500만 원)

나는 NO.1 김규민이다.

대항항공 미들 블로커 NO.1

팀 통합 우승의 중앙을 든든히 지켰다. 더불어 블로킹 3위에 오르며 전역 직후 시즌보다 만족할 만한 시즌이기도 했다. 한 가지 아쉬운 건 간발의 차로 놓친 베스트7? 입대 전 커리어하이 시즌을 만들며 많은 이들을 아쉽게 했었지만 전역 후 1년의 적응기 이후 다시 예전의 활약을 되찾으면서 자존심을 회복한 시즌을 보냈다. 몸상태도 이상 무. 이 상승세를 이어 이번엔 블로킹 1위! 베스트7에 도전해 보자!

배구는 서른넷부터

제대 후 잠시 주춤했던 그가 이제 하향곡선을 그릴 것이라 예상한 사람들도 있었겠지만 제2의 커리어하이 시즌을 향해 도전하고 있는 김규민이다. 무엇보다 지금까지 팬들에게 사랑받으며 건강하게 배구를 할 수 있음에 감사하는 마음으로 코트에 들어간다. 변함없는 토미 감독의 원픽 미들 블로커로 대한항공의 중앙을 지키며 이번 시즌 V-리그 최초 네 시즌 연속 통합 우승과 함께 베스트 7에 도전한다.

김규민의 TOP3

	베스트7	통산 최다 블로킹	한 경기 최다 블로킹
김규민	3회	537점	7개

2022-2023 V-리그 경기기록

33 경기	118 세트	201 득점	79 블로킹	5 서브
59.09 공격 성공률(%)	0.042 세트 Avg(set)	- 리시브 효율(%)		0.331 디그 Avg(set)

NO.2
한선수
S 세 터

생년월일	1985.12.16
신장	189cm
출신교	소사초▶송산중▶영생고▶한양대
입단	2007-2008시즌 2라운드 2순위
이적	–
총 보수	10억 8,000만 원 (연봉 7억 5,000만 원, 옵션 3억 3,000만 원)

모든것에 감사하며
최선을 다하자!!

대한선수

한선수가 없는 대한항공은 상상할 수 없다. 지난 시즌 한선수는 코트에 있는 시간이 편안했다. 모든 순간 우승으로 가는 길목이라는 확신이 있었고 팀에 안정감이 느껴졌다. 자신했던 팀의 3연속 통합 우승을 이끌고, 챔프전 MVP로 당당히 선정됐다. 그에겐 한계란 없다. 프리시즌 다시 한번 국가대표로 나서 한국 최고의 세터로 역할을 마치고 돌아와, 이번엔 V-리그 최초 4연속 통합 우승을 이끈 팀의 세터에 도전한다.

한열정

후배들도 반성하게 만드는 한선수의 배구 사랑은 그가 지금도 팀을 넘어 리그를 대표하는 최고의 세터의 자리에 있게 한다. 노력하는 자는 즐기는 자를 이길 수 없다고 했다. 그는 여전히 배구 이야기를 할 때 아이처럼 웃는다. 여전히 배구가 재밌다고 말하는 한선수를 보며 앞으로도 그를 코트에서 볼 날이 많으리란 생각에 감사하다. 가능한 한 한선수의 토스를 오래 보고 싶으니 무엇보다 몸만 건강하길.

한선수의 TOP3

	2022-2023 라운드MVP	통산 세트 성공	통산 서브 특점
한선수	2회	1,7551개	260점

2022-2023 V-리그 경기기록

32	119	75	30	24
경기	세트	득점	블로킹	서브

37.5	9.857	-	1.059
공격 성공률(%)	세트 Avg(set)	리시브 효율(%)	디그 Avg(set)

NO.3
정진혁

S 세 터

생년월일	2000.07.21
신장	185cm
출신교	소사초▶소사중▶영생고▶홍익대
입단	2021-2022시즌 3라운드 3순위
이적	–
총 보수	6,600만 원 (연봉 5,000만 원, 옵션 1,600만 원)

올해도 통합우승!

일등 강사들과 함께하는 프로 생활

한선수, 유광우와 함께하는 프로 생활은 정진혁에게 배구에 대한 기술 이외에도 많은 것을 배울 수 있는 시간이었다. 한때 정진혁에게 배구의 꿈을 갖게 한 레전드 고참들이지만 아무리 긴 시간이 지났어도 연습 경기 하나, 이미 승패가 기울어진 경기 하나 허투루 대하지 않고 최선을 다하는 모습을 보며 배구를 대하는 자세에 대해서도 성숙할 수 있던 시간이었다. 지난 시즌 한 경기밖에 소화하지 못했지만 실망하지 않고 그렇기에 더 열심히 해야 한다고 생각했다.

꿈꾸는 자는 아름답다

정진혁의 이번 시즌 목표는 코트에서 리더쉽과 여유로워 보이기다. 한 선수와 유광우가 코트에서 팀을 정리하고 지휘하는 모습을 보며 지난 시즌을 보냈고 준비했다. 그리고 본인 역시 언젠가는 그 자리에 서 있기를 꿈꾼다. 한 경기를 뛰더라도 후회 없는 경기를 위해 오늘의 훈련이 고되지 않다.

🏐 정진혁의 TOP3

	누적 세트 Avg(set)	누적 디그 Avg(set)	-
정진혁	2.667 개	0.167 개	-

🏐 2022-2023 V-리그 경기기록

1 경기	2 세트	- 득점	- 블로킹	- 서브
- 공격 성공률(%)	5.000 세트 Avg(set)	- 리시브 효율(%)		0.500 디그 Avg(set)

NO.4
송민근

L 리 베 로

생년월일	2000.01.06
신장	170cm
출신교	교동초▶설악중▶속초고▶중부대
입단	2022-2023시즌 1라운드 7순위
이적	-
총 보수	5,500만 원 (연봉 4,300만 원, 옵션 1,200만 원)

올해도 통합우승!!!

시작이 반

지난 시즌 마지막 한 경기 코트를 밟아 봤다. 그 기분을 잊을 수 없다. 가슴이 터질 것 같은 긴장감. 어떻게 경기를 했는지 기억이 나지 않는다. 지나고 나니 후회뿐이었다. 아직은 뽀시래기 같은 신인급 선수지만 이번 시즌엔 당당한 모습으로 코트에 들어가 한 명의 몫은 톡톡히 하는 선수가 되고 싶다.

미래가치 투자

대한항공과 잘 어울리는 선수. 운동신경이 좋아 발이 빠르고 순발력이 좋다. 팀에 리베로 자원이 많지만 상대적으로 나이가 있는 편이기에 지금부터 육성해 장차 대한항공의 미래를 맡기기에 딱인 미래 자원이다. 아직 경험이 적기 때문에 시간이 필요하지만 당찬 성격과 코트에서 분위기를 끌어올릴 수 있는 활발함도 갖춰 좋은 리베로로 성장할 덕목(?)을 고루 갖춘 재목이다. 앞으로 대한항공에서 어떻게 성장할지 흐뭇한 마음으로 지켜보시길.

송민근의 TOP3

송민근	-	-	-
	-	-	-

2022-2023 V-리그 경기기록

1 경기	3 세트	- 득점	- 블로킹	- 서브
- 공격 성공률(%)	0.333 세트 Avg(set)	- 리시브 효율(%)	0.667 디그 Avg(set)	

NO.5
유광우

S 세 터

생년월일	1985.04.22
신장	184cm
출신교	송전초▶인창중▶인창고▶인하대
입단	2007-2008시즌 1라운드 2순위
이적	삼성화재▶우리카드(2017)▶대한항공(2019)
총 보수	2억 5,200만 원 (연봉 1억 7,000만 원, 옵션 8,200만 원)

다시 대한항공

FA, 다시 한번 대한항공을 선택했다. 무엇보다 팀에 대한 고마움이 가장 컸다. 가장 힘들 때 손을 잡아 준 팀. 그만큼 나의 가치를 인정해 주고 우승에 가장 가까이 있는 팀. 유광우에게 대한항공은 특별한 팀이다. 눈 감고도 토스하는 베테랑 세터에게 끊임없는 숙제를 던져 주는 토미 감독과의 호흡은 말할 것도 없다. 코보컵에선 새로운 배구를 해 봤다. 더 넓어질까 싶었던 배구에 대한 생각의 폭이 더 넓어진다. 그렇게 16년 차 세터도 끊임없이 성장을 거듭한다.

V10

V-리그 최초 10회 우승 달성. 프로에서 우승이라는 꿈을 한 번도 이루지 못하고 은퇴하는 선수도 많은데 유광우는 열 번의 우승을 경험했다. 하지만 그럼에도 여전히 우승은 간절한 목표다. 우승의 과정에 가치 있는 선수가 되는 것, 꾸준하게 결과물을 내는 것, 한 세트 한 경기 차곡차곡 늘려 나가며 꾸준히 우승으로 향하는 게 우승 10회 세터의 목표다.

🏐 유광우의 TOP3

	통산 세트 성공	한 경기 최다 서브	통산 디그 성공
유광우	**13,795**개	**71**개	**1,974**개

🏐 2022-2023 V-리그 경기기록

29 경기	85 세트	1 득점	- 블로킹	1 서브
- 공격 성공률(%)	4.259 세트 Avg(set)	- 리시브 효율(%)		0.553 디그 Avg(set)

NO.6
이수황

MB 미들 블로커

생년월일	1990.08.13
신장	196cm
출신교	성저초▶장성중▶속초고▶인하대
입단	2012-2013시즌 수련선수
이적	LIG손해보험▶우리카드(2019)▶대한항공(2020)
총 보수	1억 3,100만 원 (연봉 1억 원, 옵션 3,100만 원)

나는 할 수 있다!

오뚜기

미들 블로커가 많은 팀에서 자리를 찾는 여정이 쉽지만은 않았다. 15경기밖에 소화하지 못하며 절치부심한 모습을 보여 주지 못한 게 가장 아쉽다. 하지만 주저앉기보다 특유의 너털웃음으로 이겨내는 이수황이다. 미들 블로커 자원이 많은 팀 상황을 서로 배우고 함께 성장하는 즐거움으로 이겨내고 내가 할 수 있는 것에 집중하며 다시 시즌을 준비한다!

꼭 필요한!

기회를 늘리기 위해 많은 고민을 했다. 섬세함과 안정감으로 팀이 필요로 할 때 찾는 선수가 되어야겠다고 생각했다. 분위기를 확 바꿔 줄 수 있는 선수, 팀이 필요한 플레이를 완벽하게 수행해 줄 수 있는 선수, 풍부한 경험이 코트에서 자연스럽게 묻어나 팀이 위기를 벗어나는 데 도움이 되는 선수가 되고 싶다. 팬들의 기억 속에 '참 괜찮았던 선수'로 남고 싶은 이수황의 바람이다.

이수황의 TOP3

	한 경기 최다 득점	한 경기 최다 블로킹	-
이수황	12점	5개	-

2022-2023 V-리그 경기기록

15 경기	34 세트	4 득점	- 블로킹	- 서브
100 공격 성공률(%)	- 세트 Avg(set)	- 리시브 효율(%)		0.088 디그 Avg(set)

NO.**7**
이준

OH 아웃사이드 히터

생년월일	1997.07.30
신장	187cm
출신교	율곡초▶동해광희중▶동해광희고▶홍익대
입단	2021-2022시즌 1라운드 7순위
이적	–
총 보수	7,500만 원 (연봉 5,500만 원, 옵션 2,000만 원)

팀에 도움이 되는 선수가 되겠습니다!!

프리시즌 MIP

프리시즌 토미감독의 기대를 한껏 받으며 국제무대를 경험했고 말 그대로 폭풍성장 했다. 지난 시즌 스스로 생각했던 것만큼 코트에서 보여주지 못한 아쉬움을 프리시즌 아시아클럽선수권과 VNL에 쏟아부었다. 그리고 KOVO컵에서 팬들의 함성과 호흡하며 점검했다. 코트에서 경험할 수 있는 즐거움을 느꼈다. 더 많이 코트에서 그 열기를 느끼고 싶다는 생각이 들었다.

본격 이준타임

이번 시즌엔 팬들의 기억 속에 남을 확실한 임팩트를 심어 주고 싶은 이준. 기존에 장점이었던 안정적인 수비와 함께 공격 처리 능력을 보완하는 게 관건. 프리시즌 아시아클럽선수권에서 정한용과 함께 날개공격수로 호흡을 맞추며 공격처리능력이 향상되었다는 평가를 받았다. KOVO컵에서 일정부분 가능성을 보여 준 만큼 다시 한번 정규 리그를 이준의 무대로 만들어 보려고 한다.

이준의 TOP3

이준	한 경기 최다 득점	한 경기 최고 공격 성공률	한 경기 최다 블로킹
	15점	**50**%	**3**개

2022-2023 V-리그 경기기록

8 경기	14 세트	23 득점	3 블로킹	– 서브
46.51 공격 성공률(%)	**0.143** 세트 Avg(set)	**21.15** 리시브 효율(%)	**1.000** 디그 Avg(set)	

NO.8
진지위

MB 미들 블로커

생년월일	1993.04.18
신장	195cm
출신교	La Salle College ▶ 경희대
입단	2019-2020시즌 1라운드 6순위
이적	-
총 보수	1억 200만 원 (연봉 9,000만 원, 옵션 1,200만 원)

우승 가자
SISU!! 지위

30

30이라는 숫자가 유독 무겁게 다가왔다. 뭔가를 보여 주려고 할 때마다 부상이 발목을 잡았다. 주춤한 사이 팀에 미들 블로커 자원은 많아졌고 그 사이에서 자신의 자리를 찾지 못했다. 하지만 프리 시즌 아시아클럽 선수권대회에서 풀타임 경기를 소화하며 다시 의지를 다졌다. 선수로서 코트에서 경기를 뛰는 것이 얼마나 소중한 것인지 다시 한번 느꼈다. 이제 V-리그에서 진짜 내 가치를 입증해 코트에 들어서겠다고 다짐했다.

진지위는 통역도 되나요?

가장 자신 있는 플레이 블로킹과 함께 자신만의 강점으로 통역까지 할 수 있는 일석이조 미들 블로커라고 자신있게 말하는 유쾌함. 팀 스포츠 배구는 소통이 무엇보다 중요하고 아시아쿼터로 코트에 더 많은 외국인 선수가 함께하게 된 시즌에 더 많은 기회를 위한 간절함을 귀엽게(?) 어필한 진지위. 후에 찾아올 기회를 믿으며 힘든 시간을 버텼다. 이제 그 기회가 다가왔음을 느낀다.

진지위의 TOP3

	한 경기 최다 득점	한 경기 최다 블로킹	-
진지위	**11**점	**6**개	-

2022-2023 V-리그 경기기록

2	**8**	**7**	**-**	**-**
경기	세트	득점	블로킹	서브
70	**-**	**-**	**0.125**	
공격 성공률(%)	세트 Avg(set)	리시브 효율(%)	디그 Avg(set)	

NO.9
곽승석

OH 아웃사이드 히터

생년월일	1988.03.23
신장	190cm
출신교	가야초▶동래중▶동성고▶경기대
입단	2010-2011시즌 1라운드 4순위
이적	–
총 보수	7억 1,000만 원 (연봉 5억 원, 옵션 2억 1,000만 원)

Just do it!

곽승석 중독

수비의 핵심이지만 공격에서도 간과할 수 없는. 정말 끊으려야 끊을 수 없는 마라탕 같은 중독성을 가지고 있는 곽승석이다. 코트 끝에서 끝까지 그의 발길이 안 닿는 곳은 어디일까. 공이 코트를 넘어오는 순간 빠른 판단으로 가장 빠르게 첫발을 떼는 선수. 경기의 흐름을 가장 먼저 읽고 빠른 발로 공이 떨어질 위치에 도착해 있는 선수. 많은 신인 선수들이 곽승석을 보며 꿈을 키운다. 그리고 곽승석 또한 그 사실을 잘 알고 있기에 지금의 노력을 멈출 수 없다.

노력형 천재

타고난 순발력이 있는 것도 사실이다. 하지만 신체 조건을 뛰어넘는 노력이 필요하다. 지금의 곽승석이 있기까지 가장 중요한 요소를 독기, 지구력이라고 했다. 공 하나를, 1점을 위해 코트 밖까지 공을 쫓아가는 그를 봐도 이미 그 끈기가 느껴진다. 이번 시즌도 그 끈질긴 집중력으로 팀을 4연속 통합 우승까지 이끌겠지?

곽승석의 TOP3

	트리플 크라운 달성	통산 디그 성공	통산 수비 성공
곽승석	2회	2,566개	8,174개

2022-2023 V-리그 경기기록

31 경기	108 세트	191 득점	19 블로킹	16 서브
47.71 공격 성공률(%)	0.444 세트 Avg(set)	33.33 리시브 효율(%)	1.796 디그 Avg(set)	

NO.10 정지석

OH 아웃사이드 히터

생년월일	1995.03.10
신장	195cm
출신교	소사초▶소사중▶송림고
입단	2013-2014시즌 2라운드 6순위
이적	–
총 보수	9억 2,000만 원 (연봉 7억 원, 옵션 2억 2,000만 원)

너만 잘하면 된다.
그래야 팀이 이긴다

2030

다사다난했던 20대. 고졸 선수로 프로에 데뷔해 열 번째 시즌을 앞두고 있다. 생각이 많아지는 시기. 무엇보다 현재에 정지석이 있을 수 있음에 감사하게 됐다. 할 수 있는 건 더 좋은 배구로 보답하는 것뿐. 지난 시즌은 결정적인 상황에서 자신의 역할을 다하지 못했다는 아쉬움이 컸다. 이번 시즌 팀의 V-리그 최초 4연속 우승에서 다시 한번 자신의 역할을 다하고 싶다는 마음이다.

배구가 재밌어요

프리시즌 대표팀에 합류했다. 배구가 재밌다는 감정을 오랜만에 느꼈다. 배구를 하며 배우기도 하고 코트에 들어서며 설렘도 느꼈다. 그리고 생각했다. 얼마가 걸릴지 몰라도 이 순간을 깨고 나면 한 단계 더 성장할 수 있을 것 같다고. 배구의 소중함을 깨달은 정지석은 배구에 대한 간절함으로, 고마움으로, 책임감으로 한 단계 성장한 배구를 보여줄 것이다.

정지석의 TOP3

	트리플 크라운 달성	통산 서브 득점	통산 득점
정지석	10회	362점	3,653점

2022-2023 V-리그 경기기록

35 경기	131 세트	507 득점	83 블로킹	55 서브
53.79 공격 성공률(%)	0.282 세트 Avg(set)	40.53 리시브 효율(%)	1.740 디그 Avg(set)

NO.**12**
조재영

MB 미들 블로커

생년월일	1991.08.21
신장	195cm
출신교	낙동초▶대대중▶성지고▶홍익대
입단	2013-2014시즌 3라운드 2순위
이적	–
총 보수	4억 600만 원 (연봉 3억 원, 옵션 1억 600만 원)

챔프전 MB

치열한 미들 블로커 경쟁 속 김민재와 주전 경쟁을 했지만 포스트시즌 토미 감독이 찾은 건 조재영이었다. 그의 안정감이 감독에게도 신뢰를 줬다. 조재영이 출전한 5라운드부터 6라운드까지 모든 경기에서 승리한 대한항공이다. 시즌 초반 기회가 적었던 만큼 단 한 경기도 지고 싶지 않았다. 이러한 그의 간절함이 챔피언 결정전 그 진가를 발휘했다. 미들 블로커의 역할 외에도 토스, 커버, 쉴 새 없이 바쁜 미들 블로커로 중앙에서 톡톡한 활약을 보여준 조재영이다.

나를 믿자

프리시즌 첫 대표팀에도 다녀왔다. 책임감도 달라지고 배구를 보는 시선도 달라졌다. 지금 자리에 있기까지 오랜 시간이 걸렸기에 이번 시즌은 더욱 특별하다. 여전히 치열한 미들 블로커 경쟁 속에서 스스로 입증해 낸 자신만의 색깔로 자신의 자리를 잘 지키는 게 관건. 이번 시즌 마지막 순간 조재영이 어디에 서 있을지 다 함께 기대하며 지켜보자.

조재영의 TOP3

조재영	한 경기 최다 득점	한 경기 최다 블로킹	한 경기 최다 서브
	13점	**8**개	**3**개

2022-2023 V-리그 경기기록

18	42	53	18	2
경기	세트	득점	블로킹	서브

49.15	0.044	33.33	0.378
공격 성공률(%)	세트 Avg(set)	리브 효율(%)	디그 Avg(set)

NO.14
오은렬

L 리 베 로

생년월일	1997.08.20
신장	178cm
출신교	하동초▶진주동명중▶동명고▶경기대
입단	2019-2020시즌 2라운드 2순위
이적	–
총 보수	2억 6,800만 원 (연봉 1억 8,000만 원, 옵션 8,800만 원)

최선을 다하자~!!!

끝=시작

통합 우승 3연패. 환희의 순간 이후에 허전함이 찾아왔다. 시즌 내내 배구에 몰입되어 있다 보니 시즌이 끝나고 나니 우승을 하고 나서도 아쉬움이 찾아왔다. 더 잘할 수 있었을 것 같은데. 더 섬세한 리시브, 더 정확한 수비를 할 수 있었을 것 같은 순간이 스쳐 지나갔다. 그래서 시즌이 끝난 그 순간부터 오은렬의 다음 시즌은 시작됐다.

세 번밖에

개막 두 달 전 만난 오은렬의 목소리는 쉬어 있었다. 훈련을 하다가 또 목이 쉬어 버렸다. 코트의 리더가 되라는 감독의 주문에 찾은 오은렬의 방법. 프리시즌에도 항상 목이 쉬어 있을 정도로 소리치며 배구를 하는 선수. 배구를 했기 때문에 즐겁게 살았다고 생각한다. 아직 세 번밖에 못 한 우승이 아쉽기만 하기에 대한항공 코트에는 이번 시즌도 틈이 없다.

🏐 오은렬의 TOP3

오은렬	한 경기 최다 리시브	2022-2023 시즌 리시브 부문	통산 리시브 정확
	28개	1위	1,066개

🏐 2022-2023 V-리그 경기기록

35 경기	129 세트	- 득점	- 블로킹	- 서브

- 공격 성공률(%)	0.124 세트 Avg(set)	43.20 리시브 효율(%)	0.853 디그 Avg(set)

NO.**15**
마크
에스페호

OH 아웃사이드 히터

생년월일	1997.03.31
신장	191cm
국적	필리핀
입단	2023 아시아쿼터 드래프트 3순위
이적	–
총 보수	10만 달러

I will do my best for this season. I'm going to give every thing for my team jumbos to get more wins and also for the 5th ★.

자부심

V-리그에 발을 내디딘 첫 필리핀 선수로 설레는 마음으로 시즌을 기다리고 있다. 대한항공은 리그에서도 손에꼽는 아웃사이드 히터 자원이 풍부한 팀이다. 그 가운데 무한 경쟁으로 기회를 잡아야하는 마크 에스페호지만 그에게 경쟁 시스템은 더 성장할 수 있는 더 좋은 원동력이 되어준다.

대한항공에 새로운 복덩이?!

필리핀 국가대표로 일본과 태국 등 다양한 리그를 경험하며 해외 리그에 대한 적응력도 좋은 편이다. 토미 감독의 예상대로 팀에 적응도 순조롭게 잘하며 팀에 긍정적인 에너지를 불어넣어 주는 마크다. 다양한 아웃사이드 히터 자원 속 장점인 안정적인 리시브와 강서브로 자신의 색깔을 펼쳐 나가는 첫 시즌을 응원한다.

에스페호의 TOP3

에스페호	-	-	-
	-	-	-

2022-2023 V-리그 경기기록

경기	세트	득점	블로킹	서브
-	-	-	-	-

공격 성공률(%)	세트 Avg(set)	리시브 효율(%)	디그 Avg(set)
-	-	-	-

NO.16
정한용

OH 아웃사이드 히터

생년월일	2001.07.31
신장	194cm
출신교	의림초▶제천중▶제천산업고▶홍익대
입단	2021-2022시즌 1라운드 3순위
이적	–
총 보수	1억 원 (연봉 6,500만 원, 옵션 3,500만 원)

V5 Let's 10 !!

BETTER THAN

지난 시즌 마지막 라운드에 주어진 기회로 자신의 가치를 입증했다. 준비한 자에게 기회가 왔고 그 기회를 잡은 정한용이다. 물론 팀에 워낙 좋은 아웃사이드 히터 자원이 많기에 다가오는 시즌 역시 붙박이 한 자리를 기대하기는 어렵겠지만 그럼에도 불구하고 프리시즌 정한용의 성장은 토미 감독을 흡족하게 만들었다. 첫 번째 시즌보다 두 번째 시즌이, 두 번째 시즌보다 나은 세 번째 시즌을 기대한다.

나 정한용이야

프리시즌 아시아클럽선수권과 대표팀 경험은 코트에서의 긴장감을 해소시키는 데 큰 도움이 됐다. 리시브에 대한 불안감을 지우고 안정적으로 잘 받고 때리는 '포스트 곽승석'으로 인정받는 게 이번 시즌 목표. 연령별 대표팀을 단계별로 다 거친 정한용이지만 성인 대표팀은 또 다른 책임감으로 다가왔다. 한층 무거워진 태극기의 무게감만큼 팀에서도 무게감 있는 선수로 도약하는 시즌을 기대하자.

정한용의 TOP3

정한용	한 경기 최다 득점	한 경기 최고 공격 성공률	한 경기 최다 서브
	18점	83.33%	3개

2022-2023 V-리그 경기기록

34 경기	122 세트	135 득점	9 블로킹	16 서브
46 공격 성공률(%)	0.107 세트 Avg(set)	38.85 리시브 효율(%)	0.566 디그 Avg(set)	

NO.17
임동혁

OP 아포짓 스파이커

생년월일	1999.03.09
신장	201cm
출신교	의림초▶제천중▶제천산업고
입단	2017-2018시즌 1라운드 6순위
이적	–
총 보수	5억 원 (연봉 3억 5,000만 원, 옵션 1억 5,000만 원)

꼭 우승하겠습니다.!

국대OP

팀은 정상에 올랐지만 정상에 오른 팀의 튼튼한 아포짓 스파이커가 되기엔 아직 부족하다고 느꼈다. 시즌 후반 컨디션 저하로 우승을 결정짓는 라운드에 역할을 못 한 게 가장 아쉬웠다. 팀의 에이스로 페넌트 레이스를 나려면 갖춰야 하는 것들에 대해 깨달았던 값진 시즌이었다. 7년 차지만 이제 스물다섯. 무한한 성장을 보여줄 수 있다. 이번 시즌엔 더 보여줄 자신이 있다.

대한항공이 낳았다

첫 FA. 고민하지 않고 대한항공을 선택했다. 외국인 선수와 경쟁 속에 진가를 발휘해 자신의 자리를 찾아가고 있는 임동혁에겐 이번 시즌이 중요한 이유가 하나 더 있다. 이번 시즌을 끝으로 상무입대를 앞두고 있기 때문. 팀과 V-리그 최초 4연속 통합 우승이라는 역사를 함께하며 보여줄 수 있는 모든 것을 보여주고 상무에 입대하는 것이 임동혁의 이번 시즌 목표다. 잊히지 않겠다는 임동혁의 강스파이크를 기대해 보자.

🏐 임동혁의 TOP3

임동혁	한 경기 최다 득점	한 경기 최고 공격 성공률	트리플 크라운
	38점	73.68%	1회

🏐 2022-2023 V-리그 경기기록

34 경기	116 세트	278 득점	18 블로킹	11 서브
56.59 공격 성공률(%)	8 세트 Avg(set)	– 리시브 효율(%)		0.371 디그 Avg(set)

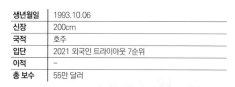

NO.**18**
링컨
윌리엄스

OP 아포짓 스파이커

생년월일	1993.10.06
신장	200cm
국적	호주
입단	2021 외국인 트라이아웃 7순위
이적	–
총 보수	55만 달러

Let's go 5 A!

링컨이 링컨했다

어느덧 세 번째 시즌이다. 지난 시즌 공격 성공률 1위, 득점 6위. 포스트 시즌이면 빛나는 존재감까지! 여전한 저력을 보여줬다. 어쩌면 재계약은 당연했다. 토미 감독과 함께하며 한 단계 더 성장했음을 느끼면서 링컨 스스로도 안주하지 않고 더 나아가려고 노력한다.

대한항공 직원 김링컨 씨

대한항공의 스피드 배구에 없어서는 안 되는 중심. 지난 시즌 임동혁과 선의의 경쟁을 펼치며 링컨 또한 더 성장하고 있음을 코트에서 직접 보여줬다. 토미 감독과의 신뢰는 링컨이 코트에서 120%를 발산하게 만드는 힘이 되어준다.

링컨의 TOP3

링컨	트리플 크라운	한 경기 최다 득점	한 경기 최다 서브
	3회	44점	9개

2022-2023 V-리그 경기기록

31 경기	113 세트	599 득점	35 블로킹	66 서브
55.09 공격 성공률(%)	0.097 세트 Avg(set)	– 리시브 효율(%)		0.788 디그 Avg(set)

NO.20
정성민

L 리 베 로

생년월일	1988.04.29
신장	176cm
출신교	삼양초▶옥천중▶옥천고▶경기대
입단	2010-2011시즌 1라운드 3순위
이적	LIG손해보험▶현대캐피탈(2012)▶대한항공(2017)
총 보수	1억 8,300만 원 (연봉 1억 1,000만 원, 옵션 7,300만 원)

몸도 튼튼 마음도 튼튼

고질적인 허리 부상으로 또다시 힘든 시간을 보냈다. 하지만 베테랑이기에 힘든 내색은 하지 않았다. 다만 무거운 책임감이 그를 힘겹게 했다. 팀에 피해가 될까 늘 걱정이었다. 허리가 괜찮아지자 이번엔 발목이 말썽이었다. 4월에 발목 수술을 하고 은퇴를 생각했다. 예상보다 회복이 빨랐다. 재활도 잘되어서 최근 3년 중 몸 상태가 가장 좋다. 정성민의 실력은 말해 뭐 하나. 몸만 건강하다면 걱정 없다.

14년째 신인

그동안 몸이 아파 웜업존에서 보낸 시간들. 몸만 아프지 않다면 당장이라도 뛰어들어 가고 싶던 순간들. 모처럼 컨디션이 좋은 시즌의 출발점. 가능한 한 많은 경기를 소화하는 게 목표. 항상 신인 같은 마음으로 코트에 들어선다. 오늘이 마지막 기회일 수도 있다고 생각하고 뛰다 보니 늘 신인 때와 같은 마음으로 코트에 들어선다. 그래서 지금의 정성민이 있을 수 있었다.

🏐 정성민의 TOP3

	한 경기 최다 리시브	통산 디그(Avg)	-
정성민	26개	1.386개	-

🏐 2022-2023 V-리그 경기기록

8 경기	28 세트	- 득점	- 블로킹	- 서브
- 공격 성공률(%)	0.036 세트 Avg(set)	8.70 리시브 효율(%)	1.821 디그 Avg(set)	

NO.21
강승일

L 리 베 로

생년월일	2005.03.31
신장	172cm
출신교	주안초▶율곡중▶속초고
입단	2022-2023시즌 2라운드 1순위
이적	–
총 보수	5,400만 원 (연봉 4,300만 원, 옵션 1,100만 원)

항상 최선을 다하자!

나의 영웅들과 함께

2022-2023 신인 드래프트 2라운드 1순위로 팀에 합류해 꿈 같은 시간들을 보냈다. 어렸을 때 팬으로 함께 사진을 찍었던 최부식 코치에게 배움을 받고 배구 선수의 꿈을 키우게 해 준 선수들과 함께 생활하며 프로 생활을 하고 있다는 사실에 하루하루 벅찬 나날들을 보냈다. 리베로가 많은 팀 상황 때문에 기회가 많지는 않겠지만 언젠가 찾아올 기회를 위해 긴장을 놓지 않고 노력하고 있다.

최고가 되기 위해

무엇보다 2년 차다운 패기를 보여주고 싶은 시즌. 리베로도 많고 선수는 더 많은 팀에서 자신의 강점은 젊음과 패기라는 걸 잘 알고 있다. 아직은 경험이 부족해 코트에서 감정이 그대로 드러났다는 단점이 있었는데 프리시즌 포커페이스를 하기 위해 부단히 노력했다. 네 명의 리베로. 그중에서도 눈에 띄는 활약을 위해 무엇보다 찾아온 기회를 놓치지 말자.

강승일의 TOP3

강승일	-	-	-
	-	-	-

2022-2023 V-리그 경기기록

경기	세트	득점	블로킹	서브
-	-	-	-	-

공격 성공률(%)	세트 Avg(set)	리시브 효율(%)	디그 Avg(set)
-	-	-	-

NO.23
김민재

MB 미들 블로커

생년월일	2003.04.04
신장	195cm
출신교	부평동중▶인하사대부고
입단	2021-2022시즌 2라운드 1순위
이적	–
총 보수	9,500만 원 (연봉 6,500만 원, 옵션 3,000만 원)

4연속 통합우승 꼭 하겠습니다!!

이름부터 예사롭지 않았어

시즌 전 주변의 기대대로 시즌을 치르며 경쟁을 이겨내고 주전 미들 블로커로 성장했다. 쟁쟁한 선배들을 이겨내고 한 자리를 차지하며 시즌을 치렀다. 경기를 치를 때마다 성장하는 모습으로 팀뿐만 아니라 우리나라 배구의 미래까지 기대하게 했다. 시즌 막바지엔 안정감에서 밀려 코트에 많이 나서지 못했지만 이제 4년 차, 벌써 대표팀까지 다녀온 김민재는 빠른 속도로 경험까지 쌓고 있다.

36경기+α

배구를 늦게 시작했기에 항상 기본기에 대한 경각심을 잊지 않는다. 눈에 보이지 않는 범실을 줄여 나가는 것이 이번 시즌 과제다. 시즌을 거듭할수록 성장하는 자신을 스스로도 느끼기에 자심감은 더욱 커진다. 이제는 빠른 성장세와 함께 흔들리지 않는 안정감으로 다가오는 시즌엔 리그의 시작부터 끝까지, 챔피언 결정전 마지막 순간까지 코트를 지키고 싶은 김민재다.

🏐 김민재의 TOP3

	한 경기 최다 득점	한 경기 최다 블로킹	한 경기 최다 서브에이스
김민재	**18**점	**5**개	**4**개

🏐 2022-2023 V-리그 경기기록

31 경기	117 세트	234 득점	61 블로킹	9 서브
60.74 공격 성공률(%)	**0.085** 세트 Avg(set)	**36.84** 리시브 효율(%)	**0.368** 디그 Avg(set)	

05-06 06-07 16-17 18-19

결실 맺은 리빌딩
우승으로
화룡점정 찍나

Hyundai Capital
SKY
WALKERS

천안
현대캐피탈
스카이워커스

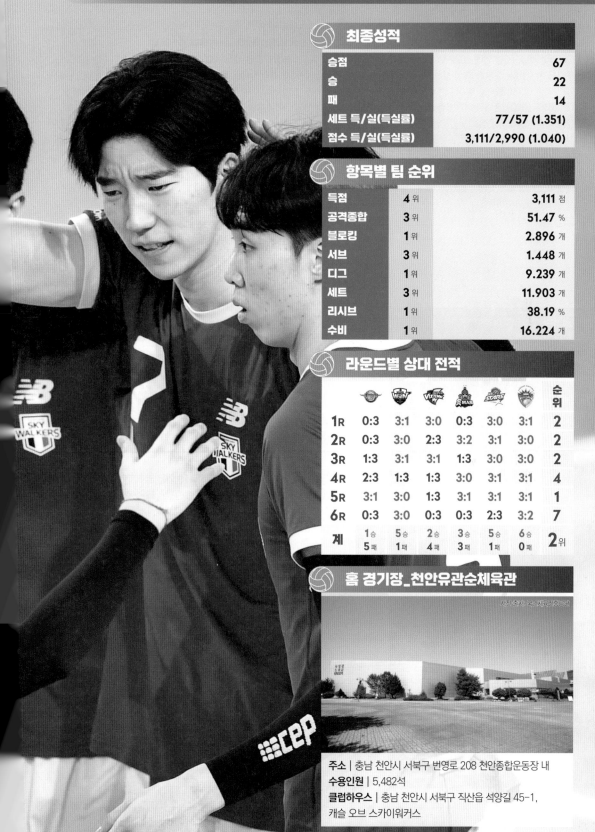

최종성적

승점	67
승	22
패	14
세트 득/실(득실률)	77/57 (1.351)
점수 득/실(득실률)	3,111/2,990 (1.040)

항목별 팀 순위

득점	4위	3,111 점
공격종합	3위	51.47 %
블로킹	1위	2.896 개
서브	3위	1.448 개
디그	1위	9.239 개
세트	3위	11.903 개
리시브	1위	38.19 %
수비	1위	16.224 개

라운드별 상대 전적

							순위
1R	0:3	3:1	3:0	0:3	3:0	3:1	2
2R	0:3	3:0	2:3	3:2	3:1	3:0	2
3R	1:3	3:1	3:1	1:3	3:0	3:0	2
4R	2:3	1:3	1:3	3:0	3:1	3:1	4
5R	3:1	3:0	1:3	3:1	3:1	3:1	1
6R	0:3	3:0	0:3	0:3	2:3	3:2	7
계	1승 5패	5승 1패	2승 4패	3승 3패	5승 1패	6승 0패	2위

홈 경기장_천안유관순체육관

사진 출처 | 국민체육진흥공단

주소 | 충남 천안시 서북구 번영로 208 천안종합운동장 내
수용인원 | 5,482석
클럽하우스 | 충남 천안시 서북구 직산읍 석양길 45-1,
캐슬 오브 스카이워커스

결실 확인한 리빌딩, 더 밝아진 미래

마침내 리빌딩 3년 만에 2022-2023시즌 챔피언결정전 준우승을 차지했다. 준우승 그 이상의 의미가 담겼다. 2018-2019시즌 챔피언 등극 이후 4년 만에 오른 챔피언결정전이었다. 2019-2020시즌 3위 이후 6위-7위로 시즌을 마치며 전통의 배구 명문의 자존심을 구겼지만, 지난 시즌 달라진 현대캐피탈을 보여줬다. 항목별 팀 순위를 살펴봐도 공격 종합, 블로킹, 서브, 디그, 세트, 리시브, 수비 순위 모두 대폭 상향됐다. 결실을 확인한 시즌이었다. 덕분에 현대캐피탈의 미래는 더 밝아졌다. 선수들도 자신감이 올랐다. 동기부여도 확실하다. 이제 더 높은 곳까지 바라본다.

 세터들의 동반 성장, 페이창을 더하다

기존의 장신 세터 김명관과 2022년 신인 세터 이현승이 시너지 효과를 내고 있다. 워낙 배짱이 두둑한 세터인 이현승은 신인 세터였지만, 봄배구 무대까지 오르는 귀중한 경험을 했다. 보다 여유가 생겼다. 김명관도 높이를 극대화할 수 있는 토스 이해도가 높아졌다. 다가오는 시즌에는 세터의 안정적인 경기 운영이 기대된다. 여기에 203cm 미들 블로커 차이 페이창이 아시아쿼터 선수로 현대캐피탈 유니폼을 입었다. 중앙에서도 '젊은 피'의 활약에 관심이 모아진다. 블로킹 1위 현대캐피탈의 벽을 두껍게 만들 것으로 보인다. 2022-2023시즌 준우승 멤버에 외국인 선수 페이창과 아흐메드 이크바이리가 더해졌다. 전력 누수가 없다.

감독

최태웅

국가대표 대거 발탁,
최태웅 감독의 고민은 깊다

현대캐피탈에는 국가대표 자원들이 즐비하다. 반가운 일이지만 최태웅 감독의 고민은 더 깊어졌다. 팀의 주축인 허수봉, 박경민, 전광인 등은 올해 꾸준히 태극마크를 달고 국제대회를 소화했다. 김명관도 대표팀 명단에 이름을 올렸다가 복귀를 했다. 이 가운데 유니버시아드 대표팀에도 이현승, 김선호, 홍동선, 정태준 네 명이 포함된 바 있다. 현대캐피탈은 2023년 컵대회에서도 최민호까지 부상으로 빠지면서 아홉 명으로 팀을 꾸려야만 했다. 그만큼 비시즌 팀 훈련이 녹록지 않았다.

설상가상으로 외국인 선수 두 명도 모두 국가대표팀에 발탁돼 자리를 비웠다. 페이창은 대만 대표팀에 선발되면서 아시아 대회를 소화했고, 아흐메드 역시 리비아 대표팀에 차출되면서 시즌 직전에야 한국 땅을 밟을 수 있었다. 현대캐피탈이 '완전체'로 훈련한 시간이 상당히 부족했다는 것이다. 특히 기존 선수들과는 달리 외국인 선수와 세터의 호흡은 무엇보다 중요하다. 다행히 아흐메드가 직전 시즌 삼성화재 소속으로 V-리그를 경험한 것은 위안이다.

올해 아시아쿼터 선수들은 7월부터, 외국인 선수들은 8월부터 팀 합류가 가능했다. 이미 타 팀들은 외국인 선수들이 일찌감치 팀에 합류하면서 충분히 손발을 맞춰 봤다. 현대캐피탈은 10월이 돼서야 본격적으로 팀 훈련에 돌입할 수 있었다. 대표팀에서 복귀한 선수들은 시즌을 앞두고 컨디션, 체력 관리도 필요하다. 사실상 정규 리그를 치르면서 팀플레이를 만들어 가야 하는 상황이다. 이럴 때일수록 비시즌 구슬땀을 흘린 선수들의 역할이 중요하다. 시즌 초반까지 버텨야 한다. 챔피언결정전 준우승을 차지한 현대캐피탈 최태웅 감독이 어떻게 위기를 극복할지 지켜보는 것도 흥미진진하다.

Best 7

IN

아흐메드 OP	페이창 MB	전광인 OH
허수봉 OH	최민호 MB	이현승 S
	박경민 L	

OUT

이원중 ▶
김민 ▶
고우진 ▶
송준호 ▶
박주형 ▶

라인업

no.	이 름	포지션	no.	이 름	포지션	no.	이 름	포지션
2	이현승	S	12	전광인 ©	OH	20	이준협	S
3	김명관	S	13	박경민	L	22	페이창	MB
4	함형진	OH	14	이승준	OH	24	아흐메드	OP
5	여오현	L	15	문성민	OP	31	정태준	MB
6	김선호	OH	16	이준승	L	56	이시우	OH
7	허수봉	OH	17	박상하	MB			
11	최민호	MB	18	홍동선	OH			

아시아쿼터

페이창 MB

NO.2
이현승

S 세 터

생년월일	2001.01.02
신장	190cm
출신교	이리부송초▶남성중▶남성고▶한양대
입단	2022-2023시즌 1라운드 2순위
이적	–
총 보수	6,800만 원 (연봉 4,000만 원, 옵션 2,800만 원)

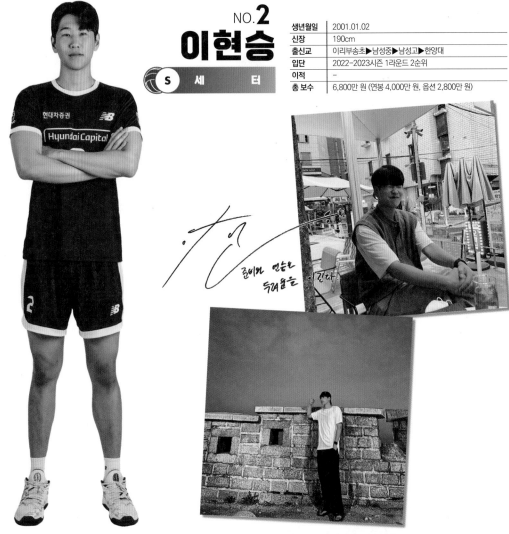

프로 2년 차가 더 기대되는 이유

프로 데뷔하자마자 신인상 후보로 경쟁을 펼쳤던 이현승이다. 지난 시즌 세트 부문 5위에도 이름을 올렸다. 봄배구 경험도 엄청난 소득이다. 플레이오프 선발 출전, 챔피언결정전 교체 출전을 통해 한 뼘 더 성장했다. 2023년에는 유니버시아드 대표팀에 발탁돼 국제대회를 치르고 왔다. 최태웅 감독의 기대도 크다. 세터에게 필요한 두둑한 배짱이 강점이다.

'99즈' 말고 '01즈'

1999년생 기대주들도 있지만, 2001년생의 '01즈'도 있다. 이현승과 홍동선, 정한용, 박승수, 정한용, 장지원 등이 그 대상이다. 서로가 서로에게 고민도 털어놓고 의지하는 사이다. 2023년 유니버시아드 대회도 '01즈' 멤버들과 함께했다. 현대캐피탈의 취약 포지션이라 할 수 있는 세터 자리에서 이현승이 해 줘야 할 역할은 크다. 코트 위 리더가 돼야 한다.

이현승의 TOP3

이현승	한 경기 최다 세트	한 경기 최다 득점	2022-2023 시즌 세트 순위
	51개	**2**점	**5**위

2022-2023 V-리그 경기기록

26 경기	94 세트	18 득점	15 블로킹	3 서브
– 공격 성공률(%)	9.096 세트 Avg(set)	– 리시브 효율(%)	1.064 디그 Avg(set)	

NO.**3**
김명관

S 세 터

생년월일	1997.07.08
신장	195cm
출신교	동인초▶각리중▶순천제일고▶경기대
입단	2019-2020시즌 1라운드 1순위
이적	한국전력▶현대캐피탈(2020)
총 보수	2억 5,800만 원 (연봉 2억 5,000만 원, 옵션 800만 원)

모든것에 감사하며
최성를 아하자!!

태극마크의 무게감

프로 5년 차 김명관의 비시즌은 쉴 틈이 없었다. 2023년 처음으로 성인 대표팀에 발탁돼 아시아배구연맹(AVC) 챌린지컵을 치르고 왔다. 대표팀 내 세터 황택의와 함께 구슬땀을 흘리며 얻은 것도 있다. 경기 몰입도부터 달랐다. 달라진 아시아배구를 체감했고, 더 성장할 수 있는 방법을 마음에 새기고 돌아왔다. V-리그에서 더 안정감 있는 세터가 되기 위한 밑거름이 되길 희망한다.

마지막처럼

2023년에는 간절함 한 스푼을 더 넣었다. 2023-2024시즌이 끝난 뒤 군 복무를 위해 잠시 팀을 떠날 가능성이 높다. 김명관은 마지막이라는 생각으로 새 시즌을 준비했다. 지난 시즌 플레이오프 때도 같은 마음가짐이었다. 프로 데뷔 후 첫 봄배구도 동기부여가 됐다. 챔피언결정전을 뛴 경험만으로도 소중했다. 1년 전보다 더 절실한 마음으로 모든 것을 쏟아붓겠다는 각오다.

🏐 김명관의 TOP3

김명관	한 경기 최다 세트	한 경기 최다 득점	2020-2021 시즌 세트 순위
	61개	8개	3위

🏐 2022-2023 V-리그 경기기록

32 경기	119 세트	75 득점	30 블로킹	24 서브
37.5 공격 성공률(%)	**9.857** 세트 Avg(set)	- 리시브 효율(%)		**1.059** 디그 Avg(set)

NO.4
함형진

OH 아웃사이드 히터

생년월일	1995.06.25
신장	186cm
출신교	속초고 ▶ 중부대
입단	2017-2018시즌 2라운드 7순위
이적	–
총 보수	7,500만 원 (연봉 4,500만 원, 옵션 3,000만 원)

인생은 신중하다!

남편 그리고 아빠의 이름으로

함형진은 2023년에 태어난 '함형진 2세' 이야기에 금방 입가에 미소가 번졌다. 훈련이 끝나고 퇴근한 뒤에도 '육아 출근'으로 정신없는 나날을 보내고 있지만 행복감을 느낀다. 동료들과도 육아 토크 비중이 커졌다. 아빠가 되는 길이라고 믿고 아이를 위해 또다시 달린다. 함형진이 버티는 가장 큰 동력이다. 코트 위에서 열심히 뛰는 아빠의 모습을 보여주고 싶다.

생존법은 '수비'

공격수로서 비교적 높은 신장은 아니다. 함형진이 택한 생존법은 '수비'다. 리시브와 디그 등 수비를 강화하기 위해 노력한다. 특히 비시즌 동안 팀에는 대표팀 차출로 자리를 비운 선수들이 많다. 오히려 함형진이 더 집중하는 시간이다. 일본 배구의 경우 낮은 신장에도 탄탄한 기본기를 토대로 제 기량을 펼치는데 함형진도 이를 보고 자신감을 되찾는다. 주어진 기회를 잡기 위해 노력하는 자다.

함형진의 TOP3

	한 경기 최다 득점	한 경기 최고 공격 점유율	한 경기 최다 블로킹
함형진	**13**점	**21.49**%	**5**개

2022-2023 V-리그 경기기록

경기	세트	득점	블로킹	서브
3	6	-	-	-

공격 성공률(%)	세트 Avg(set)	리시브 효율(%)	디그 Avg(set)
-	0.167	25.00	0.500

NO.5
여오현
L 리 베 로

생년월일	1978.09.02
신장	175cm
출신교	대전유성초▶대전중앙중▶대전중앙고▶홍익대
입단	2000년 프로출범등록
이적	삼성화재▶현대캐피탈(2013)
총 보수	2억 5,000만 원 (연봉 1억 5,000만 원, 옵션 1억 원)

603경기의 의미

남자부, 여자부 통틀어 개인 역대 통산 최다 출전 경기 수다. 역대 리시브, 디그 그리고 이를 합한 수비 부문에서도 단연 1위다. 새 시즌 다시 한번 자신의 기록을 뛰어넘고자 한다. 여오현은 603경기에 자부심을 느낀다. 603이라는 숫자 안에 모든 것이 담겨 있다고 여기기 때문이다. 큰 부상 없이 모든 시즌을 소화한 것도 감사하다. 이제 후배들이 그 기록들을 하나씩 깨고 올라섰으면 하는 바람이다.

20년 이상의 경험을 녹이다

지난 시즌 초반까지만 해도 '은퇴' 쪽으로 마음이 기울었다. 하지만 리시브에서 버티는 힘은 여전히 견고했다. 후배 박경민의 짐을 덜면서 팀 균형을 맞췄다. 새 시즌을 앞두고도 여오현의 관리는 철저했다. 웨이트 트레이닝을 통해 근력, 밸런스, 코어 운동에 집중했다. 이것이 여오현에게는 보약이나 다름없다. 언제 어떻게 들어가더라도 코트 위에서 버틸 준비를 마쳤다. 다시 뛸 시간이다.

여오현의 TOP3

	통산 출전 경기 수	통산 리시브&디그	통산 수비
여오현	603경기	1위	1위

2022-2023 V-리그 경기기록

28 경기	74 세트	- 득점	- 블로킹	- 서브
- 공격 성공률(%)	0.243 세트 Avg(set)	52.47 리시브 효율(%)	1.000 디그 Avg(set)	

NO.6
김선호

OH 아웃사이드 히터

생년월일	1999.01.18
신장	187cm
출신교	부송초▶남성중▶남성고▶한양대
입단	2020-2021시즌 1라운드 1순위
이적	–
총 보수	1억 1,800만 원 (연봉 7,000만 원, 옵션 4,800만 원)

알 깨고 날개 펼친다

2020-2021시즌 신인 드래프트 전체 1순위 그리고 신인왕 출신이다. 수비가 좋은 김선호는 첫 시즌부터 확실한 눈도장을 받았다. 하지만 지난 시즌 26득점에 그쳤다. 좀처럼 제 공격 리듬을 살리지 못했다. 스스로 알을 깨고 나와야 할 시기다. 187cm 신장으로 상대적으로 낮은 신장에 속하지만, 충분히 경쟁력을 끌어올릴 수 있다. 날개를 다시 펼칠 김선호를 향한 기대가 크다.

국가대표라는 자부심

김선호는 2023년 유니버시아드 대표팀에 발탁돼 주장까지 맡았다. 배구선수 생활을 하면서 처음으로 주장의 임무가 주어졌다. 태극마크의 무게감과 주장의 책임감까지 느끼고 돌아왔다. 국가대표라는 자부심도 생겼다. V-리그도 벌써 네 번째 시즌이다. 이제 V-리그에서도 제 기량을 100% 이상 선보이고 싶다. 더 단단해진 김선호의 이야기를 코트 위에서 펼치고 싶다.

김선호의 TOP3

김선호	한 경기 최다 득점	한 경기 최고 공격 성공률	2020-2021 시즌
	15점	83.33%	신인선수상

2022-2023 V-리그 경기기록

35 경기	96 세트	26 득점	3 블로킹	5 서브
36.00 공격 성공률(%)	**0.073** 세트 Avg(set)	**36.16** 리시브 효율(%)	**0.427** 디그 Avg(set)	

NO.7
허수봉

OH 아웃사이드 히터

생년월일	1998.04.07
신장	195cm
출신교	경북사대부중▶경북사대부고
입단	2016-2017시즌 1라운드 3순위
이적	대한항공▶현대캐피탈(2016)
총 보수	8억 원 (연봉 8억 원, 옵션 -)

이번 시즌은 우승!!

'국대 아포짓'의 귀환

비시즌 내내 태극마크를 달고 코트 위에 올랐다. 허수봉은 국가대표 아포짓으로 활약했다. 대표팀 내 공격 비중도 가장 높았다. 다만 2023년에는 유독 국제대회 일정이 타이트했다. 허수봉이 대표팀에서 강행군을 펼친 가운데 소속팀에서 손발을 맞출 시간은 부족했던 것도 사실이다. 다행인 점은 그래도 호흡을 맞췄던 선수들과 다시 코트 위에 오른다는 것이다.

믿고 쓰는 에이스

대표팀에서도 현대캐피탈에서도 믿고 쓰는 에이스다. 소속팀에서는 아웃사이드 히터로 기용될 가능성이 높다. 미들 블로커로 뛴 경험도 있다. 직전 시즌 공격 6위, 득점 7위, 서브 3위에 이름을 올릴 정도로 안정적인 모습을 보였다. 확실히 기복이 줄었다. 2018-2019시즌 이후 4년 만에 오른 챔피언결정전 무대도 반가웠다. 고졸 성공 신화를 이어가고 있는 허수봉이다.

허수봉의 TOP3

허수봉	한 경기 최다 득점	한 경기 최고 공격 성공률	2022-2023 시즌 서브 순위
	35점	75%	3위

2022-2023 V-리그 경기기록

34 경기	125 세트	582 득점	53 블로킹	63 서브
52.83 공격 성공률(%)	0.208 세트 Avg(set)	28.57 리시브 효율(%)	1.192 디그 Avg(set)	

NO.11
최민호
MB 미 들 블 로 커

생년월일	1988.04.19
신장	195cm
출신교	경북체육중▶경북체육고▶홍익대
입단	2011-2012시즌 1라운드 4순위
이적	–
총 보수	5억 원 (연봉 5억 원, 옵션 –)

블로킹 기록? 팀 승리가 먼저

개인 역대 통산 블로킹 709득점. 역대 7위 기록의 주인공이다. 프로 데뷔 후 네 차례 베스트7에 선정됐다. 이 가운데 지난 두 시즌 연속 베스트7 수상은 더 의미가 클 수밖에 없다. 그럼에도 최민호는 팀을 우선으로 생각한다. 개인 기록 욕심을 내기보다는 매 경기 승리에 초점을 맞추고 있다. 팀에 집중하다 보면 기록은 자연스레 따라오는 것이라고 여긴다.

마지막에 웃고 싶다

최근 힘겨운 시즌을 보냈던 현대캐피탈이 지난 시즌 챔피언결정전까지 올랐다. 준우승에 그쳤지만 성과는 분명했다. 오랜만에 봄날을 만끽했다. 최민호는 우승컵을 놓친 아쉬움과 후회가 남는다. 새 시즌에는 후회 없는 시즌이 되길 바라고 있다. 집에서 아빠와 배구 놀이를 하길 기다리는 아이들을 위해서라도 2023-2024시즌 마지막에는 함께 웃고 싶다.

최민호의 TOP3

	한 경기 최다 득점	한 경기 최다 블로킹	2022-2023 시즌 블로킹 순위
최민호	17점	9점	2위

2022-2023 V-리그 경기기록

35 경기	126 세트	223 득점	88 블로킹	16 서브
49.79 공격 성공률(%)	0.143 세트 Avg(set)	43.48 리시브 효율(%)	0.444 디그 Avg(set)	

© NO.**12**
전광인

OH 아웃사이드 히터

생년월일	1991.09.18
신장	194cm
출신교	하동초▶동명중▶동명고▶성균관대
입단	2013-2014시즌 1라운드 1순위
이적	한국전력▶현대캐피탈(2018)
총 보수	7억 원 (연봉 7억 원, 옵션 -)

늘 그렇듯 최선을 다하겠습니다.

작년 아픔은 잊었다

군 전역 후 온전히 시작부터 팀원들과 함께할 수 있었던 시즌이 2022-2023시즌이었다. 하지만 봄배구를 앞두고 부상이라는 시련이 찾아왔다. 2023년 3월 발목 인대 파열 부상을 당한 것. 관중석에서 팀원들이 치르는 전쟁 같은 봄배구를 지켜봐야만 했다. 이후 대표팀에도 발탁됐다. 작년 아픔은 잊었다. 베테랑 아웃사이드 히터 전광인이 돌아왔다. 다시 우승을 향해 달린다.

베테랑의 노련미

현대캐피탈에 꼭 필요한 것이다. 리빌딩과 함께 젊은 자원들을 주축으로 팀이 구성됐다. 그 구심점이 바로 전광인이다. 개인 역대 통산 득점 순위만 봐도 전광인이 어느덧 역대 4위에 랭크돼 있다. 문성민이 3위다. 그만큼 베테랑 전광인의 역할은 크다. 2013-2014시즌 신인상부터 시작해 지금의 자리까지 올랐다. 성장한 후배들과 베테랑들의 조화로 끈끈한 팀을 보여주고자 한다.

전광인의 TOP3

전광인	한 경기 최다 득점	한 경기 최고 공격 성공률	2018-2019 시즌
	36점	88.24%	챔피언결정전 MVP

2022-2023 V-리그 경기기록

34 경기	122 세트	406 득점	46 블로킹	37 서브
55.69 공격 성공률(%)	0.230 세트 Avg(set)	40.03 리시브 효율(%)	1.828 디그 Avg(set)	

NO.13
박경민

L 리 베 로

생년월일	1999.06.05
신장	170cm
출신교	하양초▶소사중▶송산고▶인하대
입단	2020-2021시즌 1라운드 4순위
이적	–
총 보수	3억 800만 원 (연봉 2억 원, 옵션 1억 800만 원)

배구 지능이 좋은 리베로

'99즈'와 함께 남자배구 기대주로 꼽히는 국가대표 리베로다. 2020년 프로 무대에 올랐고, 2021-2022시즌 리시브와 디그에서 모두 1위를 차지하는 기염을 토했다. 당시 베스트7에도 당당히 이름을 올렸다. 다만 직전 시즌 다소 주춤했다. 그럼에도 배구 지능이 좋다는 평을 받고 있다. 언제든지 다시 최고의 기량을 선보일 능력은 갖췄다. '날다람쥐' 박경민이 있어 후위가 든든하다.

우승 리베로를 꿈꾸다

박경민에게 봄배구는 2022-2023시즌이 처음이었다. 첫 플레이오프, 첫 챔피언결정전까지 뛰어 봤다. 경험만으로도 값진 수확이다. 물론 대한항공을 넘지 못하고 준우승에 그치면서 진한 아쉬움을 남겼다. 힘겨운 리빌딩과 함께 팀이 이룬 성과에 만족한다. 이제 봄배구의 맛을 알았기에 우승도 더 절실하다. 다시 한번 그 짜릿함을 느끼고 싶다. 우승 리베로를 꿈꾼다.

박경민의 TOP3

	한 경기 최다 리시브	2021-2022 시즌 리시브&디그	2021-2022 시즌
박경민	23개	1위	베스트7

2022-2023 V-리그 경기기록

36 경기	134 세트	- 득점	- 블로킹	- 서브
- 공격 성공률(%)	0.239 세트 Avg(set)	45.36 리시브 효율(%)	1.836 디그 Avg(set)	

NO.14
이승준

OH 아웃사이드 히터

생년월일	2000.11.30
신장	195cm
출신교	송림고
입단	2018-2019시즌 3라운드 1순위
이적	OK금융그룹▶한국전력(2019)▶현대캐피탈(2020)
총 보수	6,500만 원 (연봉 5,000만 원, 옵션 1,500만 원)

인생에 주인공은 '나' 다!

부상 딛고 일어서다

최근 부상에 시달렸던 이승준이다. 정강이 피로골절로 자유롭지 못했다. 치료와 재활을 거치면서 힘겨운 자신과의 싸움을 벌였다. 부상으로 인해 도태될 것 같은 느낌이 들었다. 다행히 회복세를 보였고, 정신력으로도 버텼다. 보다 완성도 높은 웨이트트레이닝 그리고 멘털 관리로 더 단단한 모습을 만들어 갔다. 스스로 '해보자'는 마음가짐으로 다시 코트 위에 올랐다.

1G 28득점

이승준의 V-리그 개인 한 경기 최다 득점은 18득점이다. 하지만 2023년 컵대회에서 아포짓으로 나선 이승준은 28득점 맹활약하며 웃었다. 팀 내 공격 점유율은 50%에 달했다. 부상만 이겨내면 무엇이든 할 수 있다고 믿고 있는 이승준이다. 크나큰 동기부여가 됐다. V-리그에서도 교체로 투입되더라도 팀에 최대한 보탬이 되고 싶다. 코트 위 흐름을 바꿀 수 있는 게임 체인저를 노린다.

🏐 이승준의 TOP3

	한 경기 최다 득점	한 경기 최다 공격 성공률	2019-2020 시즌 득점 순위
이승준	18점	55.17%	52위

🏐 2022-2023 V-리그 경기기록

9	22	12	1	-
경기	세트	득점	블로킹	서브

39.29	0.045	30.77	0.273
공격 성공률(%)	세트 Avg(set)	리시브 효율(%)	디그 Avg(set)

NO.15
문성민

OP 아포짓 스파이커

생년월일	1986.09.14
신장	198cm
출신교	부산명륜초▶부산동성중▶부산동성고▶경기대
입단	2008-2009시즌 1라운드 1순위
이적	한국전력▶현대캐피탈(2010)
총 보수	3억 5,000만 원 (연봉 2억 1,000만 원, 옵션 1억 4,000만 원)

즐기자

잊을 수 없는 2023년 봄배구

2022-2023시즌 봄배구에서 문성민의 경험이 빛을 발했다. 꾸준히 주전으로 출전하진 못했지만 늘 준비는 하고 있었다. 젊은 피들과 함께 코트 위에서 봄배구를 즐겼다. 최태웅 감독의 믿음에도 부응했다. 리빌딩 후 6위까지도 떨어졌던 현대캐피탈이다. 비록 우승은 놓쳤지만 챔피언결정전 경험을 쌓은 후배들에 만족한다. 더 높은 곳으로 올라가길 기대하고 있다.

현대캐피탈의 상징적인 존재

현대캐피탈 유니폼만 입고 열세 시즌을 뛰었다. 안방인 천안에서도 문성민을 향한 함성 소리가 가장 크다. 코트 안에서도 문성민은 상징적인 존재다. 현대캐피탈 유소년 꿈나무들도 문성민 세리머니를 따라 할 정도다. 2023년에는 FA 재계약도 마쳤다. 팀을 위해, 후배들을 위해서라도 비시즌 준비도 철저히 했다. 2023-2024시즌에도 문성민의 모습을 그대로 보여주고 싶다.

문성민의 TOP3

문성민	한 경기 최다 득점	한 경기 최고 공격 성공률	2016-2017 시즌
	37 점	**89.47** %	챔피언결정전 MVP

2022-2023 V-리그 경기기록

15	25	46	5	5
경기	세트	득점	블로킹	서브

44.44	0.160	-	0.640
공격 성공률(%)	세트 Avg(set)	리시브 효율(%)	디그 Avg(set)

NO.16
이준승

L 리 베 로

생년월일	2002.02.28
신장	170cm
출신교	가야초▶대연중▶성지고
입단	2020-2021시즌 2라운드 4순위
이적	-
총 보수	6,300만 원 (연봉 4,000만 원, 옵션 2,300만 원)

항상 발고. 즐겨지!!

자신감을 보여줘

이준승에게 가장 필요한 것은 자신감이다. 최태웅 감독도 강조하는 부분이다. 원래 스스로 소심한 성격이라고 여겼다. 프로 팀에 와서 형들과 함께하면서 파이팅이 생겼다. 배구 스킬 향상은 물론 자신감을 표출하려는 노력도 아끼지 않았다. 어떤 대회든, 어떤 경기든 주어진 기회를 놓치지 않기 위해 애썼다. 쉴 때는 '집돌이 모드'다. 그렇게 힐링을 하고 다시 자신감 있는 모습으로 뛴다.

여오현-박경민이 있기에

'살아 있는 레전드' 리베로 여오현, 국가대표 리베로 박경민까지 한솥밥을 먹고 있다. 두 선수를 보면서 이준승도 목표를 크게 설정했다. 특히 여오현의 파이팅을 닮고 싶다. '나도 할 수 있다'는 긍정적인 마인드를 장착한 이준승이다. 이제는 코트 위에 오르는 시간을 늘리고 싶다. 리시브, 디그 성공률도 끌어올리고자 한다. 리베로 이준승의 존재감을 알리고 싶다.

이준승의 TOP3

	한 경기 최다 리시브	한 경기 최다 디그	-
이준승	4개	2개	-

2022-2023 V-리그 경기기록

경기	세트	득점	블로킹	서브
-	-	-	-	-

공격 성공률(%)	세트 Avg(set)	리시브 효율(%)	디그 Avg(set)
-	-	-	-

NO.17
박상하
MB 미들 블로커

생년월일	1986.04.04
신장	197cm
출신교	제천중▶의림공고▶경희대
입단	2008-2009시즌 1라운드 5순위
이적	드림식스▶삼성화재(2017)▶현대캐피탈(2021)
총 보수	3억 원 (연봉 1억 8,000만 원, 옵션 1억 2,000만 원)

은퇴하는 날까지 '경쟁'

선수들은 어디서든 끊임없이 경쟁을 해야 한다. 박상하도 마찬가지다. 선의의 경쟁이 지금까지 버틸 수 있었던 힘이었다. 팀에서는 늘 신인 자원들이 들어온다. 대표팀에서도 주전 경쟁을 펼쳐야만 했다. 은퇴하는 날까지 지지 않기 위해 노력해야 한다. 개개인의 노력이 모인다면 팀이 발전하는 데 있어 시너지 효과가 날 것이라고 믿는다. 고참으로서도 100% 노력을 기울이고 있다.

블로킹 1,000개

2022-2023시즌까지 박상하의 개인 역대 통산 블로킹은 823득점이다. 역대 5위의 기록이다. 미들 블로커로서 블로킹 1,000개를 채우고 싶은 욕심도 난다. 이는 누구와의 싸움도 아닌 자신과의 싸움이라고 생각한다. 준비된 선수라면 팀이 필요로 할 것이고, 그렇다면 블로킹 1,000개도 돌파할 것이다. 일단 몸 관리가 필수다. 비시즌 최대한 몸만들기에 집중했다

박상하의 TOP3

	한 경기 최다 득점	한 경기 최다 블로킹	통산 블로킹
박상하	**17**점	**8**개	**5**위

2022-2023 V-리그 경기기록

29 경기	**93** 세트	**121** 득점	**50** 블로킹	**1** 서브
53.44 공격 성공률(%)	**0.075** 세트 Avg(set)	**57.14** 리시브 효율(%)	**0.452** 디그 Avg(set)

NO.18
홍동선
OH 아웃사이드 히터

생년월일	2001.05.16
신장	198cm
출신교	안산서초▶송산중▶송산고▶인하대
입단	2021-2022시즌 1라운드 1순위
이적	–
총 보수	8,800만 원 (연봉 6,000만 원, 옵션 2,800만 원)

귀하디귀한 장신 OH

장신 아포짓은 흔하다. 아웃사이드 히터는 그 반대다. 홍동선의 가치가 높은 이유다. 그만큼 198cm 홍동선에게 거는 기대가 크다. 지난 시즌 봄배구에서도 전광인 공백을 지우기 위해 홍동선, 김선호가 기용된 바 있다. 홍동선은 포스트시즌에서만 총 19득점을 올리며 자신의 존재감을 알렸다. 높이와 공격력은 자신 있다. 아웃사이드 히터의 수비 능력은 더 키워야 한다.

롤모델 허수봉과의 만남

중학교 시절부터 롤모델은 허수봉이었다. 마침 롤모델과 같은 유니폼을 입고 V-리그를 누비게 됐다. V-리그 세 번째 시즌이다. 여러 포지션 소화가 가능한 멀티 플레이어이지만, 공격과 수비 균형을 이룬 완성형 아웃사이드 히터도 되고 싶다. 아웃사이드 히터 주전 경쟁이 치열한 팀 중한 팀이지만, 홍동선은 주눅 들지 않고 두둑한 배포도 갖추고 있다.

홍동선의 TOP3

	한 경기 최다 득점	한 경기 최고 공격 성공률	2022-2023 시즌 득점 순위
홍동선	13점	58.82%	47위

2022-2023 V-리그 경기기록

30 경기	66 세트	75 득점	13 블로킹	1 서브
36.53 공격 성공률(%)	0.091 세트 Avg(set)	27.43 리시브 효율(%)	0.273 디그 Avg(set)	

NO.20
이준협

S 세 터

생년월일	2001.04.27
신장	186cm
출신교	남양초▶연현중▶송림고▶경기대
입단	2022-2023시즌 수련선수
이적	–
총 보수	5,800만 원 (연봉 4,000만 원, 옵션 1,800만 원)

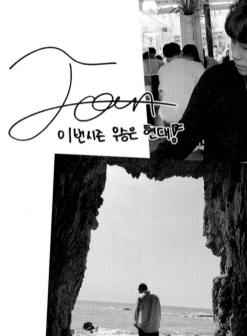

일본 배구처럼 정교한 연결을!

롤모델은 최태웅 감독이다. 롤모델을 포함해 국내외 가릴 것 없이 여러 세터들의 플레이 영상을 본다. 특히 일본 세터처럼 정교한 연결을 하고 싶다. 모든 공을 공격수가 때리기 편하게 올리는 선수가 됐으면 하는 바람이다. 한국에서는 이준협의 정교한 연결을 기대하게끔 만들고 싶다. 프로팀에 입단하면서 세세한 기본기부터 하나씩 차근차근 배워 가고 있다. 성장하고 있는 이준협이다.

원포인트 서버를 넘어

이준협의 강점 중 하나는 서브다. 프로 데뷔 첫 시즌에도 서브만 15회 시도를 했다. 어느 팀, 어느 선수에게나 서브는 중요하다. 이준협은 강한 서브보다도 정확하게 원하는 곳에 서브를 때릴 수 있게 준비를 했다. 세터 포지션이지만 서브라는 자신의 강점을 극대화하고 싶은 의지가 강하다. 원포인트 서버뿐만이 아니다. 이를 뛰어넘어 제 역할을 해내며 팀 우승에 보탬이 되고자 한다.

이준협의 TOP3

	통산 출전 경기 수	한 경기 최다 디그	-
이준협	8경기	1개	-

2022-2023 V-리그 경기기록

8 경기	12 세트	- 득점	- 블로킹	1 서브
- 공격 성공률(%)	- 세트 Avg(set)	- 리시브 효율(%)	0.083 디그 Avg(set)	

NO.**22**
차이
페이창

MB 미들 블로커

생년월일	2001.01.02
신장	203cm
국적	대만
입단	2023 아시아쿼터 5순위
이적	–
총 보수	10만 달러

한국에서의 의미 있는 도전

현대캐피탈의 아시아쿼터 1호 선수다. 일단 우수한 신체 조건이 돋보인다. 대만 대표팀 일정이 있는 상황에서도 팀에 합류해 짧게라도 훈련을 소화할 정도로 열정을 드러냈다. 경험해 보지 못한 새로운 훈련에도 꿋꿋하게 버텼다. 훈련에 임하는 자세 또한 합격점을 받았다. 그만큼 한국에서 배우고, 성장하겠다는 굳은 결의를 표한 셈이다. 페이창의 새 도전이 시작됐다.

203cm 철벽 블로킹

현대캐피탈은 베테랑 미들 블로커 최민호와 박상하부터 신예 정태준과 군 전역 후 새 시즌에 복귀할 차영석까지 있다. 허수봉도 미들 블로커 후보 중 한 명이다. 페이창까지 주전 경쟁에 가담하게 됐다. 높이와 공격이 강점인 페이창의 활용도는 높다. 물론 새로운 한국 V-리그에 얼마나 빨리 적응하느냐가 관건이다. 전통적으로 블로킹에 강한 현대캐피탈의 새로운 철벽이 생겼다.

🏐 페이창의 TOP3

페이창	-	-	-
	-	-	-

🏐 2022-2023 V-리그 경기기록

경기	세트	득점	블로킹	서브
-	-	-	-	-

공격 성공률(%)	세트 Avg(set)	리시브 효율(%)	디그 Avg(set)
-	-	-	-

NO.**24**
아흐메드
이크바이리

OP 아포짓 스파이커

생년월일	1996.11.01
신장	203cm
국적	리비아
입단	2023 외국인 선수 트라이아웃 전체 5순위
이적	삼성화재(2022) ▶ 현대캐피탈(2023)
총 보수	55만 달러

화려한 공격수

지난 시즌 V-리그 신입생 아흐메드는 화려한 아포짓의 면모를 드러냈다. 득점 3위, 서브 4위에 이름을 올리며 강력한 공격력과 서브를 선보였다. 후위공격도 매서웠다. 이제 삼성화재가 아닌 현대캐피탈 유니폼을 입고 새 시즌에 나선다. 외국인 선수의 한 방이 필요한 현대캐피탈에 어울리는 외국인 선수다. 한 경기 최다 42득점, 62.71% 공격 점유율을 기록했던 아흐메드다.

V-리그도 2년 차

최태웅 감독은 아흐메드의 빠른 발을 주목했다. V-리그를 한 시즌 경험했다는 것도 플러스 요인이었다. 아흐메드의 스피드를 장점으로 극대화하겠다는 계획이다. 아흐메드의 공격 비중을 낮춰서 공격수 전원이 공격 태세를 갖추는 빠른 배구를 구상했다. 다만 아흐메드도 리비아 대표팀에 발탁돼 뒤늦게 한국 땅을 밟았다. 세터들과의 호흡 맞추기에 집중했다.

🏐 아흐메드의 TOP3

	한 경기 최다 득점	한 경기 최고 공격 성공률	2022-2023 시즌 득점 순위
아흐메드	**42**점	**63.83**%	**3**위

🏐 2022-2023 V-리그 경기기록

36 경기	**140** 세트	**875** 득점	**49** 블로킹	**67** 서브
49.22 공격 성공률(%)	**0.079** 세트 Avg(set)	**-** 리시브 효율(%)		**1.171** 디그 Avg(set)

NO.**31**
정태준

MB 미들 블로커

생년월일	2000.03.14
신장	199cm
출신교	연포초▶대연중▶성지고▶홍익대
입단	2021-2022시즌 1라운드 2순위
이적	–
총 보수	7,300만 원 (연봉 4,500만 원, 옵션 2,800만 원)

내 자신과 타협하지 말기

신인의 마음으로

정태준은 2021년 신인 드래프트로 프로에 입단했지만, 첫 시즌부터 부상으로 자리를 비웠다. 2022-2023시즌이 첫 시즌이나 마찬가지였다. 비록 기회는 적었지만 마음가짐은 V-리그 새내기와도 같았다. 새 시즌도 똑같다. 2023년 정태준은 유니버시아드 대표팀 명단에도 이름을 올리며 새 경험을 쌓았다. 이제 V-리그에서도 정태준의 이름을 알리고 싶은 마음이 크다.

MB 세대교체 이루나

리빌딩을 한 현대캐피탈의 가장 '아픈 손가락'인 포지션은 미들 블로커다. 타 포지션에 비해 비교적 세대교체가 원활하게 이뤄지지 않고 있다. 아시아쿼터로도 미들 블로커를 보강했다. 정태준을 향해서도 시선이 집중되고 있다. 베테랑들과 선의의 경쟁 속에서 정태준이 든든한 기둥으로 자리를 잡을 수 있을지 주목된다. 또 정태준의 성장을 기다리고 있는 현대캐피탈이다.

정태준의 TOP3

정태준	한 경기 최다 득점	한 경기 최다 블로킹	2022-2023 시즌 득점 순위
	3점	1개	85위

2022-2023 V-리그 경기기록

8 경기	14 세트	9 득점	1 블로킹	– 서브
61.54 공격 성공률(%)	– 세트 Avg(set)	100 리시브 효율(%)	0.071 디그 Avg(set)	

NO.56
이시우

OH 아웃사이드 히터

생년월일	1994.04.07
신장	188cm
출신교	성균관대
입단	2016-2017시즌 1라운드 6순위
이적	–
총 보수	1억 5,000만 원 (연봉 1억 5,000만 원, 옵션 –)

포기하지마! 할수있다 이시우!

눈물의 PO, 배구에 대한 진심

2022-2023시즌 플레이오프에서 2차전, 이시우의 눈물은 화제였다. 5세트 자신의 리시브로 인해 팀이 패했다고 생각했다. 좋은 교훈을 얻었다. 챔피언결정전에서 상대 선수들이 우승 후 흘린 눈물에 반한 적이 있었다. 배구에 대한 진심 그리고 간절함을 다시 한번 느꼈다. '원포인트 서버'로 끝나는 것이 아니라 발전 가능성도 확인했다. 도약의 발판이 되길 바란다.

든든한 버팀목이 되는 가족

2023년은 군 전역 후 온전히 쉴 수 있는 시간이 있었다. 예전에는 친구들을 만나는 시간이 길었다면, 이번에는 가족들과 여행을 다니는 데 시간을 더 할애했다. 동시에 자신에 대해 알아 가는 시간이기도 했다. 가족들로부터 듣는 조언도 힘이 된다. 특히 누나가 때로는 격려를, 질책을 해준다. 이시우의 멘털 관리를 해주는 고마운 존재다. 그야말로 든든한 버팀목이다.

이시우의 TOP3

이시우	한 경기 최다 득점	한 경기 최다 서브	2020-2021 시즌 득점 순위
	12점	4개	52위

2022-2023 V-리그 경기기록

31 경기	99 세트	16 득점	- 블로킹	16 서브
- 공격 성공률(%)	- 세트 Avg(set)	- 리시브 효율(%)	0.101 디그 Avg(set)	

**탄탄한 보강,
이번엔 우승**

3

수원
한국전력 빅스톰

최종성적

승점	53
승	17
패	19
세트 득/실(득실률)	75/74 (1.014)
점수 득/실(득실률)	3,306/3,268 (1.012)

항목별 팀 순위

득점	1위	3,306 점
공격종합	2위	52.30 %
블로킹	3위	2.497 개
서브	5위	1.369 개
디그	6위	8.201 개
세트	6위	11.436 개
리시브	5위	31.66 %
수비	6위	13.792 개

라운드별 상대 전적

						순위
1R	2:3	0:3	3:1	3:0	1:3	3:0	3
2R	0:3	3:2	2:3	1:3	3:0	3:2	5
3R	2:3	1:3	2:3	1:3	1:3	1:3	7
4R	2:3	3:1	3:2	3:0	3:2	2:3	1
5R	3:1	3:1	3:2	2:3	2:3	3:2	2
6R	1:3	3:0	0:3	3:1	1:3	3:0	3
계	1승 5패	4승 2패	3승 3패	3승 3패	2승 4패	4승 2패	4위

 홈 경기장_수원체육관

사진 출처_수원도시공사 홈페이지

주소 | 경기도 수원시 장안구 경수대로 893 수원종합운동장 내
수용인원 | 4,317석
클럽하우스 | 경기도 의왕시 학의로 486, 한국전력공사 자재검사처 내 체육관

'최초'의 선택으로 약점 보강

지난 시즌 구단 최초 플레이오프 승리라는 성과를 거뒀다. 하지만 '예상했던' 챔피언결정전 진출이 좌절된 것은 아쉬웠다. 오히려 준플레이오프가 가장 높은 산일 것으로 생각했지만, 플레이오프에서 만난 준비된 상대는 생각보다 강했고, 체력적인 한계를 넘어서지 못했다. 그러나 정규 시즌 9연패를 하면서 사실상 시즌 포기를 떠올리기도 했던 많은 이들의 예상을 뒤엎고, 포스트시즌 진출을 일궈 냈고 플레이오프에서 보여준 명품 승부는 모두의 박수를 받기에 충분했다. 공적을 치하하고 다시 냉정하게 다음 시즌을 구상한다. 최대 보강 포지션은 리베로. 올 시즌 처음으로 시행한 아시아쿼터를 통해 이 부분을 메우고자 생각했고, 여기에 행운이 따랐다. 아시아쿼터 추첨 2순위 지명권을 획득한 것. 주저 없이 일본 리베로 이가 료헤이를 선택했고 연습 과정에서도 기대만큼의 퍼포먼스를 보여주고 있다. 가장 완벽하게 아쉬움을 메웠다.

 ## 성장과 유지로 이번엔 우승!

지난 시즌과 전반적인 전력 구성은 비슷하다. 리베로 포지션의 약점을 보강했다면, 강점을 살리기 위해서는 베테랑의 유지와 루키의 성장이 필요하다. 한국전력은 주축 선수 중 베테랑이 많은 편이다. 경험이 많은 만큼 크게 흔들리지 않지만, 체력적인 한계 역시 무시할 수 없는 부분이다. 하지만 더 확실한 건 그들의 '명성'은 어디 가지 않는다는 것. 그 관록을 유지하는 게 첫 번째. 여기에 지난 시즌 임성진이라는 원석이 마침내 잠재력을 폭발시켰고 세터 하승우 역시 권영민 감독의 믿음 속에 한층 성숙해졌다. 이들의 성장까지 더해진다면 베스트 시나리오가 완성된다. 다만 재계약을 한 외국인 선수 타이스의 합류가 늦고 임성진의 대표팀 발탁으로 완전체가 함께 합을 맞춰 볼 시간이 부족하다는 게 관건. ONE TEAM의 힘으로 이겨낼 수 있을까.

감독

말한 대로, 말하는 대로

신임 감독이 우승을 목표로 외쳤다. 웬만한 자신감이 아니라면 쉽지 않은 일. 선수 시절 때처럼 감독이 되어서도 특유의 카리스마를 드러낸 대목이었다. 눈치 보느라 방어적인 자세를 취하는 건 자존심이 허락하지 않는다고 했다. 여기에 말의 힘을 믿어 봤다. 쉽지 않다는 건 알고 있다. 하지만 생각만 하는 것보다 말로 표현을 해야 이루기 위한 움직임도 달라진다는 철학. 올 시즌도 마찬가지다. 목표는 당연히 우승이다. 선수단에게도 우승하기 위한 생각을 하고, 우승하기 위한 행동을 해 달라고 당부했다. 그렇게 하나 된 생각으로 팀워크를 다져 간 것도 또 하나의 성과였다.

신뢰가 두터워졌다. 고참 선수들이 팀을 위해 헌신하고 젊은 선수들이 보고 배우는 문화가 만들어졌다. 여기에는 자신과의 약속을 지킨 것이 주효했다. 감독 데뷔 시즌에 돌입하면서 뱉은 말은 꼭 지키자고 스스로 굳게 다짐했다. 베테랑들에게 이 생각을 전했다. 권 감독의 선수 생활을 실제로 함께했던 베테랑 선수들은 그의 성향을 잘 알고 있었다. 특유의 강단을 받아들였고, 의외의 섬세함에 놀라며 서로의 진심을 공유했다.

덕분에 불안함도 이겨낼 수 있었다. 9연패 기간 동안 여유가 없었던 것도 사실이다. 하지만 선수단을 믿겠다는 약속을 저버리고 동요하는 모습을 보이기 싫었다. 이에 선수단도 포기하지 않았고 반등을 이뤄 냈다. 그 속에서 초보 감독답지 않은 과감한 결단도 돋보였다. 그 뒤에는 철저한 연구가 있었다. 선수마다 최고의 퍼포먼스를 낼 수 있는 상황이 다른 만큼, 이를 분석해 선발과 교체를 결정했고 선택과 집중을 통해 마침내 결과를 만들어 갔다.

이제 2년 차. 크게 달라지는 건 없다. 했던 대로. 담대하게, 그리고 용감하게.

권영민

2023-2024 SQUAD

Best 7

IN

OUT

이민욱 ▶

김강녕 ▶

우병헌 ▶

박태환 ▶

박지윤 ▶

서재덕 OP · 타이스 OH · 박철우 MB

신영석 MB · 임성진 OH · 하승우 S

료헤이 L

라인업

no.	이 름	포지션	no.	이 름	포지션	no.	이 름	포지션
1	서재덕	OH	9	임성진	OH	17	박찬웅	MB
2	김주영	S	10	장지원	L	20	정성환	MB
3	박철우 ⓒ	MB	11	조근호	MB	23	신영석	MB
4	타이스	OH	12	이지석	L	30	이태호	OP
5	김광국	S	14	강우석	OH			
6	하승우	S	15	구교혁	OH			
8	안우재	MB	16	료헤이	L			

아시아쿼터

료헤이 L

NO.1
서재덕

OH 아웃사이드 히터

생년월일	1989.07.21
신장	194cm
출신교	문정초▶문흥중▶전자공고▶성균관대
입단	2011-2012시즌 1라운드 2순위
이적	–
총 보수	7억 4,700만 원 (연봉 6억 2,000만 원, 옵션 1억 2,700만 원)

우승은 우리꺼!

내가 잘하면 우리는 이긴다

팀에서 차지하는 비중이 절대적으로 크다는 걸 스스로 알고 있다. 리시브에서 버텨 줘야 하고, 공격에서 해결 능력도 보여줘야 한다. 지난 시즌 공격에서 조금 더 득점을 내지 못한 점이 아쉬움으로 남는다. 하지만 올 시즌은 다르다. 료헤이가 합류하면서 리시브에서 기댈 수 있는 구석이 생겼다. 이 여유가 좋은 공격력으로 이어지는 선순환을 기대한다.

좋은 예감

고참 선수들 중 팀의 유일한 프랜차이즈 스타다. 팀이 큰 경기에서 한 계단씩 올라가고 있음을 발견했다. 순서대로라면 올해는 챔피언결정전에 진출할 차례. 기존 선수 구성은 워낙에 좋다. 여기에 숙제를 발견했고 확실히 보강을 마친 만큼 올 시즌엔 초반부터 치고 나갈 전략이다. 차근차근. 징조가 좋은 건 기분 탓이 아니다.

🏐 서재덕의 TOP3

서재덕	통산 서브 득점	통산 리시브 정확	통산 수비 성공
	267점	**4,554**개	**6,242**개

🏐 2022-2023 V-리그 경기기록

34 경기	**138** 세트	**400** 득점	**35** 블로킹	**43** 서브
49.09 공격 성공률(%)	**0.174** 세트 Avg(set)	**29.6** 리시브 효율(%)	**1.167** 디그 Avg(set)	

NO.2
김주영

S 세 터

생년월일	2004.08.10
신장	192cm
출신교	대석초▶팔마중▶순천제일고
입단	2022-2023시즌 1라운드 5순위
이적	–
총 보수	6,200만 원 (연봉 4,000만 원, 옵션 2,200만 원)

부상 없이 우승까지!

무궁무진 잠재력

2022-2023시즌 신인 드래프트에서 한국전력의 첫 번째 선택은 김주영이었다. 고등학교를 졸업하자마자 내민 도전장. 여기에 부임 첫해를 맞은, 세터 출신 권영민 감독의 선택이 담겨 있었기에 더 의미가 컸다. 발전 가능성을 봤다. 그 자체로 매력적인 장신 세터. 타점이 높아 네트를 넘어갈 공도 잡아낼 수 있고, 공격적인 부분에서의 강점을 보이는 것도 매력 포인트.

한 걸음씩, 한국전력의 미래로!

프로 진출 후 2023 컵대회에서 처음으로 '세터'로서 많은 시간을 소화했다. 만족할 만한 결과는 아니었지만, 세터로 경기를 뛸 수 있다는 게 좋았고 서브나 블로킹 등 공격적인 면에서 매력을 전할 수 있었던 건 보너스였다. 새 시즌 역시 원포인트 서버 또는 백업 세터의 역할을 맡을 전망이다. 컵대회 때처럼 조금씩 출전 시간을 늘려 가며 팀에 기여하고 싶다.

김주영의 TOP3

김주영	-	-	-
	-	-	-

2022-2023 V-리그 경기기록

2	3	-	-	-
경기	세트	득점	블로킹	서브
-	-	-	-	
공격 성공률(%)	세트 Avg(set)	리시브 효율(%)	디그 Avg(set)	

© NO.**3**
박철우

MB 미들 블로커

생년월일	1985.07.25
신장	200cm
출신교	본리초▶경북사대부중▶경북사대부고▶명지대
입단	프로출범등록
이적	현대캐피탈▶삼성화재(2010)▶한국전력(2020)
총 보수	1억 5,100만 원 (연봉 1억 2,000만 원, 옵션 3,100만 원)

나는 아포짓 선수가 아닌 '배구선수'

올 시즌 한국전력의 큰 변화 중 하나는 박철우의 미들 블로커 정착이다. 대한민국 아포짓의 상징인 선수가 포지션을 바꾸는 건 쉽지 않은 일이다. 그럼에도 팀을 위해, 묵묵히 받아들였다. 왼손 미들 블로커의 사례가 우리나라에는 흔치 않은 만큼 막막하기도 했다. 하지만 0에서 하나씩 배워 간다고 생각하니 재미도 있다. 자리는 바뀔지언정 클래스는 영원하다.

19년 차 베테랑이 외치는 신인의 마음

화려한 시절도 겪어 봤다. 그 속에 은퇴할 때까지 발전하는 선수가 되고 싶다는 마음은 변함이 없다. 새로운 포지션에서 기회를 잡기 위해 신인처럼 준비하고 훈련한다. 경험으로 다진 장점은 살리면서, 젊은 선수들에게 배우기도 한다. 당연한 일을 할 뿐, 헌신이라는 표현은 거창하다고 했다. 그의 자세를 엿볼 수 있는 대목. 박철우는 박철우다.

🏐 박철우의 TOP3

박철우	통산 득점	통산 서브 득점	통산 출전 경기 수
	6,583점	**351**점	**528**경기

🏐 2022-2023 V-리그 경기기록

36 경기	138 세트	159 득점	12 블로킹	6 서브
46.08 공격 성공률(%)	**0.058** 세트 Avg(set)	**-** 리시브 효율(%)		**0.355** 디그 Avg(set)

NO.4
타이스
덜 호스트

생년월일	1991.09.18
신장	205cm
국적	네덜란드
입단	2023 외국인선수 트라이아웃 7순위
이적	삼성화재(2016-2019) ▶한국전력(2022-)
총 보수	55만 달러

OH 아웃사이드 히터

Let's go!

과연, 최적의 포지션은?

국가대표팀 일정으로 10월 초에 팀에 합류한다. 시즌을 앞두고 권영민 감독은 타이스가 조금 더 공격에 집중할 수 있도록 아포짓 기용을 고려했으나, 많은 시간 맞춰 보지 못한 채로 승부수를 던지기엔 부담스럽다. 꾸준히 준비해 온 국내 선수들에게 오히려 좋지 않은 영향이 있을 수 있다. 시즌 직전까지 고민은 계속될 것 같다.

장기 레이스

지난 시즌 충분히 잘했다. 특히나 초반 팀이 어려울 때 고군분투했다. 여파였을까. 후반 승부처, 특히 포스트시즌에 부상이 겹치며 힘을 발휘하기 어려웠다. 교훈을 얻었다. 이기는 경기를 위해 적극적으로 활용하는 것도 좋지만 긴 시즌을 위해 아끼는 것도 필요하다는 걸. 국내 선수들이 공수에서 그 부담을 덜어 주길 바란다. 세터진에도 이 내용을 확실히 전했다.

타이스의 TOP3

타이스	통산 공격 특점	한 경기 최다 특점	한 경기 최다 서브
	3,311점	51점	7개

2022-2023 V-리그 경기기록

35 경기	145 세트	882 득점	72 블로킹	69 서브
54.69 공격 성공률(%)	0.097 세트 Avg(set)	8.70 리시브 효율(%)	1.324 디그 Avg(set)	

NO.5
김광국

S 세 터

생년월일	1987.08.13
신장	187cm
출신교	신안초▶진주동명중▶진주동명고▶성균관대
입단	2009-2010시즌 1라운드 3순위
이적	우리캐피탈▶삼성화재(2020)▶한국전력(2020)
총 보수	1억 7,100만 원 (연봉 1억 3,000만 원, 옵션 4,100만 원)

최고의 시즌을 만들자 !

내 마음속 최고의 시즌

개인적인 커리어로는 좋지 않은 쪽으로 손에 꼽을 지난 시즌이었다. 하지만 좋았고, 행복했다. 팀 성적이 좋았기 때문이다. 주전으로 뛸 때보다 백업으로 뛰는 게 더 어렵다는 걸 몸소 느꼈다. 그래도 교체로 들어가 상황을 뒤집고 분위기를 바꿔 내며 팀 승리에 기여했다. 그 순간순간 함성을 잊지 못한다. 그 여운으로 최고의 시즌을 올 시즌 '우승'으로 경신하고 싶다.

ANY CALL

최고의 강점이자 무기는 실전 경험이 많다는 것. 상황마다 필요한 게 뭔지 안다. 올 시즌도 하승우의 뒤를 받친다. 팀이 어려울 때 안심하고 부르는 세터가 되고 싶다. 그렇게 지는 경기를 이기게 만들거나, 승점 1점이라도 더 따내는 걸 목표로 한다. 권영민 감독이 꼽은 비시즌 가장 노력한 선수 중 한 명. 베테랑의 노력은 더 큰 시너지를 발휘하게 되어 있다.

🏐 김광국의 TOP3

	통산 세트 성공	한 경기 최다 세트	통산 출전 경기 수
김광국	**8,261**개	**62**개	**335**경기

🏐 2022-2023 V-리그 경기기록

29 경기	75 세트	14 득점	11 블로킹	1 서브
18.8 공격 성공률(%)	**5.840** 세트 Avg(set)	- 리시브 효율(%)		**0.693** 디그 Avg(set)

NO.6
하승우

S 세   터

생년월일	1995.06.02
신장	185cm
출신교	하양초▶현일중▶현일고▶중부대
입단	2016-2017시즌 1라운드 2순위
이적	우리카드▶한국전력(2022)
총 보수	4억 4,700만 원 (연봉 4억 원, 옵션 4,700만 원)

반가워, 한국전력

이적 후 한국전력에서 보낸 첫 시즌. 초반 호흡이 맞지 않아 고전하기도 했고 중반엔 골절상으로 결장했다. 하지만 대담하고 밝은 특유의 성격이 세터의 심적 부담을 덜어 주고자 하는 권영민 감독을 만나 그 장점이 더 살아날 수 있었다. 덕분에 기복이 줄었다. 눈에 띄는 토스미스가 크게 줄어든 걸 느낀다. 이 성장을 토대로 새 시즌은 시작부터 잘하고 싶다.

빌드업 완료

수비가 강화됐다. 가장 반가운 사람은 리시브를 세트로 연결할 세터. 더불어 올 시즌은 포지션도 다시금 정리된 만큼 더 안정적인 경기 운영을 기대해 본다. 개인적으로는 속공 점유와 성공률을 높이고 싶다. 상대 견제가 분산되면 공격이 더 수월해지는 건 당연한 순리. 안정감에 다양성을 더한 또 한 번의 성장을 기대해 본다.

하승우의 TOP3

하승우	한 경기 최다 세트	한 경기 최다 서브	한 경기 최다 블로킹
	61개	5개	5개

2022-2023 V-리그 경기기록

31 경기	126 세트	21 득점	11 블로킹	4 서브
24 공격 성공률(%)	8.857 세트 Avg(set)	- 리시브 효율(%)		0.810 디그 Avg(set)

NO.**8**
안우재
MB 미들 블로커

생년월일	1994.12.19
신장	197cm
출신교	남양초▶송림중▶송림고▶경기대
입단	2015-2016시즌 1라운드 5순위
이적	한국전력▶삼성화재(2020)▶한국전력(2022)
총 보수	5,600만 원 (연봉 4,000만 원 옵션 1,600만 원)

행복하자 아프지 말고

보이지 않는 곳에서 묵묵히, 누구보다 열심히

허리디스크 수술로 한 시즌을 통으로 쉬었다. 여기에 지난 시즌부터 출전 엔트리가 축소되면서 어렵게 구한 새로운 둥지에서 초조함이 커졌던 것도 사실이다. 하지만 포기할 수 없기에 보이지 않는 곳에서 구슬땀을 흘렸다. 오랜만에 2023 컵대회를 통해 실전을 치렀다. 마음만큼 몸이 따라 주진 않았다. 하지만 아쉬움과 절실함은 그 무엇보다 강력한 동기 부여가 된다.

배우고, 살리고

팀 안에 미들 블로커 '1타 강사'가 여럿 있다. 이선규 코치에게 기본을, 신영석 선배에게 대처를 배우며 나에게 맞는 방법을 체득하고 있다. 날개 공격수였던 장점을 살려 파워 있는 공격과 하이볼 블로킹에서의 강점을 내세우고 싶다. 그렇게 새 시즌에는 팀과 더 많은 시간 호흡하며 결정적인 블로킹에 가담하기를 소망한다.

🏐 안우재의 TOP3

	통산 블로킹	한 경기 최다 블로킹	한 경기 최다 득점
안우재	**153**개	**6**개	**17**점

🏐 2022-2023 V-리그 경기기록

경기	세트	득점	블로킹	서브
-	-	-	-	-

공격 성공률(%)	세트 Avg(set)	리시브 효율(%)	디그 Avg(set)
-	-	-	-

NO.9
임성진

OH 아웃사이드 히터

생년월일	1999.01.11
신장	195cm
출신교	의림초▶제천중▶제천산업고▶성균관대
입단	2020-2021시즌 1라운드 2순위
이적	–
총 보수	2억 4,700만 원 (연봉 2억 원, 옵션 4,700만 원)

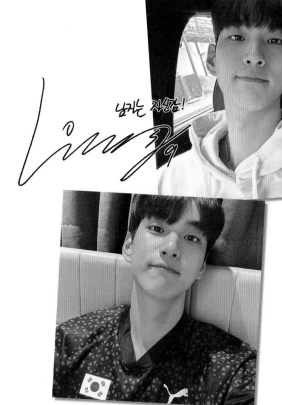

넘치는 자신감!

잠재력 폭발의 원동력은 자신감

기대했던 잠재력이 마침내 폭발했다. 대학 시절부터 보여준 실력에 대한 믿음은 있었다. 관건은 심리. 권영민 감독은 기죽지 않도록 다독였고, 선배들은 기가 살도록 응원했다. 조금씩 자신감이 생겼다. 수비는 원래도 확실했다. 여기에 자신감을 업고 공격이 살아나니 기술적 향상이라는 시너지 효과로 이어졌다. 기량은 출중했다. 결국엔 자신감이었다.

하고 싶은 거 다 해

새 시즌에도 잘해 줄 거라 믿는다. 그렇다고 '더' 잘해 달라고 기대감을 높이는 건 아니다. 자칫 부담감으로 이어질 수 있기 때문이다. 그저 할 수 있는 부분에서 최선을 다했으면 한다. 부담은 형들이 짊어진다. 본인이 형이 되었을 때 해야 하는 역할이 있는 만큼, 지금 즐길 수 있을 땐 충분히 즐겼으면 한다. 재미있게, 웃으면서.

임성진의 TOP3

임성진	한 경기 최다 득점	한 경기 최다 서브	한 경기 최다 블로킹
	23점	**4**개	**4**개

2022-2023 V-리그 경기기록

36 경기	145 세트	306 득점	43 블로킹	32 서브
49.68 공격 성공률(%)	**0.145** 세트 Avg(set)	**37.01** 리시브 효율(%)	**1.407** 디그 Avg(set)	

NO.10
장지원

L 리 베 로

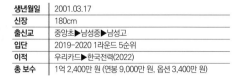

생년월일	2001.03.17
신장	180cm
출신교	중앙초▶남성중▶남성고
입단	2019-2020 1라운드 5순위
이적	우리카드▶한국전력(2022)
총 보수	1억 2,400만 원 (연봉 9,000만 원, 옵션 3,400만 원)

아프지 않고
할 수 있는 최선을

리베로는 멘털이다!

지난 시즌 연패의 책임이 다 나에게 있는 것 같았다. 소심해지고 자신감이 떨어진 내 모습에 화가 나기도 했다. 하지만 지나고 보니 자양분이 되었다. 수없이 마주할 위기 상황을 헤쳐 갈 나만의 노하우를 그렇게 쌓아 간다. 리베로는 결국 멘털이라는 걸 배웠다. 기술적인 것도 중요하지만, 좋은 정신력 안에 리시브도 있고 디그도 있다. 이 부분을 성장시키는 게 급선무다.

긍정적인 자극제

최대 보강 포지션이 나의 포지션이다. 가장 강력한 경쟁자가 합류했다. 함께 훈련해 보니 보고 배울 점이 많아 기대가 크다. 프로에서 경쟁은 피할 수 없는 숙명. 나보다 더 나은 점을 인정하고, 도와줄 부분은 도와주면서 나에게 기회가 주어진다면 더 나아진 내 실력을 보여주겠다는 각오로 시즌에 돌입한다.

🏐 장지원의 TOP3

	통산 리시브 효율	통산 디그(Avg)	통산 출전 경기 수
장지원	37.88%	1.626개	108개

🏐 2022-2023 V-리그 경기기록

36 경기	136 세트	- 득점	- 블로킹	- 서브
- 공격 성공률(%)	0.353 세트 Avg(set)	38.42 리시브 효율(%)	1.809 디그 Avg(set)	

NO.**11**
조근호

MB 미들 블로커

생년월일	1990.05.23
신장	198cm
출신교	규암초▶부안중▶평촌고▶경기대
입단	2012-2013 2라운드 3순위
이적	현대캐피탈▶우리카드(2017)▶한국전력(2018)
총 보수	2억 400만 원 (연봉 1억 5,000만 원, 옵션 5,400만 원)

우승 가고아!

꼭 필요한 감초, 가치 있는 조연

화려하지 않지만 꾸준하다. 눈에 띄게 확 늘지는 않아도 차근차근 전진하고 있음에 의미를 담는다. 퇴보하지 않았으니까. 지난 시즌도 그렇게 한 걸음 올라섰다. 그런 자신을 감초라고 정의했다. 오히려 주연은 할 수 없는 조연의 역할에 자부심을 느낀다. 여기에 주연을 빛나게 하는 조연의 수명이 더 길다고 했던가. 이런 선수도 오래 살아남을 수 있음을 보여주고 싶다.

ENJOY, BE STRONG

최대 강점은 범실이 적다는 점. 이게 팀을 위한 자신의 역할이라고 생각한다. 올 시즌도 마찬가지다. 여기에 문득 느낀 점이 있다. 잘하는 선수가 무섭지 않고, 즐기는 선수가 무섭다는 것. 더 즐겨 보려고 한다. 그렇게 더 강해지려 한다. 시즌을 앞두고 체결한 FA 계약도 새로운 동기부여가 된다. 또 한 번의 기회를 노려 보며, 그렇게 또 한 걸음 전진할 것이다.

🏐 조근호의 TOP3

	통산 블로킹 성공	한 경기 최다 블로킹	통산 공격 성공률
조근호	219개	5개	53.18%

🏐 2022-2023 V-리그 경기기록

28	95	92	33	3
경기	세트	득점	블로킹	서브

56.57	0.063	-	0.263
공격 성공률(%)	세트 Avg(set)	리시브 효율(%)	디그 Avg(set)

NO.12
이지석

OH 아웃사이드 히터

생년월일	1998.02.05
신장	183cm
출신교	흥덕초▶남성중▶남성고▶한양대
입단	2018-2019 1라운드 5순위
이적	삼성화재▶한국전력(2020)
총 보수	1억 2,400만 원 (연봉 8,000만 원, 옵션 4,400만 원)

결국엔 해피엔딩

프로 데뷔 후 가장 많은 경기에 출전했던 지난 시즌이었다. 함께 시간을 나눴던 젊은 두 리베로의 시행착오도 있었지만, 이렇게 많은 경기에 나설 수 있다는 점에서 살아 있음을 느꼈다. 프로에 와서 가장 즐거웠던 시즌이었다. 다만 첫 풀타임을 치르는지라 부담도 됐다. 하지만 실전 경험을 통해 멘털적으로 성장했다. 그 힘을 더해 팀에 활기를 불어넣고 싶다.

팀을 위한 아웃사이드 히터

팀 사정상 올 시즌은 아웃사이드 히터로 준비한다. 학창 시절 수비형 공격수 역할이었다. 당시에도 수비의 비중이 훨씬 컸지만, 공격 성공률도 나쁘지 않았기에 큰 걱정은 없다. 주로 수비 보강을 위한 후위 세 자리를 책임지거나, 주축 선수들의 숨 돌리는 시간을 벌어 주는 임무를 맡을 전망. 새로운 자리에서도 강점인 수비를 살리며 도약을 노린다.

이지석의 TOP3

	통산 리시브 효율	통산 디그(Avg)	통산 출전 경기 수
이지석	36.33%	0.800개	68경기

2022-2023 V-리그 경기기록

26 경기	72 세트	- 득점	- 블로킹	- 서브
- 공격 성공률(%)	0.167 세트 Avg(set)	40.67 리시브 효율(%)	0.931 디그 Avg(set)	

NO.14
강우석

OH 아웃사이드 히터

생년월일	1999.01.16
신장	188cm
출신교	부속초▶남성중▶남성고▶성균관대
입단	2021-2022 2라운드 7순위
이적	–
총 보수	6,400만 원 (연봉 4,200만 원, 옵션 2,200만 원)

부상없이 시즌 우승!!

좋은 친구, 좋은 경쟁

프로 데뷔 시즌에는 한 경기도 치르지 못했지만, 2년 차였던 지난 시즌 조금씩 존재감을 내비칠 수 있었다. 적은 시간 속에서도 소중한 경험은 차곡차곡 쌓였다. 마침내 주전으로 도약한 대학 동기 임성진의 활약도 좋은 자극제가 된다. 친구에게도 배우려는 자세로 이전보다 더 나아진 시즌을 꿈꾼다.

해답은 수비

대학 시절 공격에 강점이 있는 날개 공격수였다. 하지만 프로에 오니 같은 포지션 대비, 상대적으로 작은 체구로 인해 공격에서 큰 두각을 나타내기는 어렵다고 판단했다. 생존 전략을 고민했다. 답은 수비. 수비 보강을 위해 더 큰 노력을 기울이고 있다. 초반보다 조금씩 성장하고 있음을 느낀다. 화려하지 않아도 궂은일을 도맡아 하는 살림꾼을 목표로 한다.

🏐 강우석의 TOP3

	한 경기 최다 득점	한 경기 최다 공격 득점	한 경기 최고 공격 성공률
강우석	13점	12점	60%

🏐 2022-2023 V-리그 경기기록

6 경기	9 세트	16 득점	2 블로킹	– 서브
60.87 공격 성공률(%)	– 세트 Avg(set)	**25** 리시브 효율(%)	**0.444** 디그 Avg(set)	

NO.**15**
구교혁

OH 아웃사이드 히터

생년월일	2000.11.09
신장	192cm
출신교	도곡초▶소사중▶송림고▶중부대
입단	2022-2023 2라운드 3순위
이적	–
총 보수	7,200만 원 (연봉 5,000만 원, 옵션 2,200만 원)

강서버, 구교혁

데뷔 시즌 생각보다 많은 기회를 받았다. 역할은 원포인트 서버. 초반에는 긴장감에 기량을 발휘하기 어려웠지만, 형들의 든든한 버팀목 덕에 자신감을 찾고 경기에 나설 수 있었다. 대학 시절 서브 1위를 차지한 적도 있는 만큼 서브는 언제나 자신 있다. 과감하고 공격적인 서브로 분위기를 끌어올리며 팬들 기억에 첫해부터 구교혁이란 이름을 새겼다.

천천히, 강하게

강점은 공격적인 모습이다. 상대적으로 체구가 큰 건 아니지만 볼에 힘을 실을 수 있고, 팔이 긴 편이라 타점이 잘 잡힌다는 평가. 프로에 와서 더 과감해진 성향은 플러스 요인이 됐다. 다만 아직 젊은 선수인 만큼 부족하다고 느끼는 기본기를 보완하려는 쪽에 더 집중하고 있다. 지난 4월 연골 봉합 수술 여파로 12월쯤 복귀를 예상한다.

구교혁의 TOP3

구교혁	한 경기 최다 서브	한 경기 최다 블로킹	2022-2023 시즌 출전 경기 수
	2개	2개	29경기

2022-2023 V-리그 경기기록

29 경기	88 세트	14 득점	2 블로킹	9 서브
27.27 공격 성공률(%)	- 세트 Avg(set)	28.57 리시브 효율(%)	0.045 디그 Avg(set)	

NO.**16**
이가
료헤이

생년월일	1994.06.29
신장	171cm
국적	일본
입단	2023 아시아쿼터 트라이아웃 2순위
이적	–
총 보수	10만 달러

L 리 베 로

V-리그 최초 외국인 선수 리베로

비시즌 수비 보강을 외쳤던 팀에 적임자로 찰떡같이 등장했다. 아시아 쿼터를 활용한 최고의 선택이었다. 다만 본인은 이에 큰 의미를 두지 않으려 한다. 그저 잘하는 것을 열심히 하고 싶은 마음으로 V-리그에 입성했을 뿐. 수장으로 호흡을 맞춰 본 권영민 감독은 자신감이 넘치고 잘하고 싶은 마음이 큰 선수라고 소개했다. 최초의 선택은 어떤 퍼포먼스로 이어질까.

야수의 심장으로

자신의 강점을 마지막까지 싸울 수 있는 마음가짐으로 꼽았다. 목표는 주변에 흔들리지 않고 자신의 길을 가는 것이라고 했다. 의미심장하다. 평소에는 다소 정적인 모습이다. 하지만 배구를 할 때만큼은 자신이 뜨거워지는 걸 느끼고, 코트 안에서 크게 표현하는 편이라고 한다. 덕분에 경기할 때 팀의 소통이 원활하고 긍정적인 시너지가 감돈다. 그의 에너지가 궁금해진다.

료헤이의 TOP3

료헤이	-	-	-
	-	-	-

2022-2023 V-리그 경기기록

경기	세트	득점	블로킹	서브
-	-	-	-	-

공격 성공률(%)	세트 Avg(set)	리시브 효율(%)	디그 Avg(set)
-	-	-	-

NO.17
박찬웅

MB 미들 블로커

생년월일	1997.08.13
신장	196cm
출신교	연현중▶영생고▶한양대
입단	2020-2021시즌 2라운드 6순위
이적	–
총 보수	1억 5,100만 원 (연봉 1억 1,000만 원, 옵션 4,100만 원)

시련은 있어도 실패는 없다

3년 차의 '성장통'

2년 차에 본격 기회를 받았다. 패기를 무기로 경기를 즐길 수 있었다. 하지만 프로에서의 경험은 상대 분석의 표적이 되기 마련. 견제가 높아졌다. 여기에 젊은 선수들이 감당해야 하는 성장통 중 하나. 경험이 쌓일수록 생각이 많아진다는 것. 되레 긴장감이 높아졌고 불필요한 범실이 나왔다. 하지만 원인을 진단할 줄 아는 선수는 반드시 '성장'한다.

빠르게, 파이팅!

무기는 스피드. 그리고 파이팅이다. 미들 블로커로서 상대적으로 큰 신장은 아니지만, 보완을 위해 누구보다 노력한다. 한 발 더, 그리고 빠르게 움직이기 위한 연습을 많이 하고 있다. 여기에 막내의 역할과 더불어 지난 시즌의 교훈을 떠올린다. 나의 파이팅이 팀에게도, 나에게도 도움이 된다. 더 밝은 모습으로, 경기를 즐기면서 자신감 있는 플레이를 예고했다.

박찬웅의 TOP3

박찬웅	한 경기 최다 득점	한 경기 최다 블로킹	통산 출전 경기 수
	11점	**8**개	**60**경기

2022-2023 V-리그 경기기록

25	69	77	32	2
경기	세트	득점	블로킹	서브

57.33	0.029	47.06	0.362
공격 성공률(%)	세트 Avg(set)	리시브 효율(%)	디그 Avg(set)

NO.20
정성환

MB 미 들 블 로 커

생년월일	1996.02.23
신장	196cm
출신교	진주동명중▶진주동명고▶경기대
입단	2019-2020시즌 2라운드 5순위
이적	OK저축은행▶한국전력(2022)
총 보수	5,600만 원 (연봉 4,000만 원, 옵션 1,600만 원)

모든 순간을 소중히

트레이드로 지난 시즌 한국전력에 합류했다. 같은 포지션에 걸출한 선배들이 포진해 진입 장벽이 높은 것도 현실이지만 그보다 선배들에게 더 많은 걸 배울 수 있다. 밝은 에너지를 전하는 형들 덕분에 적응도 수월했고, 기회를 받은 이번 컵대회를 앞두고도 신영석 선배가 큰 도움을 줬다. 결과는 만족스럽지 않았지만 이렇게 묵묵히 버티면서 기회가 올 날을 기다린다.

묵묵히, 탄탄히

체공력이 좋은 편이고 속공에서도 장점을 보인다는 평가다. 경험 많은 선배들의 조언으로 블로킹 리딩도 발전했다고 느낀다. 군 복무를 해결했다는 것도 이점. 아쉬움으로 꼽은 2단 토스나 서브는 보완을 위해 노력 중이다. 화려하진 않아도 동료들을 든든하게 받치는 미들 블로커로 성장하는 게 꿈이다. 이를 위해 새 시즌 더 많은 경기에 출전하는 게 1차 목표다.

정성환의 TOP3

정성환	한 경기 최다 특점	통산 출전 경기 수	-
	9점	25경기	-

2022-2023 V-리그 경기기록

7 경기	16 세트	4 득점	1 블로킹	- 서브
60 공격 성공률(%)	- 세트 Avg(set)	- 리시브 효율(%)	- 디그 Avg(set)	

NO.23
신영석

MB 미들 블로커

생년월일	1986.10.04
신장	200cm
출신교	송전초▶인창중▶인창고▶경기대
입단	2008-2009 1라운드 2순위
이적	우리카드▶현대캐피탈(2016)▶한국전력(2020)
총 보수	7억 7,700만 원 (연봉 6억 원, 옵션 1억 7,700만 원)

STILL HUNGRY

지난 시즌 플레이오프 직전에 당한 발목 부상은 두고두고 아쉽다. 수술이 필요하다는 소견도 있었지만 재활로 이겨내기로 했다. 다행히 상태가 호전되어 시즌 개막은 문제없을 듯. 최근 에이징 커브라는 말이 들려온다고 한다. 화가 난다. 살아 있음을 보여주고 싶다는 갈증은 여전하다. 은퇴 전까지 어떤 영예를 얻어도 만족하지 못할 것 같다는 말에 그런 목마름이 좋다고 답했다. 여전히 배고픈 신영석의 정점은 어디일까.

가장 빛나는 조연

날개 공격수는 팀을 이기게 하지만, 가운데 공격수는 팀을 편하게 해준다는 말에 격하게 공감한다. 올 시즌도 자신이 차지하는 비중이 클 것이고, 컸으면 좋겠다. 동료를 편하게 해주기 위해서. 속공 비중을 늘림으로써 자신에 대한 상대 견제를 높여 다른 공격수들이 더 쉽게 공격에 가담하도록 하는 게 역할이다. 별이 빛날 수 있도록, 밤하늘이 되어 주고 싶다.

🏐 신영석의 TOP3

	통산 블로킹	통산 득점	통산 서브
신영석	1,146개	3,831점	285개

🏐 2022-2023 V-리그 경기기록

35 경기	142 세트	311 득점	111 블로킹	32 서브
63.4 공격 성공률(%)	0.085 세트 Avg(set)	30.95 리시브 효율(%)	0.585 디그 Avg(set)	

NO.30
이태호

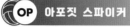

OP 아포짓 스파이커

생년월일	2000.08.16
신장	203cm
출신교	영생고
입단	2012-2013시즌 1라운드 3순위
이적	–
총 보수	7,000만 원 (연봉 4,800만 원, 옵션 2,200만 원)

비록 우승!!!

다섯 번째 시즌을 맞는 만 23세

이번 2023 컵대회에서 큰 공격 비중을 책임져야 했다. 공격력은 충분히 보여줬으나 클러치 상황에 나온 범실은 보완점이었다. 에이스의 자세에 대해 다시 생각하는 계기가 됐다. 나이대는 신인 선수와 비슷하지만 5년 차를 맞은 만 23세는 다르다고 말했다. 책임감이 커졌다. 물론 그만큼 아쉽다. 하지만 할 수 있다는 희망도 함께 봤다. 원동력 삼아 도약을 기대한다.

이제 곧 빛날 때

전문가가 되려면 만 10년이 필요하다고 들었다. 중3부터 배구를 시작해 10년 차가 되려면 2년 정도 남았다. 궤도에 오르기 위해 진짜 담금질이 필요한 시기. 선배들에게 많은 조언을 얻고 있다. 여기에 타고나게 주눅 들지 않는 성격을 가졌다. 포기하지만 않는다면. 타고난 신체 조건과 운동 능력, 그리고 왼손잡이 거포 공격수라는 매력은 언젠가 빛을 발하게 되어 있다.

이태호의 TOP3

이태호	한 경기 최다 득점	한 경기 최다 공격 득점	통산 출전 경기 수
	16점	13점	50경기

2022-2023 V-리그 경기기록

16	37	32	4	3
경기	세트	득점	블로킹	서브

44.64	0.027	-	0.162
공격 성공률(%)	세트 Avg(set)	리시브 효율(%)	디그 Avg(set)

재창단의 각오,
새로운 퍼즐 맞추기

서울
우리카드
우리WON

최종성적

승점	56
승	19
패	17
세트 득/실(득실률)	72/72 (1.000)
점수 득/실(득실률)	3,224/3,158 (1.021)

항목별 팀 순위

득점	2 위	3,224 점
공격종합	4 위	51.27 %
블로킹	4 위	2.306 개
서브	4 위	1.431 개
디그	5 위	8.250 개
세트	5 위	11.583 개
리시브	4 위	31.76 %
수비	5 위	13.979 개

라운드별 상대 전적

							순위
1R	3:2	1:3	1:3	3:0	0:3	3:1	5
2R	0:3	0:3	3:2	3:1	3:1	3:2	4
3R	0:3	1:3	3:2	3:1	3:0	3:1	4
4R	3:2	3:1	2:3	3:2	0:3	2:3	5
5R	3:0	0:3	2:3	2:3	2:3	0:3	6
6R	2:3	0:3	3:0	3:0	3:1	3:2	2
계	3승 3패	1승 5패	3승 3패	5승 1패	3승 3패	4승 2패	3위

홈 경기장_서울 장충체육관

사진 출처: 서울시설공단홈페이지

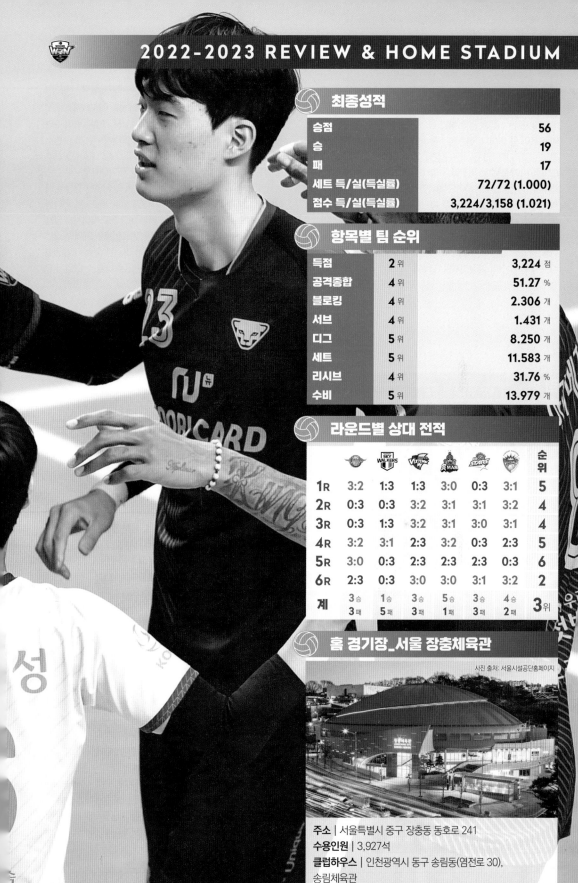

주소 | 서울특별시 중구 장충동 동호로 241
수용인원 | 3,927석
클럽하우스 | 인천광역시 동구 송림동(염전로 30), 송림체육관

주축 멤버의 변화, 우리카드는 변화 중

우리카드는 신영철 감독 부임 후 매 시즌 트레이드와 선수단 이동 폭이 큰 팀이다. 이번 시즌은 특히 그동안 팀의 간판이었던 나경복이 떠나면서 시즌 구상에 대한 고민이 컸다. 트레이드와 FA 보상선수로 이전에 우리카드에서 뛰었던 한성정, 박진우가 합류했고, 아웃사이드 히터인 송명근도 가세했다. 세터 황승빈이 떠났으나 군 제대 후 복귀한 이승원이 돌아왔다. 외국인 선수 트라이아웃에서도 남자부 7개 팀 중 유일하게 새 얼굴인 마테이 콕을 품은 우리카드는 아시아쿼터로 일본의 잇세이를 영입하며 전력 보강을 마쳤다. 신영철 감독은 쉽지 않은 시즌이 될 것이라 예상했지만 '봄배구' 단골손님 우리카드가 쉽게 무너지지 않을 것이라 많은 팬들이 기대하고 있다.

싹 바뀐 라인업, 변수는 중앙과 세터

선발 명단이 거의 대부분 바뀌었다. 사실상 새로운 팀이 꾸려졌다고 해도 과언이 아닐 정도로 라인업의 변화가 크다. 변수는 수술 후 건강을 회복한 미들 블로커 김재휘와 FA 보상선수로 합류한 베테랑 박진우의 활용 여부다. 국가대표로도 뽑혔던 이상현, 박준혁에 주장 최석기, 김완종 등의 치열한 경쟁이 예상된다. 여기에 아시아쿼터인 잇세이가 미들 블로커로 뛴다면 팀의 약점으로 꼽힌 높이는 어느 팀과 비교해도 떨어지지 않는다. 이번 시즌 우리카드 성적을 좌우할 포인트는 세터다. 2년 차의 젊은 한태준과 군 전역 후 가세한 이승원 중 누가 신영철 감독의 선택을 받아 코트의 야전사령관으로 나설 수 있을지 지켜볼 만하다.

감독

다 바뀐 우리카드,
봄 배구는 우리 것!

다 바뀌었다. 외부의 평가는 냉정하다. 이번에야말로 쉽지 않을 것이란 전망이 나온다. 하지만 '봄 배구 단골' 우리카드는 그대로 쓰러지지 않을 것이다. 언제나 그랬던 것처럼 오뚝이처럼 다시 일어나 높은 곳을 향해 질주할 것이다.

신영철 감독은 부임 후 한 번도 포스트시즌 진출을 놓치지 않았으나 2년 연속 단판 준플레이오프 탈락은 아쉬움으로 남았다. 설상가상으로 에이스 나경복이 떠났다. 신 감독은 냉정하게 우리카드의 전력이 상위권이 아니라고 진단했다. 그러면서도 '봄 배구 전도사'인 그는 "공은 둥글다"며 내심 자신감도 보였다. 마테이 콕, 김지한, 송명근, 한성정 등 날개 공격수들과 함께 박진우, 김재휘의 복귀, 잇세이의 가세로 중앙 뎁스도 좋아졌다. 신영철 감독은 새로운 선수들의 합류를 바라보며 재창단의 마음으로 팀을 새롭게 꾸려나가고 있다고 각오를 다졌다.

매년 도전자의 마음으로 준비하고 있는 신 감독에게 다가올 시즌을 더욱 특별하다. 계약 기간 마지막 해이기도 한 신영철 감독은 새로운 퍼즐을 맞춰서 어쨌든 성과물을 내야 한다. 하위권 팀들이 모두 전력 보강을 착실히 해 더 치열한 경쟁이 예상되는 가운데 신영철 감독은 새 얼굴인 마테이 콕과 잇세이가 자기 역할을 해준다면 충분히 해볼 만하다는 구상이다. 여기에 김재휘가 건강하게 돌아온다면 높이 부분에서도 충분히 강점이 있다는 계산이 선다. 나경복의 공백은 어쨌든 국내 선수들이 메워줘야 한다. 우리카드의 에이스가 되어야 하는 김지한, 다시 돌아온 한성정, 트레이드를 통해 합류한 송명근 등 날개 자원들이 힘을 합친다면 높은 곳을 바라볼 수 있다. 주장 최석기를 포함한 기존 선수들과 새 얼굴들과의 시너지 효과가 얼마나 날 수 있을지가 관건이다. 신 감독과 우리카드가 해피엔딩을 거둘 수 있을지 많은 팬들도 궁금해 하고 있다.

신영철

Best 7

IN		OUT	
한성정 ▶		장준호 ▶	
박진우 ▶		나경복 ▶	
송명근 ▶		황승빈 ▶	
이승원 ▶		송희채 ▶	

마테이 **OP**   김재휘 **MB**   김지한 **OH**

한성정 **OH**   잇세이 **MB**   한태준 **S**

오재성 **L**

라인업

no.	이 름		포지션	no.	이 름	포지션	no.	이 름	포지션
1	이강원		OP	9	김영준	L	20	이상현	MB
2	한태준		S	10	박준혁	MB	29	잇세이	MB
3	김광일		S	11	한성정	OH	31	김동민	OH
4	황준태		L	15	김완종	MB	33	박진우	MB
5	오재성		L	16	정성규	OH	77	송명근	OH
6	이승원		S	18	마테이	OP	99	김지한	OH
7	최석기	©	MB	19	김재휘	MB			

아시아쿼터

잇세이 **MB OP**

NO.**1**
이강원

OP 아포짓 스파이커

생년월일	1990.05.05
신장	198cm
출신교	수성초▶경북사대부중▶경북사대부고▶경희대
입단	2012-2013 1라운드 1순위
이적	LIG손해보험▶삼성화재(2018)▶우리카드(2021)
총 보수	1억 1,200만 원 (연봉 1억 원, 옵션 1,200만 원)

우리카드의 소금 같은 존재

이강원은 자타 공인 우리카드에서 누구보다 열심히 모범적으로 운동하는 선수다. 하지만 지난 시즌 커리어 최소인 세 경기 출전에 그치며 아쉬운 성적표를 냈다. 그러나 이강원은 좌절하지 않는다. 의욕과 욕심만으로 되지 않는다는 것을 잘 알기에 자신의 위치에서 묵묵히 최선을 다할 뿐이다. 아무리 힘들어도 이겨내는 것이 프로라고 밝힌 이강원은 팀에서는 없어서는 안 되는 존재다.

언젠가 기회는 온다

아시아쿼터와 외국인 선수 등으로 인해 주어진 기회가 줄어들 것이라는 것을 잘 알지만 이강원은 자기만의 퍼포먼스를 유지한다면 기회가 올 것이고, 그것을 놓치지 않겠다고 다짐했다.

이강원의 TOP3

	한 경기 최다 득점	한 경기 최고 공격 성공률	한 경기 최다 에이스
이강원	27점	71.43%	5개

2022-2023 V-리그 경기기록

3 경기	7 세트	9 득점	- 블로킹	- 서브
50.00 공격 성공률(%)	**0.143** 세트 Avg(set)	- 리시브 효율(%)	**0.857** 디그 Avg(set)	

NO.2
한태준

S 세 터

생년월일	2004.04.05
신장	180cm
출신교	남양초▶본오중▶수성고
입단	2022-2023시즌 1라운드 4순위
이적	–
총 보수	7,700만 원 (연봉 5,500만 원, 옵션 2,200만 원)

저번시즌 과는 전혀다른
우리카드 와 한태준이 되겠습니다!

우리카드에 찾아온 복덩이

수성고를 나온 2004년생 세터는 다가올 시즌 우리카드의 야전사령관으로 활약할 가능성이 높다. 한국 최고의 세터 출신인 신영철 감독은 한태준의 가능성을 높이 평가하고 있다. KOVO컵을 통해 가능성을 보여준 한태준은 자신에게 주어진 기회를 놓치지 않겠다고 다짐한다. 롤 모델인 한선수처럼 롱런하는 세터가 되겠다고 다짐했다. 한태준은 지금 이 순간도 계속 성장하고 있다.

6년 연속 봄배구

멤버가 많이 바뀌어 쉽지 않을 것이란 전망도 나오지만 그는 다부지다. 씩씩하게 형들과 힘을 합쳐 반드시 봄배구에 오르겠다고 자신하고 있다. 매 경기 코트 위에서 후회를 남기지 않겠다는 한태준이다.

한태준의 TOP3

한태준	한 경기 최다 세트	한 경기 최다 에이스	디그(set)
	23개	2개	0.467개

2022-2023 V-리그 경기기록

18 경기	45 세트	6 득점	2 블로킹	4 서브
- 공격 성공률(%)	1.600 세트 Avg(set)	- 리시브 효율(%)	0.467 디그 Avg(set)	

NO.**3**
김광일
S 세 터

생년월일	1998.03.30
신장	187cm
출신교	창원대원초▶경북체중▶인창고▶중부대
입단	2020-2021 2라운드 2순위
이적	–
총 보수	8,200만 원 (연봉 6,000만 원, 옵션 2,200만 원)

후회없이!

마지막 기회

지난 시즌 코트를 밟지 못했던 김광일에게 이번 시즌에 임하는 각오는 더욱 남다르다. 그는 스스로 이번이 마지막 기회라며 실패가 두려워서 시도 못 했던 것들을 실패하더라도 시도하는 모습을 보이겠다고 강조했다. 김광일은 코트 위에서 경기를 뛰는 김광일의 모습을 보여주겠다면서 열심히만 하는 것이 아닌 잘하는 플레이를 할 수 있도록 모든 것을 쏟아내겠다고 각오를 다졌다.

치열한 주전 경쟁

2년 차 한태준에 군 전역한 이승원까지 김광일에게 다가올 시즌도 치열한 주전 경쟁은 예고되어 있다. 하지만 그는 포기하지 않는다. 잘하는 것을 극대화시키며 반드시 살아남겠다고 약속했다.

김광일의 TOP3

	한 경기 최다 세트	한 경기 최다 에이스	통산 출전 경기 수
김광일	**21**개	**2**개	**4**경기

2022-2023 V-리그 경기기록

경기	세트	득점	블로킹	서브
-	-	-	-	-

공격 성공률(%)	세트 Avg(set)	리시브 효율(%)	디그 Avg(set)
-	-	-	-

NO.**4**
황준태
L 리 베 로

생년월일	2000.04.28
신장	176cm
출신교	대구서부초▶경북사대부중▶사대부고▶한양대
입단	2022-2023시즌 3라운드 4순위
이적	–
총 보수	5,700만 원 (연봉 4,500만 원, 옵션 1,200만 원)

새롭게 달라진
황준태가 되겠습니다

더 많은 출전 시간

지난 시즌 루키로 프로 무대에 데뷔는 했으나 코트보다는 웜업존에서 바라보는 시간이 많았다. 특히 국내 최고의 리베로 오재성의 존재는 보고 있는 것만으로도 큰 도움이 됐다고 돌아봤다. 경기장 안팎에서 오재성에게 많이 배우면서 이번 시즌에는 더 많은 시간 코트에 서는 것이 목표다. 수비와 디그에 강점이 있는 황준태는 사용구 교체가 자신에게 호재가 될 것이라 자신하고 있다.

봄배구

한 경기로 끝난 생애 첫 봄배구는 황준태에게도 큰 아쉬움의 시간이었다. 이번 시즌에는 코트 위에서 동료들과 땀 흘리며 포스트시즌 무대를 느껴보고 싶은 황준태다..

황준태의 TOP3

	디그(set)	디그 성공률	리시브 효율
황준태	-	-	-

2022-2023 V-리그 경기기록

경기	세트	득점	블로킹	서브
1	1	-	-	-

공격 성공률(%)	세트 Avg(set)	리시브 효율(%)	디그 Avg(set)
-	-	-	-

NO.5
오재성

L 리 베 로

생년월일	1992.04.02
신장	174cm
출신교	토평초▶남성중▶남성고▶성균관대
입단	2014-2015 1라운드 1순위
이적	한국전력▶우리카드(2022)
총 보수	4억 5,200만 원 (연봉 4억 원, 옵션 5,200만 원)

우승을 향해♡

가치 증명한 오재성, FA 대박

유니폼을 갈아입었어도 오재성은 우리카드에서 자신의 가치를 입증했고 이는 FA 대박까지 이어졌다. 리베로 역대 최고 보수(총액 4억 5,200만 원)를 기록하며 기분 좋게 도장을 찍었다. 구성원이 많이 바뀌었으나 오재성은 봄배구 이상을 바라보고 있다. 준PO에서 아쉽게 끝나던 것을 돌아보며 지난 시즌보다 더 높은 순위에 오르겠다고 자신했다.

최고 리베로의 자부심, 우승을 바라본다

V-리그 유일한 리베로 1라운드 1순위, 리베로 최고 보수까지 많은 것을 이룬 오재성은 우승에 목마르다. 부상 없이 전 경기를 뛰면서 팀원들과 똘똘 뭉쳐 우리카드의 첫 우승에 도전해보겠다는 각오다.

🏐 오재성의 TOP3

	디그(set)	수비(set)	리시브 효율
오재성	2.388개	4.561개	41.37%

🏐 2022-2023 V-리그 경기기록

35 경기	139 세트	- 득점	- 블로킹	- 서브
- 공격 성공률(%)	0.230 세트 Avg(set)	41.37 리시브 효율(%)	2.388 디그 Avg(set)	

NO.**6**
이승원

S 세 터

생년월일	1993.04.11
신장	188cm
출신교	제주토평초▶전북익산중▶전북익산고▶한양대
입단	2014-2015 1라운드 6순위
이적	현대캐피탈▶삼성화재(2020)▶우리카드(2022)
총 보수	2억 5,200만 원 (연봉 2억 5,000만 원, 옵션 200만 원)

부상없이 이기자.

돌아온 야전사령관

군 전역 후 돌아온 이승원은 누구보다 배구가 고팠다. 코트 밖에서 바라보며 빨리 경기에 뛰고 싶었다고 소회를 전했다. 실력만큼은 충분히 검증됐으나 문제는 떨어진 감각을 빠르게 회복하는 것이다. 볼 컨트롤을 더 정교하게 하기 위해 구슬땀을 흘리고 있다. 어린 한태준과의 주전 경쟁도 피할 수 없다. 새로운 야전사령관이 필요한 우리카드에 큰 힘이 될 전망이다.

공백 지우기

이승원은 올 시즌 목표를 묻자 무조건 배구를 잘하고 싶다고 강조했다. 공백을 최대한 지워내고 높은 곳으로 가서 많은 팬들에게 인정받는 세터가 되겠다는 의욕이 강하다.

🏐 이승원의 TOP3

	세트(set)	한 경기 최다 세트	한 경기 최다 득점
이승원	-	**68**개	**6**점

🏐 2022-2023 V-리그 경기기록

경기	세트	득점	블로킹	서브
-	-	-	-	-

공격 성공률(%)	세트 Avg(set)	리시브 효율(%)	디그 Avg(set)
-	-	-	-

© NO.**7**
최석기

MB 미들 블로커

생년월일	1986.12.05
신장	198cm
출신교	사당초▶대전중앙중▶대전중앙고▶한양대
입단	2008-2009 2라운드 1순위
이적	한국전력▶대한항공(2015)▶한국전력(2018)▶우리카드(2019)
총 보수	1억 5,800만 원 (연봉 1억 1,000만 원, 옵션 4,800만 원)

주장의 책임감

팀 내 최고참이자 주장이 된 최석기는 후배들과 스태프 간 가교 역할을 맡고 있다. 매 시즌 많은 변화를 지켜봤던 최석기는 이번 시즌에도 팀이 꿋꿋하게 높은 곳까지 올라갈 것이란 믿음이 있다. 주전은 아니겠으나 그는 자신이 있어야 할 위치와 역할을 누구보다 잘 알고 있다. 은퇴하기 전에 우승 트로피를 들고 웃으며 떠나고 싶다는 것이 최석기의 바람이다.

오뚝이

많은 부상에도 쓰러지지 않고 오뚝이처럼 일어났던 최석기는 후배들에게 좋은 본보기가 된다. 코트 안팎에서 쓴소리도 마다하지 않지만 그 또한 코트에서 뛸 때가 가장 행복하다고 이야기한다.

최석기의 TOP3

최석기	한 경기 최다 득점	블로킹(set)	한 경기 최다 블로킹
	16점	0.338개	8개

2022-2023 V-리그 경기기록

22 경기	68 세트	53 득점	23 블로킹	- 서브
49.18 공격 성공률(%)	0.059 세트 Avg(set)	33.33 리시브 효율(%)	0.309 디그 Avg(set)	

김영준

NO.9

L 리베로

생년월일	2000.10.18
신장	173cm
출신교	삼양초▶옥천중▶옥천고▶경희대
입단	2021-2022 2라운드 4순위
이적	–
총 보수	8,200만 원 (연봉 6,500만 원, 옵션 1,700만 원)

이번시즌 꼭! 우승!!
부상없이 행복배구! 화이팅

성장하는 리베로

세 번째 시즌을 앞둔 김영준의 표정은 어느 때보다 밝다. 여름 내 누구보다 많은 땀을 흘렸고 잘 해낼 수 있다는 자신감도 쌓였다. 팀 내 NO.1 리베로 오재성을 쫓으며 동기부여도 되고 있다. 더 잘해서 오재성의 장점을 가져와 경기에 많이 뛰고 싶다는 욕심도 거침없이 드러냈다. 디그에서 장점이 있는 김영준은 올 시즌 많은 기회를 받으며 비상하겠다고 각오를 다졌다.

2단 토스

김영준은 장점을 묻자 정확한 2단 토스를 꼽았다. 여기에 수비만큼은 누구에게도 뒤지지 않을 자신이 있다며 많은 경기에 나서 몸을 던져 팀 승리에 힘을 보태겠다고 약속했다.

🏐 김영준의 TOP3

	세트(set)	디그(set)	디그 성공률
김영준	0.107 개	0.813 개	63.54 %

🏐 2022-2023 V-리그 경기기록

15	112	-	-	-
경기	세트	득점	블로킹	서브

-	0.108	28.24	0.568
공격 성공률(%)	세트 Avg(set)	리시브 효율(%)	디그 Avg(set)

NO.10
박준혁

MB 미들 블로커

생년월일	1997.02.23
신장	205cm
출신교	매산초▶명지중▶송림고▶명지대
입단	2017-2018 2라운드 1순위
이적	현대캐피탈▶우리카드(2022)
총 보수	1억 3,000만 원 (연봉 1억 원, 옵션 3,000만 원)

우승까지 화이팅!

첫 변화, 그리고 새로운 도전

2017년 현대캐피탈에서 데뷔한 박준혁은 2022년 11월 트레이드를 통해 처음으로 우리카드로 유니폼을 갈아입었다. 새로운 환경 속에 어려움도 있었으나 많은 기회를 받으며 코트 위에서 자신의 장점을 발휘했다. 205㎝의 좋은 신장은 갖춘 박준혁은 자신의 장점인 블로킹 부문에서 TOP 3에 들겠다고 야심 찬 목표를 정했다. 잇세이, 박진우의 합류로 치열한 경쟁을 뚫어내야 한다.

태극마크와 동기부여

국가대표로도 뽑혔던 박준혁은 진천선수촌에서 훈련하며 더 높은 곳을 향한 동기부여가 됐다. 주전으로 뛰면서 우리카드의 첫 우승을 이끌겠다고 자신있게 목표를 이야기하는 박준혁이다.

박준혁의 TOP3

	공격 성공률	한 경기 최다 득점	한 경기 최다 블로킹
박준혁	50.00%	16점	6개

2022-2023 V-리그 경기기록

28 경기	82 세트	74 득점	31 블로킹	4 서브
50.00 공격 성공률(%)	0.037 세트 Avg(set)	20.00 리시브 효율(%)	0.244 디그 Avg(set)	

NO.11
한성정

OH 아웃사이드 히터

생년월일	1996.07.25
신장	194cm
출신교	삼양초▶옥천중▶옥천고▶홍익대
입단	2017-2018 1라운드 1순위
이적	우리카드▶KB손해보험(2021)▶우리카드(2023)
총 보수	5억 200만 원 (연봉 4억 5,000만 원, 옵션 5,200만 원)

2년 만의 친정팀 복귀

2017년 1라운드 1순위로 우리카드에 입단했던 한성정이 2021년 12월 KB손해보험으로 떠난 지 2년여 만에 다시 친정팀으로 돌아왔다. 한성정은 2년 간의 공백이 느껴지지 않는 듯 편안함을 느끼고 있다. 결혼을 통해 책임감도 커졌다. 이제는 아웃사이드 히터로 확실히 자리매김을 해야 한다. 다시 장충으로 돌아온 한성정은 리시브와 수비에서 더 큰 책임감을 안고 있다.

더 커진 책임감

이제 한성정도 어느새 팀 내 중고참이다. 결혼을 통해 안정감이 생긴 그는 코트 안팎에서 후배들을 이끌어야 하는 위치다. 다시 우리카드로 돌아온 그는 이제 결과물로 보여줘야 한다.

🏐 한성정의 TOP3

한성정	득점	한 경기 최다 득점	한 경기 최다 리시브
	234점	**22**점	**27**개

🏐 2022-2023 V-리그 경기기록

34 경기	**115** 세트	**234** 득점	**24** 블로킹	**9** 서브
45.89 공격 성공률(%)	**0.209** 세트 Avg(set)	**32.27** 리시브 효율(%)	**1.278** 디그 Avg(set)	

NO.15
김완종

MB 미들 블로커

생년월일	1999.09.01
신장	197cm
출신교	흥덕초▶각리중▶옥천고▶중부대
입단	2021-2022 3라운드 4순위
이적	–
총 보수	8,950만 원 (연봉 7,000만 원, 옵션 1,950만 원)

전 시즌 꺾돌파

원포인트 서버가 아닌 MB 김완종

김완종은 아포짓이 아닌 다시 중앙으로 돌아왔다. 경험이 쌓인 김완종은 자신감이 넘친다. 기본기와 공격력이 좋은 만큼 코트 위에서 나은 실력을 보여줄 수 있을 것이라 다짐했다. 특히 미카사 볼로 바뀐 것이 김완종에게는 호재다. 자신의 장기인 더 날카로운 서브를 보여주기 위해 많은 시간을 투자했다.

자신감이 무기

김완종은 이제 더 많은 출전 시간을 통해 자신의 이름 석 자를 많은 팬들에게 알리겠다고 약속했다. 치열한 경쟁 속에서도 웃을 수 있는 것은 그만큼 많은 땀방울을 흘렸기 때문이다.

🏐 김완종의 TOP3

	공격 성공률	한 경기 최다 득점	한 경기 최다 블로킹
김완종	**53.57**%	**13**점	**3**개

🏐 2022-2023 V-리그 경기기록

32 경기	107 세트	70 득점	17 블로킹	8 서브
53.57 공격 성공률(%)	0.084 세트 Avg(set)	55.56 리시브 효율(%)	0.271 디그 Avg(set)	

NO.16
정성규

OH 아웃사이드 히터

생년월일	1998.06.09
신장	187cm
출신교	하동초▶진주동명중▶진주동명고▶홍익대
입단	2019-2020 1라운드 4순위
이적	삼성화재▶우리카드(2022)
총 보수	1억 1,700만 원 (연봉 1억 1,000만 원, 옵션 700만 원)

서브 에이스!

서브 스페셜리스트

프로 데뷔 후 처음 포스트시즌 무대를 밟았으나 출전 경기 숫자가 줄어든 것은 아쉽다. 본인 스스로도 실력이 부족했다고 느끼며 신발 끈을 조여매고 있다. 그의 역할은 확실하다. 중요한 순간 들어가서 서브로 상대의 리시브를 흔드는 것이다. 단점인 리시브도 보완해야겠으나 그는 자신의 장점인 공격과 서브를 더 날카롭게 갈고닦으며 코트에 들어서기만을 기다리고 있다.

기다림의 시간

주전보다 웜업존에 머무는 시간이 많은 그는 자신만의 루틴이 있다. 계속 움직이면서 스스로 긴장감을 불어 넣으며 컨디션을 끌어 올린다. 그것이 바로 정성규가 코트 위에서 살아남는 법이다.

🏐 정성규의 TOP3

정성규	한 경기 최다 에이스	한 경기 최다 득점	한 경기 최다 블로킹
	6개	**16**점	**4**개

🏐 2022-2023 V-리그 경기기록

36 경기	116 세트	18 득점	2 블로킹	13 서브
33.33 공격 성공률(%)	**0.009** 세트 Avg(set)	**5.56** 리시브 효율(%)	**0.086** 디그 Avg(set)	

NO.18
마테이 콕

OP/OH 아포짓 스파이커
아웃사이드 히터

생년월일	1996.12.11
신장	199cm
국적	슬로베니아
입단	2023년 외국인선수 드래프트 6순위
이적	–
총 보수	40만 달러

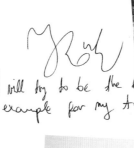

남자부 유일한 새 얼굴

이번 시즌 V-리그 남자부 외국인 선수 중 유일한 새 얼굴이다. 대한항공에서 최고 용병이었던 밋차 가스파리니의 나라인 슬로베니아에서 왔다. 일본, 독일에서도 뛰었던 그는 새로운 무대에서의 도전을 즐기고 있다. 많은 공을 때려야 한다는 것도 잘 알고 있다. 마테이 콕은 오히려 왜 나한테 공을 안 주는 것이냐고 말하지 않아도 된다며 웃었다.

우리카드 키플레이어

마테이 콕은 이번 시즌 아포짓 스파이커로 기용될 가능성이 높다. 아웃사이드 히터도 가능한 그가 어느 위치에서 뛰느냐에 따라 팀 전술이 달라질 수 있다. 알렉스 이후 최근 외인 운이 따르지 않았던 우리카드는 마테이 콕에게 기대를 걸고 있다.

마테이의 TOP3

마테이	-	-	-
	-	-	-

2022-2023 V-리그 경기기록

경기	세트	득점	블로킹	서브
-	-	-	-	-

공격 성공률(%)	세트 Avg(set)	리시브 효율(%)	디그 Avg(set)
-	-	-	-

NO.19
김재휘

MB 미들 블로커

생년월일	1993.09.06
신장	201cm
출신교	화일초▶인창중▶인창고▶한양대
입단	2015-2016 1라운드 2순위
이적	현대캐피탈▶KB손해보험(2020)▶우리카드(2021)
총 보수	3억 3,800만 원 (연봉 3억 원, 옵션 3,800만 원)

수술, 그리고 재도약을 준비하는 김재휘

김재휘에게 지난 시즌은 아픔이었다. 대표팀에 소집됐다가 무릎 부상으로 중도 하차했고 이후 예상치도 못했던 대동맥류 확장 진단을 받으면서 수술대에 올라야 했다. 같은 수술을 받았던 선배 박철우의 도움이 없었다면 그는 쉽게 포기했을 수도 있을 만큼 너무 힘든 시간이었다. 통증으로 인해 잠도 제대로 잘 수 없을 정도였다. 1년 4개월여 만에 다시 돌아온 김재휘는 지금이 너무 행복하다.

건강한 복귀

김재휘는 개인 목표를 묻자 다시 코트 위에 건강하게 설 수 있다면 누구보다 행복할 것이라 말했다. 몸을 끌어올리고 있는 김재휘의 합류는 우리카드에 분명 큰 힘이 될 것이다.

🏐 김재휘의 TOP3

	블로킹(set)	한 경기 최다 블로킹	한 경기 최다 득점
김재휘	-	8개	16점

🏐 2022-2023 V-리그 경기기록

경기	세트	득점	블로킹	서브
-	-	-	-	-

공격 성공률(%)	세트 Avg(set)	리시브 효율(%)	디그 Avg(set)
-	-	-	-

NO.20
이상현

MB 미들 블로커

생년월일	1999.04.07
신장	200cm
출신교	목향초▶불로중▶인하부고▶경기대
입단	2021-2022 1라운드 4순위
이적	–
총 보수	1억 2,700만 원 (연봉 1억 원, 옵션 2,700만 원)

요번 시즌 수술할수있도록 최선을 다 하겠습니다

첫 태극마크, 성장한 이상현

프로 2년 차에 풀타임을 소화한 미들 블로커 이상현은 첫 태극마크를 달며 성장했다. 부족한 점도 많지만 속공 1위, 블로킹 9위 등에 이름을 올리며 가치를 인정받았다. 나아가 꿈에 그리던 태극마크를 처음으로 달고 국제 무대에서도 활약했다. 하지만 이상현은 여전히 목마르다. 다가올 시즌 미들 블로커로서 속공뿐 아니라 블로킹에서도 더 강점 있는 선수가 되겠다고 스스로 다짐했다.

치열한 경쟁

수술 후 돌아온 김재휘, FA 보상선수로 합류한 잇세이, 주장 최석기, 김완종 등 미들 블로커 간 치열한 경쟁이 예상된다. 지난 시즌 빼어난 공격력으로 이목을 사로잡았던 이상현이 어떠한 활약을 펼칠 수 있을지 기대를 모은다.

🏐 이상현의 TOP3

이상현	공격 성공률	한 경기 최다 블로킹	한 경기 최다 득점
	64.80%	**7**개	**15**점

🏐 2022-2023 V-리그 경기기록

34 경기	132 세트	186 득점	53 블로킹	6 서브
64.80 공격 성공률(%)	**0.030** 세트 Avg(set)	**12.50** 리시브 효율(%)	**0.295** 디그 Avg(set)	

NO.29
오타케
잇세이

미들 블로커
아포짓 스파이커

생년월일	1995.12.03
신장	201cm
국적	일본
입단	2023년 아시아쿼터 7순위
이적	-
총 보수	10만 달러

새로운 도전, 우리카드의 신형 엔진

201㎝의 장신 공격수인 잇세이는 우리카드의 신형 엔진이다. 아포짓 스파이커와 미들 블로커가 가능한 잇세이는 우리카드에서는 중앙에 자리할 가능성이 크다. 대학교 때 미들 블로커를 했던 잇세이는 긍정적이다. 그는 오른쪽과 미들 블로커로 모두 뛸 수 있는 것이 자신에게 성장할 수 있는 기회가 될 것이라고 긍정적인 반응을 나타냈다.

잇세이, 이름을 기억해 주세요

일본 국가대표 출신의 잇세이는 일본뿐 아니라 독일 무대에서도 뛰다가 이번에 새로운 도전을 선택했다. 그는 잇세이라는 이름을 팬들에게 널리 알리겠다고 자신감을 나타냈다.

🏐 잇세이의 TOP3

잇세이	-	-	-
	-	-	-

🏐 2022-2023 V-리그 경기기록

-	-	-	-	-
경기	세트	득점	블로킹	서브
-	-	-	-	
공격 성공률(%)	세트 Avg(set)	리시브 효율(%)	디그 Avg(set)	

NO.**31**
김동민

OH 아웃사이드 히터

생년월일	1997.12.27
신장	192cm
출신교	가야초▶대연중▶성지고▶목포대
입단	2019-2020시즌 2라운드 6순위
이적	KB손해보험▶우리카드(2021)
총 보수	8,200만 원 (연봉 5,500만 원, 옵션 2,700만 원)

없어서는 안될 선수가 되겠습니다.
거침없이 우승까지!

디펜스와 수비, 장점을 살려라

2021년 12월 말 우리카드로 이적한 김동민의 장점은 분명하다. 그는 리시브와 수비 부분에서 팀에 어떻게든 도움이 되겠다는 각오다. 아웃사이드 히터 포지션에서 치열한 경쟁이 예상되고 있으나 탄탄한 수비에서 강점을 통해 자신의 존재감을 드러내겠다는 각오다. 지난 시즌 14경기 출전에 그쳤으나 이번 시즌에는 어떻게든 전 경기에 코트에 나서겠다는 자신감이 넘친다.

존재감을 드러내자

김동민은 공격력은 다소 떨어지지만 후위 세 자리 만큼은 충분히 커버할 수 있을 만큼 수비에서 탄탄함을 갖췄다고 자부한다. 새 얼굴들이 많은 우리카드에서 존재감을 드러내기 위해 누구보다 굵은 땀방울을 흘렸다.

🏐 김동민의 TOP3

	한 경기 최다 득점	한 경기 최다 리시브	한 경기 최다 블로킹
김동민	**10**점	**15**개	**3**개

🏐 2022-2023 V-리그 경기기록

14 경기	27 세트	2 득점	- 블로킹	- 서브
33.33 공격 성공률(%)	**0.259** 세트 Avg(set)	**32.26** 리시브 효율(%)	**0.370** 디그 Avg(set)	

NO.**33**
박진우

MB 미들 블로커

생년월일	1990.03.18
신장	197cm
출신교	광명동초▶부안중▶평촌고▶경기대
입단	2012-2013시즌 1라운드 2순위
이적	드림식스▶우리카드(2013)▶KB손해보험(2019)▶우리카드(2023)
총 보수	3억 6,200만 원 (연봉 2억 6,000만 원, 옵션 1억 200만 원)

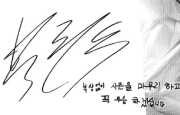

부상없이 시즌을 마무리 하고
꼭 우승 하겠습니다

4년 만의 복귀

우리카드의 전신인 드림식스 출신인 박진우는 나경복의 FA 보상선수로 다시 우리카드로 돌아왔다. 4년 만의 친정팀 복귀. 중앙이 약한 우리카드에서 박진우의 역할은 분명하다. 중앙에서 중심을 잡고 블로킹과 속공 등 몫을 해 줘야 한다. 오랜만에 우리카드로 돌아온 박진우는 장충 팬들에게 최고의 활약을 보이기 위해 값진 땀방울을 흘렸다. 이제 우리카드의 미들 블로커는 약하지 않다.

세터와의 호흡

박진우는 우리카드에서 한태준, 이승원 등 새로운 세터와 호흡을 맞춰야 한다. 경험 많은 그는 새 야전사령관과의 호흡에 자신감을 나타냈다. 좀 더 가다듬는다면 우리카드의 중앙은 더 강해질 수 있을 것이다.

🏐 박진우의 TOP3

	속공 성공률	블로킹(set)	한 경기 최다 블로킹
박진우	**53.89**%	**0.484**개	**9**개

🏐 2022-2023 V-리그 경기기록

35 경기	124 세트	162 득점	60 블로킹	2 서브
51.81 공격 성공률(%)	**0.105** 세트 Avg(set)	**35.71** 리시브 효율(%)	**0.395** 디그 Avg(set)

NO.77
송명근

OH 아웃사이드 히터

생년월일	1993.03.12
신장	196cm
출신교	송림중▶송림고▶경기대
입단	2013-2014 1라운드 4순위
이적	OK금융그룹▶우리카드(2023)
총 보수	4억 1,000만 원 (연봉 3억 원, 옵션 1억 1,000만 원)

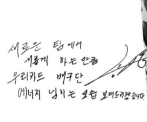

프로 첫 이적, 새로운 도전

OK금융그룹의 프랜차이즈 스타였던 송명근은 이번 시즌을 앞두고 트레이드를 통해 처음으로 우리카드 유니폼을 입었다. 새로운 환경이 찾아왔으나 그는 터닝 포인트라는 마음가짐이 강하다. 익숙했던 환경에서 벗어나 마음가짐도 달라졌다. 우리카드가 그를 원한 이유는 분명하다. 파이팅 좋은 송명근이 팀에 가져올 긍정적인 시너지 효과가 기대를 모은다.

에너자이저

송명근의 장점은 코트 안에서 누구보다 목소리가 크다는 점이다. 그는 큰 목소리로 자신이 잘할 수 있는 에너지 넘치는 플레이를 장충체육관에서 보여주겠다고 각오를 다졌다.

송명근의 TOP3

	공격 성공률	한 경기 최다 득점	한 경기 최고 공격 성공률
송명근	51.87%	27점	78.95%

2022-2023 V-리그 경기기록

17 경기	53 세트	112 득점	10 블로킹	5 서브
51.87 공격 성공률(%)	0.245 세트 Avg(set)	26.43 리시브 효율(%)	0.623 디그 Avg(set)	

NO.99
김지한

OH 아웃사이드 히터

생년월일	1999.09.16
신장	194cm
출신교	금상초▶연현중▶송림고
입단	2017-2018 2라운드 2순위
이적	현대캐피탈▶한국전력(2020)▶우리카드(2022)
총 보수	2억 200만 원 (연봉 1억 3,000만 원, 옵션 7,200만 원)

최고가 되겠다

우리카드의 새 간판으로!

나경복이 떠난 우리카드의 새로운 에이스다. 트레이드를 통해 우리카드 유니폼을 입은 그는 처음으로 풀타임을 소화하며 충분한 가능성을 보여 줬다. 준플레이오프에서의 탈락은 아쉽지만 김지한이 보여준 퍼포먼스 는 충분히 다음을 기약하게 했다. 본인도 자신의 역할을 잘 알고 있다. 매 경기 에이스로 자신의 몫을 해 준다면 결과는 자연스럽게 따라올 것 이라 자신한다.

NEW 에이스의 책임감

KOVO컵에서 보여준 김지한의 모습은 2% 부족했다. 에이스로 부담감 을 느끼는 듯했다. 하지만 리그에서는 마테이 콕, 잇세이 등 동료들이 함께 부담을 덜어 줄 수 있다. 장충의 봄은 김지한의 어깨에 달렸다.

🏐 김지한의 TOP3

김지한	공격 성공률	한 경기 최다 득점	한 경기 최다 에이스
	53.65%	**29**점	**4**개

🏐 2022-2023 V-리그 경기기록

34 경기	127 세트	301 득점	36 블로킹	30 서브
53.65 공격 성공률(%)	**0.079** 세트 Avg(set)	**25.26** 리시브 효율(%)	**0.520** 디그 Avg(set)	

14-15 15-16

Ogino Magic,
코보컵 우승은
시작에 불과하다!

안산
OK금융그룹 읏맨

최종성적

승점	48
승	16
패	20
세트 득/실(득실률)	62/74 (0.838)
점수 득/실(득실률)	2,953/3,096 (0.954)

항목별 팀 순위

득점	7위	2,953 점
공격종합	6위	50.69 %
블로킹	5위	2.07 개
서브	2위	1.47 개
디그	7위	7.79 개
세트	7위	11.42 개
리시브	6위	31.53 %
수비	7위	2,059 개

라운드별 상대 전적

							순위
1R	1:3	3:0	0:3	0:3	2:3	3:1	6
2R	3:2	2:3	1:3	3:1	3:0	3:2	3
3R	3:0	3:1	1:3	3:1	3:1	1:3	3
4R	0:3	0:3	2:3	0:3	3:1	3:0	6
5R	0:3	1:3	3:2	3:2	0:3	0:3	7
6R	0:3	3:0	0:3	1:3	2:3	3:0	6
계	2승 4패	3승 3패	1승 5패	3승 3패	3승 3패	4승 2패	5위

홈 경기장_안산상록수체육관

사진 출처: 안산도시공사 홈페이지

주소 | 경기도 안산시 상록구 용신로 422
수용인원 | 2,700석
클럽하우스 | 경기도 용인시 처인구 포곡읍 두계로 72, 대웅경영개발원

구단 역사상 첫 외국인 감독 선임

2013년, 러시앤캐시의 이름으로 처음 V-리그에 참가했던 남자부 막내 구단 OK금융그룹이 지난 10년을 뒤로하고 새로운 시작의 출발선에 섰다. 이민규, 정성현, 곽명우 등 창단 멤버가 여전히 팀의 중심으로 남아 있고 남자부 7개 클럽 가운데 한 팀에서만 뛴 원클럽맨이 가장 많은 OK금융그룹은 새로운 DNA를 팀에 이식하기로 결정했다. 색다른 환경과 새로운 분위기가 필요하다고 판단한 구단은 팀 역사상 첫 외국인 감독인 일본 출신의 오기노 마사지 감독을 선임했다. 초대 감독 김세진, 2대 감독 석진욱과 함께했던 과거 10년을 뒤로하고 미래 10년을 향한 새로운 출발이다. OK금융그룹은 어떤 배구를 보여줄까? 오기노 감독의 색깔이 궁금하다.

구단 역사상 첫 코보컵 우승

새로운 감독이 팀에 합류해 두 달 남짓 함께 훈련하며 준비한 첫 대회에서 OK금융그룹은 우승했다. 10년 동안 세 번 결승에 올랐지만 매번 결승전에서 무너지며 우승컵은 만지지 못했던 코보컵에서 OK금융그룹은 드디어 우승컵에 키스했다. 중요한 것은 결과였다. 필요한 것은 자신감이었다. 패배는 당연히 받아들여야 하는 것이 아니었다. 컵을 차지하는 것이 이렇게 환상적인 순간인 것을 오랜만에 깨달았다. 이 카타르시스를 다시 느끼기 위해 이번 시즌 열정을 불태울 준비가 되었다. 새로운 감독과 함께 만들어 가는 배구를 통해 다시 한번 V-리그에서 봄의 주인공이 될 수 있다는 믿음이 생겼다. 떠났던 팬들이 돌아올 것이다. 코보컵 우승은 시작에 불과하다.

감독

오기노 마사지

친근한 오기상, 선수들을 웃게 만들다!

화려한 선수는 아니었다. 수비로 평가받는 선수였다. 말이 별로 없는 선수였다고 오기노 감독은 현역 시절을 회상한다. 여러 인터뷰에서 밝힌 대로 감독보다는 '오기상'으로 불리기 원한다. 팀 구성원들에게 친근하려고 노력한다. 먼저 다가가는 것을 중요하게 생각하고 훈련에만 집중할 수 있는 환경을 만들고자 한다. 밝은 모습으로 훈련에 집중하며 성장을 통해 하나의 조직으로서 팀이 움직이는 모습을 기대하고 있다. 팬들이 응원하고 싶은 팀을 만들고자 한다. 떠났던 팬들이 다시 돌아온다면 가장 기쁠 것이다. 오기노 감독의 이번 시즌 키워드는 챌린지. 해외 리그에서의 지도자 생활은 분명 도전이다. OK금융그룹 역시 리그에서 도전하는 입장이다. 데뷔 무대인 코보컵에서 우승했지만 챔피언이 아닌 도전자의 자세로 시즌을 준비하고 있다.

평소 지론은 훈련에서 나온 것만 실전에서 나온다는 것이다. 다양한 경기 상황에 대한 대처를 강조하고 있다. 경기 중 발생할 수 있는 상황을 미리 가정하고 준비해 빠르게 판단하고 반응할 수 있는 훈련을 하고 있다. 수비가 시작이고 전부라고 생각한다. 그래야 공격 패턴이 다양해질 수 있다. 서브, 리시브와 블로킹 그리고 디그의 연계가 중요하다고 생각하며 볼을 떨어뜨리지 않는 확률을 높이는 배구를 추구한다. 스타팅 멤버와 벤치 멤버를 구분하지 않고 누가 들어가든 하나의 스타일로 경기하는 것을 원한다. 일본 출신 지도자에게 기대하는 기본기, 조직력 그리고 디테일의 강점을 보여줄 것이다. 아보 키요시 수석코치가 이 부분에서 많은 도움을 줄 것이다. 선수들이 웃기 시작했다. 그리고 배구를 다시 즐기기 시작했다. 오기상과 함께라면, 이번 시즌은 OK다.

Best 7

IN

송희채 ▶

OUT

송명근 ▶

황동일 ▶

지태환 ▶

조재성 ▶

권준형 ▶

문지훈 ▶

레오 **OP**　송희채 **OH**　전진선 **MB**

바야르사이한 **MB**　차지환 **OH**　이민규 **S**

조국기 **L**

라인업

no.	이 름		포지션	no.	이 름	포지션	no.	이 름	포지션
1	박승수		OH	10	부용찬	L	18	전진선	MB
2	곽명우		S	11	박원빈	MB	20	신호진	OP
3	정성현		L	12	전병선	OP	99	바야르사이한	MB
6	이민규	©	S	13	레오	OP·OH			
7	조국기		L	14	송희채	OH			
8	차지환		OH	15	이진성	OH			
9	강정민		S	16	진상헌	MB			

아시아쿼터

바야르사이한 **MB**

NO.1
박승수

OH 아웃사이드 히터

생년월일	2002.1.30
신장	193cm
출신교	청양초▶쌍용중▶경북사대부고▶한양대
입단	2021-2022시즌 1라운드 5순위
이적	–
총 보수	9,000만 원 (연봉 6,000만 원, 옵션 3,000만 원)

작년보다 더 재미있고 애는 많이 보여드리겠습니다!!

No.1 OH

모든 선수를 폭 넓게 활용하기 원하는 오기노 감독의 배구에서 박승수는 기회를 잡아야 한다. 날카로운 서브와 안정된 서브리시브 그리고 공격에서의 영민함까지. 박승수는 아웃사이드 히터가 갖춰야 할 많은 것들을 이미 겸비했다. 다만 꾸준함이 필요하다. 경기 중 변화가 필요할 때 오기노 감독의 마음속에 첫 번째로 자리 잡고 있어야 한다.

신인상은 잊어 줘

OK금융그룹 구단 첫 신인상 수상자였던 박승수는 이제 세 번째 시즌을 준비하고 있다. 지난 시즌 2년 차 징크스는 없었다. 나쁘지 않았지만 그렇다고 만족할 만한 시즌은 아니었다. 시즌 중 팀에 큰 변화가 생겼을 때 팀이 필요로 하는 선수가 되어 좋은 활약을 펼쳤지만 이제 더 높은 목표를 가지고 확실한 인상을 남겨야 한다. 이번 시즌에도, 3년 차 선수 중 최고가 되겠다.

박승수의 TOP3

박승수	한 경기 최다 득점	한 경기 최다 서브	한 경기 최다 블로킹
	17점	4개	3개

2022-2023 V-리그 경기기록

31 경기	77 세트	89 득점	16 블로킹	8 서브
40.63 공격 성공률(%)	0.169 세트 Avg(set)	33.78 리시브 효율(%)	0.922 디그 Avg(set)	

NO.**2**
곽명우

S 세 터

생년월일	1991.04.08
신장	193cm
출신교	소사초▶소사중▶영생고▶성균관대
입단	2013-2014시즌 2라운드 1순위
이적	-
총 보수	4억 2,000만 원 (연봉 2억 5,000만 원, 옵션 1억 7,000만 원)

연습한 만큼 보여주자!

벌써 2년

주전 세터로서 OK를 책임진 두 시즌이 지나갔다. 조금 더 넓게 보지 못한 것이 아쉬움으로 남는다. 시야가 넓어지고 생각이 확장된 것이 소득이다. 스스로의 역할을 넘어서 팀의 다른 부분까지 책임지는 자세로 새로운 시즌을 준비한다. 새로 부임한 오기노 감독은 훈련 때 칭찬이 많다. 더 칭찬받기 위해 코트에서 자유롭게 춤출 것이다.

목표는 세트 3위

OK금융그룹에서만 아홉 시즌을 뛴 곽명우의 프로 열 번째 시즌 목표는 분명하다. 세트 3위. 최근 두 시즌 세트 부문에서 각각 5위와 4위를 기록한 곽명우는 기록으로도 한 단계 올라서겠다는 목표를 설정했다. 물론 이 기록을 위해서는 경기 출전 시간을 확보하는 것이 필수다. 코보컵 우승으로 자신감은 채워졌다. 이민규와의 경쟁은 분명 시너지를 낼 것이다.

🏐 곽명우의 TOP3

	통산 세트 성공	통산 출전 경기 수	한 경기 최다 블로킹
곽명우	**5,083**개	**219**경기	**4**개

🏐 2022-2023 V-리그 경기기록

35 경기	121 세트	6 득점	30 블로킹	1 서브
16.67 공격 성공률(%)	**9.479** 세트 Avg(set)	- 리시브 효율(%)	**0.926** 디그 Avg(set)	

NO.3
정성현
L 리베로

생년월일	1991.05.18
신장	181cm
출신교	서부초▶성지중▶성지고▶홍익대
입단	2013-2014시즌 1라운드 6순위
이적	–
총 보수	3억 4,000만 원 (연봉 3억 3,000만 원, 옵션 1,000만 원)

23-24 부상없이 도전

배구를 다시 배우고 있다

배구를 처음부터 다시 배운다는 마음으로 시즌을 준비하고 있다. 지난 10년이 의미 없었다는 것이 아니라 새로운 10년을 위해 다 버리고 기본으로 돌아가야 한다는 것을 알았다. 오기노 감독과 아보 코치의 지도를 통해 부족함을 깨닫고 더 열정적으로 훈련하게 됐다. 정신적으로 더 성숙해지고 자기 관리를 더 철저히 하는 자신을 발견했다. 이번 시즌 스스로의 배움과 성장을 기대하고 있다.

바로잡기

지난 시즌은 데뷔 후 가장 적게 뛰었던 시즌인 동시에 가장 저조했던 시즌이었다. 시즌 직전에 부상이 있었는데 참으면서 뛴 것이 결국 장기 부상으로 이어졌다. 그동안 리시브를 정확하게 보내려고만 하다 보니 자세가 무너졌다. 자세를 바꾸는 과정에서 실수가 보인다. 그래도 바로잡아야 발전할 수 있다고 믿는다. 코보컵에서는 출전 시간이 적었지만 V-리그에서는 다를 것이다. 나는 정성현이다.

🏐 정성현의 TOP3

정성현	통산 수비 성공	통산 리시브 효율	통산 출전 경기 수
	4,350개	**51**%	**269**경기

🏐 2022-2023 V-리그 경기기록

22 경기	63 세트	- 득점	- 블로킹	- 서브
- 공격 성공률(%)	0.159 세트 Avg(set)	39.77 리시브 효율(%)	0.381 디그 Avg(set)	

© NO.**6**
이민규
S 세 터

생년월일	1992.12.03
신장	191cm
출신교	소사중▶송림고▶경기대
입단	2013-2014시즌 1라운드 2순위
이적	–
총 보수	9억 800만 원 (연봉 7억 원, 옵션 2억 800만 원)

준비한 만큼만 후회없이!!

준비는 끝났다

군 복무 기간 중에 수술을 했고 재활로 오랜 시간을 보내야 했다. 지난 시즌 후반기에 코트로 돌아왔을 때 복귀해서 행복하다는 말이 절로 나왔다. 몸 상태가 좋지는 않았지만 뛰고 있다는 사실 자체로 기뻤다. 8경기를 뛴 지난 시즌을 뒤로하고 이제 3년 만의 풀타임 시즌을 눈앞에 두고 있다. 이민규의 프로 열 번째 시즌, 기대된다.

캡틴 Okay? 원팀 OK!

이번 시즌 OK금융그룹의 주장이다. 프로 데뷔 이후 주장은 처음이다. 이민규의 손끝 아니 손과 발에 이번 시즌 OK의 성적이 달려 있다. 동료들을 위해 더 많이 돕고 뛰어야 할 것이다. 혼자서 할 수 없다는 것을 잘 알고 있다. 누가 들어가도 같은 스타일의 플레이를 해야 한다. 팀 내 최고 연봉자로서의 책임감도 느끼고 있다. 이민규가 주장이라면 시너지가 날 것이다.

이민규의 TOP3

	통산 세트 성공	한 경기 최다 블로킹	통산 출전 경기 수
이민규	9,233개	6개	266경기

2022-2023 V-리그 경기기록

8 경기	28 세트	8 득점	3 블로킹	1 서브
66.67 공격 성공률(%)	7.143 세트 Avg(set)	– 리시브 효율(%)		1.357 디그 Avg(set)

NO.7
조국기

L 리 베 로

생년월일	1989.03.11
신장	184cm
출신교	도계초▶설악중▶속초고▶명지대
입단	2011-2012시즌 3라운드 5순위
이적	대한항공▶러시앤캐시(2013)
총 보수	1억 3,000만 원 (연봉 8,000만 원, 옵션 5,000만 원)

동합우승 고고!

조국기의 재발견

오기노 감독이 팀에 오고 나서 상대적으로 가장 활용도가 높아진 선수가 바로 조국기다. 오기노 감독은 조국기의 서브리시브 퀄리티가 뛰어나다고 칭찬한다. 서브리시브 효율을 올리는 것이 이번 시즌 가장 큰 목표다. 오기노 감독의 기대가 큰 만큼 보답하고 싶다. 부용찬, 정성현과의 리베로 경쟁은 올해도 불가피하다. 본인이 가진 것을 세상이 원하게 해야 한다.

코보컵 우승은 터닝포인트

언제나 팀을 돕는 어시스턴트로 스스로를 생각했다. 팀의 중심이 되어 치른 2023 구미 코보컵에서 우승하며 그동안의 노력을 보상받았다. 2011년에 프로에 입단한 조국기는 팀에서 진상헌 다음으로 리그 경험이 많은 선수다. 그동안의 총체적 경험을 이제 다가오는 시즌 코트에 담아내야 한다. 지난 시즌은 출전 경기 수가 가장 적었지만, 이번 시즌은 다를 것이다. 서브리시브의 중심이 되어 팀의 수비를 책임질 것이다.

🏐 조국기의 TOP3

	통산 리시브 효율	통산 디그(set)	통산 출전 경기 수
조국기	**48.88**%	**0.915**개	**298**경기

🏐 2022-2023 V-리그 경기기록

19 경기	**38** 세트	- 득점	- 블로킹	- 서브
- 공격 성공률(%)	**0.053** 세트 Avg(set)	**51.52** 리시브 효율(%)	**0.421** 디그 Avg(set)	

NO.8
차지환

OH 아웃사이드 히터

생년월일	1996.05.09
신장	201cm
출신교	인하사대부고▶인하대
입단	2017-2018시즌 1라운드 2순위
이적	
총 보수	3억 5,000만 원 (연봉 3억 원, 옵션 5,000만 원)

FA야 기다려

이번 시즌을 마치면 프로 입단 후 처음으로 FA 자격을 얻게 된다. 확실한 동기부여다. 시즌이 끝난 후 자신의 가치를 제대로 평가받고 싶다. 버거웠던 주장 완장도 내려놓고 편안한 마음으로 시즌을 준비하고 있다. AGAIN 2021-2022, 두 시즌 전의 커리어하이 기록을 뛰어넘어야 한다. 코보컵 우승으로 출발이 좋다.

차지환은 역시 공격

코트에서 수비를 걱정할 때 스트레스가 쌓였다. 수비를 하지 않겠다는 것은 아니지만 잘 할 수 있는 공격으로 승부를 보고 싶었다. 오기노 감독이 차지환의 리시브 범위를 줄여 주면서 더 공격에 매진할 수 있게 됐다. 장점을 버리면서 단점을 보완하는 것이 아니라 수비도 잘하는 리그 최고의 아웃사이드 히터 공격수가 되고 싶다.

🏐 차지환의 TOP3

	한 경기 최다 득점	한 경기 최다 서브	한 경기 최다 블로킹
차지환	25점	4개	4개

🏐 2022-2023 V-리그 경기기록

32	112	254	17	13
경기	세트	득점	블로킹	서브

49.34	0.134	32.32	0.786
공격 성공률(%)	세트 Avg(set)	리시브 효율(%)	디그 Avg(set)

NO.9
강정민

S 세 터

생년월일	2002.02.17
신장	191cm
출신교	남부초▶경북체중▶경북체고
입단	2021-2022시즌 2라운드 3순위
이적	–
총 보수	5,000만 원 (연봉 4,000만 원, 옵션 1,000만 원)

최선을 다하자 (강정민)

막내

경북체고를 졸업하고 OK금융그룹에 입단한 강정민은 팀의 막내지만 벌써 세 번째 시즌을 준비한다. 지난 시즌 다섯 경기 출전에 그치면서 실망했지만 돌아보면 많이 부족한 시즌이었다. 파이팅과 자신 있는 막내다운 모습으로 승부를 걸어 보고 싶다. 속공이나 퀵오픈 패스의 장점을 살려 오기노 감독이 지휘하는 새로운 분위기 속에서 일을 한번 내 보고 싶다.

주전 세터의 꿈

지금은 분명 아니지만, 팀에는 이민규와 곽명우라는 좋은 세터 선배들이 있지만, 그렇다고 꿈이 작은 것은 아니다. 롤 모델인 팀의 두 선배를 통해 배우고 언젠가 그 자리에 서는 상상을 한다. 이민규 세터의 하이볼 토스와 하고자 하는 마음가짐 그리고 곽명우 세터의 백토스와 자신감 있는 플레이를 자신의 것으로 만들고자 한다.

강정민의 TOP3

강정민	통산 출전 경기 수	한 경기 최다 세트	-
	8경기	34개	-

2022-2023 V-리그 경기기록

5	5	2	-	1
경기	세트	득점	블로킹	서브

33.33	2.4	-	0.2
공격 성공률(%)	세트 Avg(set)	리시브 효율(%)	디그 Avg(set)

NO.10
부용찬

L 리 베 로

생년월일	1989.12.27
신장	175cm
출신교	벌교중▶벌교제일고▶한양대
입단	2011-2012시즌 1라운드 3순위
이적	LIG손해보험▶삼성화재(2016)▶OK저축은행(2018)
총 보수	2억 5,000만 원 (연봉 2억 원, 옵션 5,000만 원)

도전!

3,000 & 3,000

지난 시즌 리시브 정확 3,000개 그리고 디그 성공 3,000개를 각각 돌파하면서 레전드 리베로로 가는 길을 열었다. 기록은 꾸준함의 결과라는 것을 알기에 스스로를 칭찬해 주고 싶었다. 전보다 더 젊어졌다는 평가를 받았으며 지난 시즌 어려운 상황의 팀을 지켰다. 좋은 경기력은 강한 정신에서 비롯되었다. 이번 시즌에도 흔들리지 않는 정신력으로 코트를 지배할 것이다.

좋은 선수, 좋은 선배

10년 넘게 프로 배구선수로 생활하면서 고착화됐던 생각을 바꾸는 변화의 시기다. 오기노 감독의 훈련 방식이 이전에 경험한 것과 달라서 최대한 배우려고 한다. 더 성장할 수 있겠다는 믿음이 생겼다. 그동안 배구 하면서 닮고 싶은 여러 선배를 만났다. 좋은 선수는 당연한 것이고 이제는 누군가의 정말 좋은 선배가 되고 싶다.

부용찬의 TOP3

	통산 수비 성공	통산 리시브 효율	한 경기 최다 디그
부용찬	6,318개	51%	24개

2022-2023 V-리그 경기기록

경기	세트	득점	블로킹	서브
36	136	-	-	-

공격 성공률(%)	세트 Avg(set)	리시브 효율(%)	디그 Avg(set)
-	0.434	37.02	2.309

NO.11
박원빈

MB 미 들 블 로 커

생년월일	1992.04.07
신장	198cm
출신교	삼양초▶옥천중▶옥천고▶인하대
입단	2014-2015시즌 1라운드 2순위
이적	-
총 보수	3억 원 (연봉 2억 원, 옵션 1억 원)

새롭게 도전 해보자!

열 번째 시즌

OK금융그룹에서만 아홉 시즌을 뛴 박원빈은 이제 열 번째 시즌을 준비하고 있다. 오기노 감독의 배구 색깔을 빨리 이해하려고 노력하고 있고 처음부터 다시 배운다는 생각으로 훈련하고 있다. 기본적인 것부터 다시 한다는 생각으로 반복 훈련을 하고 있다. 오기노 감독의 요구로 빠른 속공보다는 스텝으로 폭을 넓게 가져가는 속공 훈련에 집중하고 있다. 완벽해질 때까지 스스로 타협하지 않으려고 한다.

이번 시즌 키워드: 디펜스

결국 박원빈에게 원하는 것은 블로킹이다. 유효 블로킹을 포함해 상대 공격을 차단하는 첫 번째 수비로 팀에게 반격의 기회를 제공하고 싶다. 미들 블로커지만 다른 포지션 선수들이 훈련하는 과정을 관찰하며 배우고 있다. 이번 시즌에는 시야와 관점을 넓히는 노력을 하고 싶다. 코보컵 우승을 통해 방법을 찾은 것 같다. 온리원빈. 팬들이 불러 주는 이름처럼 이번 시즌 온리원이 되고 싶다.

박원빈의 TOP3

	한 경기 최다 블로킹	통산 블로킹 득점	한 경기 최다 서브
박원빈	7개	412점	3개

2022-2023 V-리그 경기기록

35 경기	100 세트	68 득점	35 블로킹	1 서브
46.38 공격 성공률(%)	0.03 세트 Avg(set)	- 리시브 효율(%)		0.23 디그 Avg(set)

NO.12
전병선

OP 아포짓 스파이커

생년월일	1992.04.25
신장	193cm
출신교	관저초▶대전중앙중▶대전중앙고▶한양대
입단	2014-2015시즌 2라운드 6순위
이적	–
총 보수	9,000만 원 (연봉 6,000만 원, 옵션 3,000만 원)

23-24 시즌을 본대역자승

부상으로 끝난 코보컵

2023 구미 코보컵 첫 경기 KB전에서 전병선은 아포짓 스파이커로 출전해 무려 37%의 공격 점유율을 기록하며 팀의 주 공격수로 활약했다. 두 번째 경기 대한항공전. 그날 가장 컨디션이 좋아 보인 전병선은 3세트에 부상을 당해 그것으로 대회를 마감했다. 교체되기 전까지 14득점에 54%의 공격 성공률을 보이며 좋은 활약을 펼쳤기에 아쉬움이 남았다. 겨울 시즌에는 마지막에 웃을 것이다.

마지막이 아니기를

OK금융그룹에서만 여덟 시즌을 활약한 전병선은 지난 시즌 가장 적은 출전 시간을 얻었다. 외국인 선수와 경쟁해야 하는 포지션에다 국내 아포짓 스파이커와의 경쟁도 치열하다. 그럼에도 자신의 역할이 분명히 있을 것으로 믿는다. 가장 중요한 것은 역시 서브. 그리고 이번 시즌에는 힘에 의존하는 공격이 아닌 코스를 노리는 정교한 공격을 할 것이다. 절박하다. 모든 것을 불사할 생각이다.

전병선의 TOP3

	한 경기 최다 득점	한 경기 최다 서브	통산 출전 경기 수
전병선	24점	3개	198경기

2022-2023 V-리그 경기기록

경기	세트	득점	블로킹	서브
31	96	5	-	4

공격 성공률(%)	세트 Avg(set)	리시브 효율(%)	디그 Avg(set)
33.33	-	-	0.031

NO.**13**
레오나르도 레이바

OP 아포짓 스파이커
OH 아웃사이드 히터

생년월일	1990.03.23
신장	206cm
국적	쿠바
입단	2023 외국인선수 트라이아웃 1순위
이적	삼성화재(2012-2015)▶OK금융그룹(2021-)
총 보수	55만 달러

Juntos por el Campeonato

여섯 번째 시즌을 뛰는 최초의 외국인 선수

레오는 여섯 번째 시즌을 경험하는 최초의 외국인 선수가 되었다. 삼성화재에서의 3년을 거쳐 OK금융그룹에서도 이제 세 번째 시즌이 되었다. 통산 득점은 박철우에 이어 2위에 올라 있고 통산 서브 득점은 1위 정지석을 불과 세 개 차이로 추격하고 있다. V-리그 역대 최고의 외국인 선수가 누구냐고 묻는다면 많은 사람들이 레오라고 말할 것이다. 이번 시즌 OK가 우승한다면 모두가 그렇게 이야기하지 않을까.

서브 킹, 킹레오

지난 시즌 레오의 서브는 대단했다. 직전 시즌 자신의 서브 기록 60득점의 두 배를 넘긴 서브 127득점. 레오 다음으로 서브 득점이 많았던 타이스의 69득점보다 무려 58개가 많은 기록이었으며 직전 시즌 서브 1위였던 케이타의 109득점, 그 이전 시즌 서브 1위였던 러셀의 111득점을 넘어선 대기록이었다. 이번 시즌 바뀐 공인구는 레오에게 어떻게 작용할까. 상대팀 리시버들은 긴장해야 할 것이다.

🏐 레오의 TOP3

레오	통산 득점	통산 서브 득점	통산 트리플 크라운
	5,024점	**359**점	**12**회

🏐 2022-2023 V-리그 경기기록

36 경기	136 세트	921 득점	49 블로킹	127 서브
51.24 공격 성공률(%)	**0.088** 세트 Avg(set)	**16.23** 리시브 효율(%)	**1.176** 디그 Avg(set)	

NO.14
송희채

OH 아웃사이드 히터

생년월일	1992.04.29
신장	190cm
출신교	흥덕초▶남성중▶남성고▶경기대
입단	2013-2014시즌 1라운드 3순위
이적	러시앤캐시▶삼성화재(2018)▶우리카드(2020)▶OK금융그룹(2023)
총 보수	4억 원 (연봉 3억 6,000만 원, 옵션 4,000만 원)

5년 만의 컴백

송희채가 다시 OK로 돌아왔다. 2018년 FA로 팀을 떠났던 송희채는 삼성화재와 우리카드를 거쳐 5년 만에 고향으로 돌아왔다. 프로 배구선수로는 드물게 현역 복무로 군복무를 마쳤고 트레이드도 여러 번 경험하면서 정신적으로 성숙해지고 신체적으로도 강인해졌다. 이제 그동안의 경험이 빛을 볼 시간이다. 부상으로 코보컵에는 출전하지 못했지만 겨울에는 달라진 송희채의 모습을 볼 수 있을 것이다.

이번 시즌 키워드: 수비 그리고 반격

리베로를 제외하면 현역 선수 가운데 곽승석, 서재덕 다음으로 역대 가장 많은 리시브 정확 기록을 가지고 있는 송희채의 장점은 역시 수비다. 오기노 감독이 부임하면서 수비에 대한 중요성이 더해지고 그동안 경험해 보지 못한 트레이닝 시스템으로 훈련 집중도가 높아졌다. 이번 시즌 개인적인 키워드는 수비 그리고 반격. 안정된 수비를 바탕으로 반격 기회가 왔을 때 확실하게 한 방을 날릴 것이다.

🏐 송희채의 TOP3

	통산 리시브 정확	통산 리시브 효율	한 경기 최다 득점
송희채	**4,092**개	**51.65**%	**22**점

🏐 2022-2023 V-리그 경기기록

31 경기	104 세트	262 득점	40 블로킹	23 서브
49.01 공격 성공률(%)	**0.433** 세트 Avg(set)	**36.42** 리시브 효율(%)	**1.577** 디그 Avg(set)

NO.15
이진성

OH 아웃사이드 히터

생년월일	2000.08.11
신장	191cm
출신교	대원초▶함안중▶진주동명고▶홍익대
입단	2022-2023시즌 2라운드 7순위
이적	-
총 보수	5,000만 원 (연봉 4,000만 원, 옵션 1,000만 원)

최선을 다하자 🙏

라이징스타

2023 구미 코보컵 라이징스타. 확실히 떴다. 이진성에게 코보컵은 기회였다. 외국인 선수가 출전하지 못하고 OK로 다시 돌아온 송희채가 부상으로 빠진 것이 이진성에게는 더 없이 좋은 기회였던 것이다. 이진성은 코보컵 결승전까지 다섯 경기에 출전해 43득점, 43%의 공격 성공률을 기록하며 팀 우승에 기여했다. 라이징스타로 만족할 수는 없다. 팀에 꼭 필요한 선수가 되고 싶다.

이제 시작이다

홍익대 시절 이진성은 3학년까지 아포짓 스파이커로 활약했다. 대한항공의 정한용, 이준과 함께 홍익대의 대학 무대 정상 등극을 이끈 이진성은 4학년 때 아웃사이드 히터로 포지션을 바꾸며 프로에 도전했다. 루키였던 지난 시즌 7경기에 교체로 나서 단 2득점을 한 것이 한 시즌 기록의 전부였다. 오기노 감독이 가르쳐 준 리시브를 보완하고 자신 있는 서브로 강한 인상을 남길 것이다. 이진성의 프로 무대는 이제 시작이다.

이진성의 TOP3

	통산 출전 경기 수	통산 득점	-
이진성	7개	2점	-

2022-2023 V-리그 경기기록

7 경기	14 세트	2 득점	1 블로킹	- 서브
100 공격 성공률(%)	0.071 세트 Avg(set)	- 리시브 효율(%)		0.214 디그 Avg(set)

NO.16
진상헌

MB 미들 블로커

생년월일	1986.04.22
신장	198cm
출신교	인창중▶문일고▶한양대
입단	2007-2008시즌 1라운드 3순위
이적	대한항공▶OK금융그룹(2020)
총 보수	2억 원 (연봉 1억 2,000만 원, 옵션 8,000만 원)

부상 없이 한시즌!

600 블로킹

V-리그에서 15시즌을 활약한 진상헌은 지난 시즌까지 통산 591개의 블로킹을 성공시켰다. 역대 통산 블로킹 득점 11위에 올라 있는 진상헌은 이번 시즌 블로킹 10개를 추가하면 역대 블로킹 성공 600개의 하경민을 밀어내고 TOP10에 이름을 올리게 된다. V-리그 400경기 이상의 경험을 가진 베테랑에게 가장 중요한 것은 자기 관리. 부상 없이 이번 시즌을 잘 마치고 싶다.

OK의 맏형

오기노 감독이 부임하고 훈련 방식부터 많은 것이 바뀌었다. 매번 같은 시즌이 반복되지만 새로운 의욕이 솟아나고 열정이 생기는 시즌이다. 진상헌에게는 시즌을 준비하는 기간도 하루하루가 소중하다. 이제부터는 매 시즌 마지막 시즌이 될 수 있기 때문이다. 동료들에 대한 믿음과 신뢰를 가지고 팀의 맏형으로서 의미 있고 행복한 배구를 하고 싶다.

🏐 진상헌의 TOP3

	통산 블로킹 득점	통산 출전 경기 수	한 경기 최다 블로킹
진상헌	591점	406경기	6개

🏐 2022-2023 V-리그 경기기록

33 경기	109 세트	114 득점	48 블로킹	1 서브
53.72 공격 성공률(%)	**0.165** 세트 Avg(set)	**18.75** 리시브 효율(%)	**0.321** 디그 Avg(set)	

NO.18
전진선

MB 미들 블로커

생년월일	1996.09.11
신장	197cm
출신교	홍익대
입단	2018-2019시즌 1라운드 1순위
이적	–
총 보수	1억 5,000만 원 (연봉 1억 3,000만 원, 옵션 2,000만 원)

어제보다 나은 내일

크레이지 모드가 필요해

이번 시즌에는 미치고 싶다. 끼로 충만한 전진선이 미쳐야 OK 코트에 도파민이 분출된다. 지난 시즌 초반, 국군체육부대에서 전역한 전진선은 팀에 돌아오자마자 절정의 블로킹 감각을 선보였다. 이번 시즌 키워드는 생각하는 배구. 끊임없이 생각한 부분이 코보컵에서 경기력으로 나오는 것을 보고 재미를 느꼈다. 크레이지 모드로 팀의 확실한 분위기 메이커가 될 것이다.

FA 시즌

이번 시즌이 끝나면 전진선은 FA 자격을 얻는다. 목표를 넘어서 야망을 가지고 숫자와의 싸움, 기록과의 싸움을 해 보려 한다. 지난 시즌 기록한 44개의 블로킹으로는 부족하다. 목표는 70개. 세트당 0.6개(지난 시즌 세트당 0.4개) 이상의 블로킹으로 블로킹 TOP 5에 당당히 도전한다. OK금융그룹 제1의 미들 블로커가 되어 FA 시장에서 평가를 받겠다.

전진선의 TOP3

전진선	한 경기 최다 블로킹	한 세트 최다 블로킹	한 경기 최다 서브
	6개	4개	3개

2022-2023 V-리그 경기기록

30 경기	107 세트	155 득점	44 블로킹	11 서브
54.64 공격 성공률(%)	**0.14** 세트 Avg(set)	**–** 리시브 효율(%)	**0.336** 디그 Avg(set)	

NO.20
신호진

OP 아포짓 스파이커

생년월일	2001.02.26
신장	187cm
출신교	석교초▶인하부중▶인하부고▶인하대
입단	2022-2023시즌 1라운드 1순위
이적	–
총 보수	6,000만 원 (연봉 4,000만 원, 옵션 2,000만 원)

2023 코보컵 MVP

신세이셔널. 그야말로 센세이션이었다. 2023 코보컵 조별리그 대한항공전. 당일 아침 유니버시아드 대표팀에서 돌아온 신호진은 교체로 들어가 10득점을 하며 에너자이저의 컴백을 알렸다. 반드시 이겨야 4강에 진출하는 우리카드전에서도 신호진은 최다 득점으로 팀을 준결승 무대로 이끌었다. 파나소닉과의 4강전은 더 대단했다. 혼자서 블로킹 6개를 기록하며 초청 팀의 결승 진출을 막았다. 삼성화재와의 결승전은 신호진을 위한 피날레였다. 34득점. MVP는 당연했다.

드래프트 1픽

지난 시즌 신인 드래프트에서 신호진은 1라운드 1순위로 OK금융그룹에 지명됐다. 팀 사정상 6라운드가 돼서야 자신의 기량을 보여줄 시간이 주어졌다. 한 번의 기회밖에 없는 신인상은 신호진의 것이 아니었다. 전체 1순위 슈퍼루키의 잠재력은 이번 시즌에 폭발할 것이다. 이미 준비는 끝났다. 코보컵 MVP는 시작일 뿐이다.

🏐 신호진의 TOP3

신호진	한 경기 최다 득점	한 경기 최고 공격 성공률	2023 코보컵 최다 득점
	14점	**68.75**%	**34**점

🏐 2022-2023 V-리그 경기기록

27	72	126	8	8
경기	세트	득점	블로킹	서브

52.38	0.083	28.13	0.597
공격 성공률(%)	세트 Avg(set)	리시브 효율(%)	디그 Avg(set)

NO.99
바야르사이한

MB 미들 블로커

생년월일	1998.08.12
신장	197cm
국적	몽골
출신교	순천제일고 ▶ 인하대
입단	2023 아시아쿼터 트라이아웃 4순위
총 보수	10만 달러

이번 시즌때 제가 갖고 있는 실력을 홈분히 보여 드림으로서
팀 성적을 꼭 올릴 수 있도록 최선을 다 하겠습니다. 그리고 팬
분들께 재미있는 경기랑 좋은 모습 많이 보여 드리겠습니다.

Dream comes true

꿈이 이루어졌다. 6년의 노력이 보상받는 순간이었다. 2017년, 한국에서 프로 배구선수가 되겠다는 꿈을 가지고 몽골을 떠나 도전을 선택한 바야르사이한은 2023 KOVO 아시아쿼터 드래프트를 통해 마침내 V-리그에 입성했다. 이미 한국어가 유창한 바야르사이한은 사실상 외국인 선수가 아니다. 아마도 첫 경기부터 최상의 리그 적응력을 보일 것이다.

새로운 꿈

순천제일고와 인하대를 거쳐 이제 V-리그 데뷔를 앞둔 바야르사이한은 이제 두 번째 꿈을 향해 나아간다. 프로에서 자신을 증명해야 한다. 탄력이 좋고 타점이 높은 미들 블로커로서의 강점을 살려 이번 시즌 아시아쿼터 최고의 선수가 되는 것이 목표다. 바야르사이한은 배우는 것이, 버티는 것이 특기다. 진짜 도전은 지금부터다.

바야르사이한의 TOP3

바야르사이한	-	-	-
	-	-	-

2022-2023 V-리그 경기기록

경기	세트	득점	블로킹	서브
-	-	-	-	-

공격 성공률(%)	세트 Avg(set)	리시브 효율(%)	디그 Avg(set)
-	-	-	-

위기를 인지하되,
기회를 인식하라

의정부
KB손해보험
스타즈

최종성적

승점	42
승	15
패	21
세트 득/실(득실률)	58/79 (0.734)
점수 득/실(득실률)	3,037/3,210 (0.946)

항목별 팀 순위

득점	6 위	3,037 점
공격종합	5 위	50.87 %
블로킹	6 위	1.978 개
서브	7 위	1.015 개
디그	4 위	8.839 개
세트	2 위	12.263 개
리시브	3 위	32.52 %
수비	3 위	15.131 개

라운드별 상대 전적

							순위
1R	1:3	0:3	3:0	3:1	3:2	2:3	4
2R	0:3	1:3	1:3	0:3	0:3	0:3	7
3R	0:3	0:3	0:3	3:1	1:3	3:1	6
4R	3:0	1:3	3:0	2:3	1:3	3:1	3
5R	1:3	1:3	3:2	3:2	3:0	3:1	3
6R	0:3	3:2	1:3	3:1	3:2	0:3	5
계	1승 5패	1승 5패	3승 3패	4승 2패	3승 3패	3승 3패	6위

홈 경기장_의정부체육관

사진 출처: 의정부시설관리공단 홈페이지

주소 | 경기도 의정부시 체육로 90 종합운동장 내 KB손해보험 스타즈 배구단 스타디움

수용인원 | 4,057석

클럽하우스 | 수원시 장안구 영화동 171-1, KB 인재니움

🏐 안전하게 안정적으로

선수층이 두텁지 못한 현실을 받아들여야 한다. 인정해야 대비 역시 가능한 법. 어려운 살림 속에서도 시즌을 풀어가기 위해 가장 단순하면서도 중요한 건 일단 기존 전력만큼은 끝까지 유지되어야 한다는 것이다. 이를 위한 필수 과제는 부상 관리. 부상 선수가 나오면 대체 자원은 더 부족해진다. 그래서 비시즌에는 몸 관리에 특히 더 신경을 썼다. 여기에 신인드래프트를 통해 잠재력 있는, 또는 즉시 전력으로 활용할 수 있는 루키를 잘 선발해 전력에 보탬이 되는 방향을 구상하고 있다. 최대한 범실을 줄이는 경기를 목표로 한다. 선수층이 두텁지 못한 데다 젊은 선수들이 많기에 범실이 늘어날수록 크게 동요할 수 있다. 최대한 부담 없이, 부상 없이, 안정적으로 경기를 풀어가고자 한다.

🏐 새로운 주전 세터는 '과연'

전력상 가장 큰 변화는 주전 세터다. 팀의 프랜차이즈 스타이자 주전 세터로 오랜 기간 호흡을 맞춰 왔던 황택의가 군 복무로 자리를 비웠다. 신예 신승훈-박현빈으로 시즌을 대비해야 하는 상황. 신승훈은 지난 시즌 황택의의 부상 공백을 어느 정도 메우며 가능성을 보여줬고, 박현빈 역시 잠재력이 풍부하다는 평가다. 자질은 충분하지만 아직은 경험을 더 쌓아야 하는 시기. 불안 요소를 해소하기 위해 트레이드를 통해 경험 많은 황승빈을 영입했다. 안정감이 가장 큰 강점인 만큼 플레이 자체에 대한 걱정은 없다. 다만 비시즌 대표팀 합류로 주전 세터가 공격수들과 충분히 호흡을 맞추지 못한 게 변수. 특히나 외국인 선수 비예나의 합류도 늦어 함께 맞출 시간이 더 부족하다는 게 가장 큰 걱정이다. 우려를 기우로 바꿔 낼까, 아니면, 누군가 혜성처럼 등장할까.

감독

위기를 기회로

그렇게 오랜 기간 배구를 해왔지만, 생각만으로는 되지 않는 게 스포츠라는 걸 지난 시즌 가장 크게 느꼈다. 2021-2022시즌, 그야말로 '특급' 외국인 선수 케이타와 함께 구단 역사상 최고 성적을 이뤄냈다. 바로 이어서 '케이타 없이 치른' 지난 2022-2023시즌. 모두의 시선이 의심으로 바뀌었다. '케이타 없이도 될 수 있을까.' 선수 한 명의 존재 여부에 따라 팀의 기대치가 크게 달라진다는 건 선수단과 더불어 구단의 자존심이 걸린 문제이기도 했다. 우려가 아예 없는 것은 아니었지만, 그래도 경험이 쌓인 만큼 어느 정도는 위기를 헤쳐 갈 것으로 예상했다. 모두가 끝까지 포기하지 않고 최선을 다했으나 결과적으로는 만족스럽지 못했다. 안일했다고 냉정하게 진단했다. 다가오는 시즌은 더 철저하게 준비해야겠다고 의지를 다진 이유다.

그렇게 감독으로서 3번째 시즌을 맞는다. 지난 두 시즌 간 극과 극의 분위기를 경험했다. 첫 시즌엔 성적이 좋았기에 전반적인 분위기를 일관되게 가져갔지만, 2번째 시즌이었던 지난 시즌은 성적이 만족스럽지 않았던 만큼 변화는 불가피하다. 선수단에게 이전보다 더 강도 높은 훈련 스케줄을 예고했다. 자율적이고 편안한 팀 분위기가 자리 잡은 건 고무적이지만 우리는 프로 선수이기에 좋은 분위기가 좋은 성적으로 이어지지 않는다면 소용이 없다. 조금 더 책임감을 높이길 주문했다. 전력상 쉽지 않은 시즌이 예상된다. 하지만 상황이 불러올 '무한경쟁'은 새로운 분위기를 만들기도 한다. 위기를 기회로 만들며 선수단도, 자신도 모두가 성장하는 시즌이길 기대한다.

후인정

Best 7

IN

황승빈 ▶

비예나 **OP** 황경민 **OH** 김홍정 **MB**

한국민 **MB** 리우 훙민 **OH** 황승빈 **S**

정민수 **L**

OUT

한성정 ▶
양준식 ▶
배민서 ▶
황두연 ▶
박진우 ▶
나경복 ▶
황택의 ▶
김도훈 ▶

라인업

no.	이 름	포지션	no.	이 름	포지션	no.	이 름	포지션
1	정동근	OH	11	김홍정	MB	26	손준영	OH
3	황승빈	S	12	황경민	OH	33	신승훈	S
4	정민수 ⓒ	L	13	비예나	OP			
5	백광현	L	15	우상조	MB			
6	박현빈	S	17	최요한	MB			
7	리우 훙민	OH	24	배상진	OH			
9	홍상혁	OH	25	한국민	MB			

아시아쿼터

리우 훙민 **OH**

NO.1
정동근

OH 아웃사이드 히터

생년월일	1995.01.24
신장	193cm
출신교	남양초▶송산중▶송산고▶경기대
입단	2015-2016시즌 1라운드 6순위
이적	삼성화재▶KB손해보험(2018)
총 보수	9,000만 원 (연봉 7,500만 원, 옵션 1,500만 원)

불행, 그래도 다행

비시즌 근력운동 중 갑작스러운 부상이 찾아왔다. 가슴 근육이 파열되어 끊어졌다는 것. 6월 수술을 마쳤고, 회복까지 10개월 정도 필요하다는 소견을 받았다. 이렇게 배구를 오래 쉬는 건 처음인 데다, 부상 사례가 많지 않다고 해 불안한 것도 사실이다. 하지만 모두의 도움으로 회복이 빠르다는 것, 그리고 왼손잡이 공격수인데 오른쪽 부상인 것이 불행 중 다행인 소식.

완전한 회복을 응원해

대학 시절 에이스로 활약했다. 기대감을 모은 채 프로에 입성했지만 여차하면 부상으로 자신의 기량을 맘껏 발휘하기가 어려웠다. 이번 시즌을 앞두고도 큰 부상을 당해 많이 힘들기도 하다. 하지만 심리적 안정감을 찾을 수 있도록 구단에서 적극적으로 지원해 주고 있어 큰 위로가 된다. 급하지 않게 시즌 후반부 복귀를 노린다.

🏐 정동근의 TOP3

	한 경기 최다 득점	한 경기 최다 블로킹	통산 리시브 정확
정동근	18점	5개	584개

🏐 2022-2023 V-리그 경기기록

8 경기	14 세트	6 득점	- 블로킹	- 서브
54.55 공격 성공률(%)	0.071 세트 Avg(set)	11.76 리시브 효율(%)	0.500 디그 Avg(set)	

NO.3
황승빈

S 세 터

생년월일	1992.08.26
신장	183cm
출신교	서울신강초▶문일중▶문일고▶인하대
입단	2014-2015시즌 1라운드 5순위
이적	대한항공▶삼성화재(2021)▶우리카드(2022)▶KB손해보험(2023)
총 보수	5억 200만 원 (연봉 4억 5,000만 원, 옵션 5,200만 원)

아홉 번째 시즌, 네 번째 팀

입단 팀에서 백업 세터로 여섯 시즌, 그리고 두 번의 이적으로 한 시즌씩 2년을 풀타임 주전 세터로 활약했다. 그렇게 누군가의 부담감을 지켜보고, 누군가의 부담감에 공감하며 프로에서 여덟 시즌을 보냈다. 그 시간 동안 늘 잘하고 싶다는 마음은 같았다. 그리고 어느덧 네 번째 팀 KB. 늘 목표했던 대로, 어제보다 더 나은 오늘을, 스스로에게 만족할 수 있는 내일을 꿈꾼다.

동료에겐 믿음, 나에겐 자신감

이적 직후 대표팀 합류로 새로운 동료들과 훈련할 시간이 부족했던 건 사실이다. 하지만 합류 전까지의 훈련 내용이 긍정적이었고, 공격수들에 대한 믿음이 있기에 좋은 호흡을 보여줄 자신이 있다. 이보다 언제나 좋은 토스를 할 수 있는 자신감을 위해 자신에게 집중하고 있다. 믿음에 자신감을 더해, 어려울 거라는 평가를 뒤집고 호락호락하지 않은 팀으로 만들고 싶다.

황승빈의 TOP3

	통산 세트 성공	한 경기 최다 블로킹	한 경기 최다 서브
황승빈	4,505개	3개	3개

2022-2023 V-리그 경기기록

36	140	64	38	10
경기	세트	득점	블로킹	서브
44.44	10.286	-		1.150
공격 성공률(%)	세트 Avg(set)	리시브 효율(%)		디그 Avg(set)

NO.4
정민수

L 리 베 로

생년월일	1991.10.05
신장	178cm
출신교	하동초▶동명중▶동명고▶경남과기대
입단	2013-2014 2라운드 4순위
이적	우리카드▶KB손해보험(2018)
총 보수	4억 5,000만 원 (연봉 4억 원, 옵션 5,000만 원)

새로운 전성기가 기대되는 이유

군 복무를 해결한 이후에 심리적인 압박감이 부쩍 늘었다. '자신감으로 배구한다'는 소리를 들을 정도로 가장 큰 강점은 자신감인데, 그 장점이 살아나지 않으면서 주춤했다. 지난 시즌엔 프로 생활하면서 처음으로 폼이 조금 떨어졌음을 직감했다. 하지만 올해 처음으로 비시즌 기간 팀 스케줄을 모두 소화했다. 덕분일까. 이렇게 몸이 좋다는 느낌이 예사롭지 않다.

정민수 → 자신감 → 1등

올 시즌부터 바뀐 공인구에 가장 큰 영향을 받을 포지션은 리베로. 하지만 정민수는 오히려 기대된다. 이유는 미카사 볼을 받는 게 더 수월하다고 느껴 원래부터 좋아했었다고. 남들은 어렵다고 걱정할 때 자신은 잘 맞아 기대할 수 있다는 건 엄청난 자신감의 근거가 된다. 좋은 경기력으로 이어질 것 같은 기분 좋은 예감. 수비 모든 부문에서 1위를 노린다.

🏐 정민수의 TOP3

	통산 디그 성공	통산 수비 성공	통산 리시브 효율
정민수	2,742개	3,160개	50.46%

🏐 2022-2023 V-리그 경기기록

36 경기	135 세트	- 득점	- 블로킹	- 서브
- 공격 성공률(%)	0.496 세트 Avg(set)	37.77 리시브 효율(%)	2.200 디그 Avg(set)	

NO.5
백광현

L 리 베 로

생년월일	1992.03.18
신장	181㎝
출신교	남원중앙초▶남성중▶남성고▶홍익대
입단	2015-2016시즌 1라운드 4순위
이적	대한항공▶삼성화재(2021)▶KB손해보험(2022)
총 보수	1억 5,000만 원 (연봉 1억 1,000만 원, 옵션 4,000만 원)

이번 시즌 화이팅!

진짜 첫해 in KB손해보험

트레이드로 팀을 옮긴 지난 시즌엔 팀 사정상 한 경기 출전에 그쳤다. 마음을 다잡는 게 쉽지 않았던 것도 사실이다. 하지만 올 시즌에는 김도훈의 군 복무로 정민수와 분담하며 출전 시간이 늘어날 전망이다. 경기에 나서지 못하며 떨어진 실전 감각을 높이는 데 주력하고 있다. KB손해보험에서의 본격 첫해를 맞는 느낌. 새로 시작한다는 마음으로 시즌에 돌입한다

다시 기본으로

지난 시즌 생생한 코트 현장을 누비지 못하면서 생각이 많아졌다. 문득 경기를 많이 뛰던 때의 모습을 돌아봤다. 부족한 부분이 눈에 많이 들어왔다. 변화는 불가피하다고 느꼈다. 해답은 다시 기본으로 돌아가는 것. 정확성을 기르기 위해 특히 많은 노력을 기울이고 있다. 프로에서 맞는 여덟 번째 시즌. 달라진 백광현은 더 많이 배우고, 더 많이 돕고 싶다.

백광현의 TOP3

	통산 디그(Avg)	한 경기 최다 디그 성공	통산 리시브 효율
백광현	**1.739**개	**21**개	**42.06**%

2022-2023 V-리그 경기기록

1 경기	1 세트	- 득점	- 블로킹	- 서브
공격 성공률(%)	세트 Avg(set)	리시브 효율(%)	디그 Avg(set)	

NO.6
박현빈

S 세 터

생년월일	2004.01.16
신장	185㎝
출신교	주안초▶안창중▶속초고▶성균관대
입단	2022-2023시즌 1라운드 6순위
이적	–
총 보수	6,500만 원 (연봉 4,500만 원, 옵션 2,000만 원)

KB 화이팅

잠재력은 빠른 발!

빠른 토스에 강점이 있다. 상대적으로 키가 큰 편이 아니지만 떨어지는 공도 속공으로 연결할 수 있는 능력이 있고, 신장 대비 높이가 좋다는 것 역시 매력 포인트. 프로에 와서는 토스 스타일을 바꾸려고 노력하고 있다. 대학 시절엔 폼으로 상대를 속이는 데 중점을 뒀다면, 프로에서는 공격수 타이밍에 맞출 수 있는 쪽에 더 집중하고자 한다.

연습도, 실전도 소중히

비시즌 '세터 형'들이 모두 대표팀 발탁으로 팀에 없었다. 동료들과 가장 많은 호흡을 맞출 수 있었다는 게 소중한 경험이었고 발전의 계기가 됐다. 다만 시즌이 시작되면 출전 기회가 많지는 않을 것으로 예상된다. 자신의 역할은 분위기 전환. 코트 안에서 활기 넘치는 모습을 보여주고 싶다. 그렇게 언젠가 다가올 기회를 기다린다.

박현빈의 TOP3

	한 경기 최다 세트 성공	통산 세트(Avg)	통산 출전 경기 수
박현빈	**25**개	**4.357**개	**5**경기

2022-2023 V-리그 경기기록

5 경기	14 세트	1 득점	1 블로킹	- 서브
- 공격 성공률(%)	**4.357** 세트 Avg(set)	**-** 리시브 효율(%)	**0.286** 디그 Avg(set)	

NO.7
리우 훙민
🏐 OH **아웃사이드 히터**

생년월일	1993.11.10
신장	191cm
국적	대만
입단	2023-2024 아시아쿼터 6순위
이적	–
총 보수	10만 달러

Whatever you do,
do not let go!

목표는 롱런!

'도전 정신'을 가지고 V-리그에 왔다고 표현했다. 매 시즌 발전하는 모습으로 오래도록 V-리그에서 활약하는 게 꿈이다. 자신 있게 내세우는 건 적응과 수용. 각국 리그에서 경험이 어느 정도 쌓인 만큼 이제는 새로운 걸 받아들이는 게 어려울 수도 있다. 하지만 빠르게 받아들이고 변화에도 열린 마음이다. 한국에서도 좋은 건 배우며 팀에 도움이 되겠다는 각오다.

수비는 확실해, 공격도 부탁해

수비력만큼은 국내 선수들과는 확실히 다르다는 평가를 받을 만큼 자신 있다. 다만 기대치는 다를지라도 '외국인 선수'인 만큼 공격력에서도 힘을 보태 주길 팀은 요구한다. 상대 블로킹 위에서도 공격을 해결할 수 있는 하이볼 능력을 높여 달라는 주문을 받았다. 다양한 리그를 경험하며 체득한 기술을 종합해 지능적인 배구를 선보이고 싶다.

🏐 리우 훙민의 TOP3

리우 훙민	-	-	-
	-	-	-

🏐 2022-2023 V-리그 경기기록

경기	세트	득점	블로킹	서브
-	-	-	-	-

공격 성공률(%)	세트 Avg(set)	리시브 효율(%)	디그 Avg(set)
-	-	-	-

NO.9
홍상혁

OH 아웃사이드 히터

생년월일	1998.07.20
신장	193cm
출신교	남양초▶송산중▶송산고▶한양대
입단	2019-2020시즌 1라운드 2순위
이적	–
총 보수	1억 5,000만 원 (연봉 1억 2,000만 원, 옵션 3,000만 원)

더 과감하게!

전체 2순위 지명 신인 선수라는 것으로 짐작할 수 있듯, 잠재력과 기대감은 충분하다는 평가다. 네 시즌간 꾸준하게 기회를 부여받을 수 있었던 건 어느 정도 두각을 나타낸 부분이 있었다는 이야기. 하지만 늘 지적된 건 소심하다는 점이다. 그간 긴장을 많이 했지만, 시간이 쌓이면서 조금씩 나아지고 있는 느낌을 받는 건 긍정적 신호다. 더 과감한 모습을 기대해 본다.

숙제는 안정감

공격적인 부분에서 자신 있다. 블로킹이나 서브에서 보여주는 임팩트도 상당하다. 올 시즌도 같은 포지션의 경쟁자들보다 앞서가기 위해 내세우고 싶은 부분이기도 하다. 다만 개인적으로 약하다고 생각하는 부분이자, 팀에서 더 요구하는 부분은 수비. 그래서 이번 비시즌엔 수비적인 훈련에 더 집중하며 단점을 보완한 새 시즌을 그린다. 안정적인 선수를 꿈꾼다.

홍상혁의 TOP3

홍상혁	한 경기 최다 득점	한 경기 최다 공격 득점	한 경기 최다 블로킹
	21점	17점	4개

2022-2023 V-리그 경기기록

26 경기	65 세트	113 득점	9 블로킹	6 서브
46.89 공격 성공률(%)	0.092 세트 Avg(set)	29.68 리시브 효율(%)	0.615 디그 Avg(set)	

NO.11
김홍정

MB 미들 블로커

생년월일	1986.03.26
신장	195cm
출신교	경북사대부초▶경북사대부중▶경북사대부고▶경희대
입단	2009-2010시즌 수련선수
이적	삼성화재▶러시앤캐시(2013)▶KB손해보험(2017)
총 보수	3억 원 (연봉 2억 1,000만 원, 옵션 9,000만 원)

비상하라 *KB*

그때 그 순간 그대로

최근 2년 정도 부상이 더해지면서 힘든 시즌을 보냈다. 팀 사정상 자리를 비울 수 없어 계속 참고 뛰다 보니 악순환이 됐다. 때문에 블로킹 수치가 크게 떨어진 게 가장 큰 아쉬움이다. 어떻게 하면 다시 가장 잘하던 때로 돌아갈 수 있을지 고민하고 연구한다. 그 시절 영상도 찾아보며 잘했던 기억을 떠올리면서, 다시 그 기분으로 돌아가기 위한 준비를 거치고 있다.

아는 대로 최선을, 하던 대로 열심히

몸 관리의 중요성을 다시 깨달았다. 비시즌 혹독한 체중 감량으로 더 착실하게 시즌을 준비했다. 여기에 베테랑으로서, 팀의 가장 큰 약점이 중앙이라는 평가를 듣는 건 또 다른 자극이 된다. 그렇다고 무언갈 의식하진 않는다. 누가 온다고 해서 겁낼 나이가 아니다. 최선을 다해, 누구보다 열심히 준비할 뿐이다. 존재만으로 모범이 되는 베테랑은 그 자체로 힘이 있다.

김홍정의 TOP3

	한 경기 최다 블로킹	통산 블로킹 성공	통산 출전 경기 수
김홍정	7개	334개	303경기

2022-2023 V-리그 경기기록

36 경기	117 세트	140 득점	41 블로킹	4 서브
54.60 공격 성공률(%)	0.128 세트 Avg(set)	- 리시브 효율(%)	0.393 디그 Avg(set)	

NO.**12**
황경민

OH 아웃사이드 히터

생년월일	1996.04.10
신장	194cm
출신교	명륜초▶송림중▶송림고▶경기대
입단	2018-2019시즌 1라운드 2순위
이적	우리카드▶삼성화재(2020)▶KB손해보험
총 보수	6억 500만 원 (연봉 5억 원, 옵션 1억 500만 원)

남자부 1호 FA

좋은 조건에, 그것도 남자부에서 가장 먼저 FA 계약을 통해 팀에 잔류하기로 했다. 구단의 대우에 감사함을 느끼는 만큼 책임감이 커진다. 여기에 의지했던 동갑내기 친구들이 트레이드로, 군 복무로 팀을 떠났다. 외롭지만 이겨내야 한다. 정식 주장은 정민수지만 포지션이 리베로인 만큼 코트 안에서의 주장은 황경민이 맡는다. 그 이유를 알고 있다.

진짜, 보여줄게!

기대감을 안고 맞은 컵대회는 많이 아쉬웠다. 대회 후 감독을 찾아갔다. 리그 때는 더 준비를 잘하겠다고. 기대 이상으로 보여주겠다고. 작년보다 더 잘해야 하는 건 당연하다. 비예나가 전반적인 공격을 이끌고 그 부담을 덜어 주면 더할 나위 없다. 주전 세터가 바뀌었지만, 삼성화재에서 호흡을 맞춘 적이 있기에 걱정은 없다. 절치부심. 마음을 굳게 다잡았다.

🏐 황경민의 TOP3

	한 경기 최다 득점	한 경기 최다 블로킹	통산 공격 성공률
황경민	25점	6개	49.98%

🏐 2022-2023 V-리그 경기기록

35 경기	129 세트	401 득점	41 블로킹	15 서브
49.93 공격 성공률(%)	**0.388** 세트 Avg(set)	**32.45** 리시브 효율(%)	**1.457** 디그 Avg(set)	

NO.13
안드레스 비예나

OP 아포짓 스파이커

생년월일	1993.02.27
신장	193cm
국적	스페인
입단	2023 외국인선수 트라이아웃 3순위
이적	대한항공(2019-2021)▶KB손해보험(2022-)
총 보수	55만 달러

시작부터 KB!

대체 외국인 선수로 시즌 도중 합류했지만, 비예나는 비예나였다. 특유의 탄탄한 공격력과 스페인 국가대표팀 주장다운 리더십, 여기에 착실한 몸 관리까지. 경기부터 생활까지 동료들에게 귀감이 되는 외국인 선수의 모습을 보여줬다. 다가오는 시즌, 대표팀 일정으로 팀 합류가 늦지만 크게 걱정하지 않는 이유다. 그만큼 철저한 자기 관리를 믿는다.

공격 UP, 서브 UP

백업이 두텁지 않은 전력상 공격 역할이 더 커질 것으로 예상된다. 다행인 건 스스로가 공격에 많이 가담하는 걸 더 선호한다는 사실이다. 다만 한 가지, 감독이 주문하는 건 서브 보완. 지난 시즌 충분히 기량을 보여줬지만, 서브만큼은 대한항공 시절보다 위력이 덜한 느낌이었다. 서브 차례에 한두 점은 더 얻고 갈 수 있어야 팀이 더 편하게 경기를 풀어 갈 수 있다.

비예나의 TOP3

비예나	한 경기 최다 득점	한 경기 최다 서브	한 경기 최다 블로킹
	49점	**6**개	**5**개

2022-2023 V-리그 경기기록

20 경기	77 세트	555 득점	34 블로킹	28 서브
54.72 공격 성공률(%)	**0.104** 세트 Avg(set)	**-** 리시브 효율(%)		**1.506** 디그 Avg(set)

NO.15
우상조

MB 미들 블로커

생년월일	1992.06.27
신장	196cm
출신교	본오초▶본오중▶송림고▶한양대
입단	2014-2015시즌 2라운드 1순위
이적	한국전력▶현대캐피탈(2016)▶우리카드(2017)▶KB손해보험(2019)
총 보수	9,000만 원 (연봉 7,000만 원, 옵션 2,000만 원)

안 다치고 한 뼘 발전된 선수가 되고 싶다!

이겨내야 하는 10년 차

어느덧 프로 입단 후 10년 차다. 생각이 조금씩 달라지고 책임감이 높아진다. 부담감이 없지는 않지만 이겨내야 한다. 2023 컵대회를 마치고 미들 블로커진의 약점을 천명하며 시즌을 앞두고 보강하겠다는 공식 발표에 자극이 됐다. 더 열심히 하는 수밖에 없다. 그런 이야기가 나온 이유를 떠올리며 실력을 올리기 위해 훈련에 매진하고 있다.

기회는 불현듯

개인적으로 블로킹이 약하다고 생각해 기술적으로 보완하기 위해 비시즌 노력했다. '주전'으로 온전히 풀타임을 소화한 적은 거의 없다. 하지만 이번 비시즌에는 팀 사정상 많은 연습 경기에 나서고 있다. 이것도 본인에게 다가온 기회이자 운명. 경기 감각을 최대한 끌어올리기 위해 힘쓰고 있다. 기회를 자신의 것으로 만들어 낼 수 있을까.

우상조의 TOP3

우상조	한 경기 최다 득점	한 경기 최다 블로킹	통산 출전 경기 수
	11점	3개	90경기

2022-2023 V-리그 경기기록

17	42	44	9	1
경기	세트	득점	블로킹	서브

60.71	0.024	40	0.262
공격 성공률(%)	세트 Avg(set)	리시브 효율(%)	디그 Avg(set)

NO.17
최요한

MB 미들 블로커

생년월일	1999.11.23
신장	199㎝
출신교	성지고▶중부대
입단	2022-2023시즌 4라운드 2순위
이적	–
총 보수	6,300만 원 (연봉 4,300만 원, 옵션 2,000만 원)

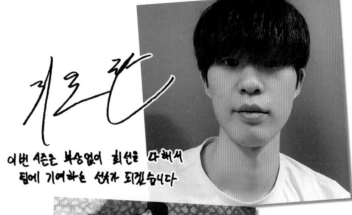

이번 시즌은 부상없이 최선을 다해서
팀에 기여하는 선수가 되겠습니다

미션1. 감각을 되찾아라

데뷔 첫해였던 지난 시즌. 2라운드쯤 연습하다가 손가락 사이가 찢어졌다. 재활을 마치고 5라운드쯤부터 볼 운동을 시작할 수 있었다. 감이 잡히기도 전에 시즌이 끝났고, 공백의 여파를 느낄 수밖에 없었다. 일단 잃었던 감각을 끌어올리는 게 선결 과제. 많은 연습 경기 출전으로 경험을 쌓으며 부족한 부분을 발견하고 있다.

미션2. 강점을 발견하라

본격적으로 '프로의 맛'을 느끼기 시작한 건 이번 비시즌. 잠재력을 조금씩 보여주고 있다. 점프가 좋다는 평가다. 고등학교 2학년 때 배구를 시작했기에 구력은 짧지만, 앞으로 보여줄 가능성을 믿고 있다. 팀 내 같은 포지션 선배들의 스타일이 다 다른 만큼 그들의 장점을 하나씩 흡수하고 싶다. 그렇게 하나씩. 본인의 강점을 더 많이 발견하는 시즌을 꿈꾼다.

최요한의 TOP3

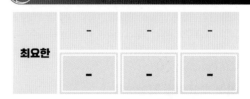

최요한	-	-	-
	-	-	-

2022-2023 V-리그 경기기록

3	7	2	1	-
경기	세트	득점	블로킹	서브

16.67	-	-	0.143
공격 성공률(%)	세트 Avg(set)	리시브 효율(%)	디그 Avg(set)

NO.24
배상진

OH 아웃사이드 히터

생년월일	2000.08.25
신장	187㎝
출신교	의림초▶옥천중▶옥천고▶경기대
입단	2022-2023시즌 2라운드 2순위
이적	–
총 보수	6,800만 원 (연봉 4,800만 원, 옵션 2,000만 원)

아프지 말고, 저미있게 상과

이판사판

데뷔 첫해, 원포인트 서버로 인상적인 모습을 보여줬다. 덕분에 신인임에도 많은 기회를 받을 수 있었다. 긴장한 티를 내지 않으려 일부러 더 당당해 보이려고 한다. 그렇게 과감한 서브로 상대를 흔든다. 어차피 한 방. 어설프게 넘겨주면 상대에게 기회만 된다는 생각에 '이판사판'을 떠올린다.

어떤 역할이든 확실하게

상대적으로 신장이 작은 편이기에 처음으로 보낸 비시즌엔 점프를 늘리기 위한 근력운동에 노력을 기울였다. 블로킹이나 공격적인 부분에서 부족함을 느껴 선배들의 노하우를 배우려 한다. 언제나 자신 있는 건 리시브와 수비. 강점을 살리면서 공격에서 조금 더 보탬이 되고 싶다. 서브는 공격적으로, 경기는 안정적으로. 장기적으론 기본기가 탄탄한 선수가 꿈이다.

🏐 배상진의 TOP3

배상진	한 경기 최다 득점	통산 출전 경기 수	통산 서브 득점
	6점	29경기	5점

🏐 2022-2023 V-리그 경기기록

29 경기	86 세트	19 득점	2 블로킹	5 서브
42.86 공격 성공률(%)	0.023 세트 Avg(set)	31.71 리시브 효율(%)	0.163 디그 Avg(set)	

NO.25
한국민

MB 미들 블로커

생년월일	1997.12.29
신장	193cm
출신교	인하대
입단	2018-2019시즌 1라운드 4순위
이적	-
총 보수	1억 2,000만 원 (연봉 1억 원, 옵션 2,000만 원)

노력하면 기회가 온다.
성실하게 즐기면서 최선을 다하자

미들 블로커 변신

지난 시즌 후반부터 미들 블로커로 조금씩 경기에 나섰다. 사실 입단 초기부터 미들 블로커 제안이 있었다. 하지만 당시엔 아포짓에 대한 애착이 컸다. 그러나 경기 출전을 늘리기 위해선 마음을 조금 더 유연하게 가져도 괜찮지 않을까 생각했고, 팀을 위해서도 미들 블로커에서 힘을 보태는 게 낫다는 생각에 받아들였다. 본격, 새로운 도전을 시작하는 새 시즌이다.

많은 걸 보여줄 수 있는 미들 블로커

새로운 자리가 아직은 낯설지만, 속공에 재미를 느끼고 있다. 상대 블로킹이 뜨기 전에 더 빠르게 공격을 완료하고자 한다. 다른 미들 블로커와 다르게 서브에서 강점이 있고, 하이볼 상황도 충분히 해결할 수 있다. 외국인 선수가 흔들릴 때 두 포지션을 함께 소화할 수 있다는 전술적 유연함도 팀의 플러스 요인. '여러 가지'를 보여주고 싶다.

한국민의 TOP3

한국민	한 경기 최다 득점	한 경기 최다 블로킹	한 경기 최다 서브
	28점	**5**개	**3**개

2022-2023 V-리그 경기기록

29 경기	83 세트	106 득점	9 블로킹	14 서브
47.43 공격 성공률(%)	**0.048** 세트 Avg(set)	**-** 리시브 효율(%)		**0.205** 디그 Avg(set)

NO.26
손준영

OH 아웃사이드 히터

생년월일	1999.04.02
신장	192cm
출신교	주안초▶인하부중▶순천제일고▶명지대
입단	2021-2022시즌 4라운드 2순위
이적	
총 보수	7,500만 원 (연봉 5,500만 원, 옵션 2,000만 원)

나는 더 강해졌어.
나는 두려움따위 느끼지 않는다!

이젠, 모두의 만족을 위해

조금 더 많은 걸 보여줄 수 있었던 2년 차 시즌이었다. 경험이 쌓인 덕이었다. 어떻게 헤쳐 가야 하는지, 해야 하는 건 무엇인지, 알고 경기에 임했다. 여유나 생각은 한층 더 발전했다고 느꼈다. 하지만 3년 차에는 혼자 만족하는 단계에 그치지 않고 남들이 인정하고 남들이 주목하는 성과를 내고 싶다. 프로 선수는 결과로 보여줘야 하니까.

비예나 같은 국내 공격수

강점은 점프력이다. 외국인 선수처럼 높은 타점을 활용해 블로킹 위에서 때릴 수 있는 능력이 있다. 다만 타점을 믿은 단조로운 공격은 아쉽다고 느껴 변칙적인 공격을 연구하고 있다. 그래서 팀 동료인 비예나의 존재는 큰 힘이다. 상대적으로 큰 키가 아님에도 살아남기 위해 노력했을 비예나가 구체적으로 조언해 준다. 생활까지, 비예나 같은 선수가 되고 싶다.

손준영의 TOP3

손준영	한 경기 최다 득점	통산 출전 경기 수	한 경기 최고 공격 점유율
	9점	58경기	21.18%

2022-2023 V-리그 경기기록

31 경기	86 세트	26 득점	2 블로킹	2 서브
42.31 공격 성공률(%)	0.012 세트 Avg(set)	- 리시브 효율(%)	0.093 디그 Avg(set)	

NO.33
신승훈

S 세 터

생년월일	2000.05.05
신장	195cm
출신교	포항항도초▶현일중▶현일고▶경희대
입단	2021-2022시즌 1라운드 6순위
이적	–
총 보수	9,000만 원 (연봉 7,000만 원, 옵션 2,000만 원)

희망은 높이고, 혼란은 줄이고

지난 시즌 중반 주전 센터 황택의의 부상 공백을 메우며 '센터'로서 존재감을 알렸다. 젊은 만큼 신선했고 어린 만큼 미숙하기도 했다. 희망과 숙제를 모두 남겼다는 건 긍정적인 신호. 큰 키를 활용한 속공과 패기를 곁들인 다채로운 플레이는 인상적이었으나, 위기 극복에 어려움을 느낀 건 보완점이었다. 장점은 살리고 단점은 줄이고 싶다.

'새롭게' 맞는 3년 차

특별한 비시즌이다. 대학-프로 유망주들로 구성된 국제대학배구대회 대표팀에 선발되어 외국 선수들과 경기를 치르며 새로운 경험을 쌓았다. 여기에 센터 황승빈이 이적으로 합류했다. 훈련 후에 이것저것 살뜰히 챙겨 주는 조언에 많은 걸 배우고 있다. 새로움을 더한 3년 차. 자신이 잘하는 게 뭔지 제대로 보여주고 싶다.

🏐 신승훈의 TOP3

신승훈	한 경기 최다 세트 성공	한 경기 최다 서브	한 경기 최다 블로킹
	44개	**2**개	**2**개

🏐 2022-2023 V-리그 경기기록

21	48	14	3	4
경기	세트	득점	블로킹	서브

46.67	5.146	-	0.771
공격 성공률(%)	세트 Avg(set)	리시브 효율(%)	디그 Avg(set)

05　07-08　08-09　09-10　10-11　11-12　12-13　13-14

'배구 명가'
삼성화재에 불고 있는
변화의 바람

대전
삼성화재 블루팡스

 ## 최종성적

승점	36
승	11
패	25
세트 득/실(득실률)	57/85 (0.671)
점수 득/실(득실률)	3,050/3,203 (0.952)

항목별 팀 순위

득점	5 위	3,050 점
공격종합	7 위	49.22 %
블로킹	7 위	1.810 개
서브	6 위	1.211 개
디그	3 위	8.894 개
세트	4 위	11.599 개
리시브	7 위	31.06 %
수비	4 위	14.613 개

라운드별 상대 전적

		SKY WALKERS				STARS	순위
1R	0:3	1:3	1:3	0:3	1:3	3:2	7
2R	0:3	0:3	2:3	2:3	2:3	3:0	6
3R	2:3	0:3	1:3	3:1	3:1	1:3	5
4R	1:3	1:3	3:2	3:2	0:3	1:3	7
5R	3:2	1:3	3:0	2:3	3:0	1:3	4
6R	3:0	2:3	2:3	0:3	0:3	3:0	4
계	2승 4패	0승 6패	2승 4패	2승 4패	2승 4패	3승 3패	7위

홈 경기장_대전 충무체육관

사진 출처: 네이버 포토

주소 | 대전광역시 중구 대종로 373 보문산공원 입구
수용인원 | 5,960석
클럽하우스 | 경기 용인시 기흥구 보정로 5 삼성휴먼센터,
삼성트레이닝센터

요스바니+에디 시너지 효과 노린다

2023년 삼성화재에는 한국 V-리그에서만 4번째 시즌을 치르는 요스바니, 아시아쿼터 전체 1순위로 198cm 에디까지 영입하는 행운이 따랐다. 요스바니는 이탈리아, 튀르키예 등 해외리그에서 다양한 경험을 쌓았고, 한국에서도 인정받은 검증된 공격수다. 에디는 아포짓과 미들 블로커 소화가 가능한 멀티 플레이어다. 그만큼 활용도가 높다. 무엇보다 두 명의 외국인 선수 덕분에 높이와 공격력까지 갖춘 삼성화재다. 요스바니와 에디가 쌍포를 이룬다면 그 위력은 상상하기도 어렵다. 삼성화재도 더 공격적인 배구를 구사할 계획이다. 서브를 무기로 반등을 노렸던 삼성화재. 이제는 막강한 공격력까지 갖췄다. 해결사 요스바니와 몽골에서 온 청년 에디의 시너지 효과를 기대한다.

달라진 삼성화재, 변화의 시작을 알리다

2022-2023시즌 최하위 삼성화재가 달라졌다. 이미 그 변화의 시작을 알렸다. 2023년 컵대회에서 5년 만에 결승행을 이뤘고, 준우승을 차지했다. 프로 2년 차 박성진, 안지원이 주전 멤버로 활약해 눈길을 끌었고, 프로 데뷔 후 처음으로 결승 무대를 밟은 선수들도 있었다. 젊은 선수들을 주축으로 이룬 성과다. 컵대회 준우승만으로도 큰 수확이다. 특히 수비가 됐을 때 빠른 반격은 인상적이었다. 김상우 감독이 가장 강조한 부분이기도 하다. 선수들도 정교한 연결과 빠른 공격을 펼치며 상대를 괴롭혔다. 달라진 선수 구성에 분위기 쇄신까지 성공했다. 이제 장기 레이스인 V-리그에서도 그 분위기를 이어가려고 한다. 배구 명가의 자존심 회복을 위한 힘찬 날갯짓이 시작됐다.

감독

김상우

리듬과 템포가 있는 '푸른 피'의 색깔 찾겠다

2022년 삼성화재 지휘봉을 잡고 두 번째 시즌을 맞이했다. 대대적인 변화에 나섰던 삼성화재. 2023년에는 요스바니와 에디라는 날개까지 달았다. 이제 확실하게 팀이 바뀌는 시기라고 보고 있다. 명가 재건을 위해서라도 그래야만 한다. 김상우 감독은 리듬과 템포가 있는 삼성화재만의 색깔을 더 진하게 만들기 위해 노력했다.

'젊은 피'들의 성장도 크나큰 소득이다. 2022년 신인 드래프트를 통해 영입한 김준우, 박성진, 안지원 모두 그 가능성을 엿볼 수 있었다. 꾸준히 출전 기회를 얻은 김준우는 2022-2023시즌 신인선수상의 영예를 안았고, 박성진과 안지원은 2023년 컵대회 주전 라인업에 이름을 올리며 제 기량을 마음껏 발휘했다. 확실히 자신감이 올랐다. 프로 3년 차 미들 블로커 양희준까지 백업을 넘어 주전급 멤버로 성장하길 바라는 김상우 감독이다.

2022년 친정팀에 돌아온 김정호와 이상욱도 묵묵히 제 역할을 하고 있다. 선수 구성은 마쳤다. 마지막 퍼즐은 노재욱이다. 김상우 감독은 '뉴 캡틴' 센터 노재욱의 역할을 강조했다. 주장의 리더십을 발휘해 주길 바란다. 군 복무를 마치고 돌아온 2022년, 노재욱은 2022-2023시즌 직전 부상으로 인해 어려운 시작을 했다. 노재욱이 모든 부담감을 떨치고 팀 중심을 잡아 줬으면 하는 바람이다. 배구는 센터 놀음이라는 말도 있다. 노재욱이 다시 올라오길 기다리고 있다.

김상우 감독도 기대감이 큰 2023-2024시즌이다. 삼성화재에서의 첫 시즌에는 혹독한 겨울이었다. 이제는 대전의 봄바람을 기다린다. 가능성이 없는 것은 아니다. 비시즌 내내 힘든 훈련을 소화하며 고생한 선수들이 달콤한 열매까지 얻었으면 하는 마음이 간절하다.

Best 7

손현종 ▶

| 에디 OP | 하현용 MB | 김정호 OH |

| 요스바니 OH | 김준우 MB | 노재욱 S |

이상욱 L

고준용 ▶

한상길 ▶

류윤식 ▶

김인균 ▶

구도현 ▶

홍기선 ▶

최익제 ▶

정수용 ▶

라인업

no.	이 름	포지션
1	신장호	OH
2	이호건	S
3	노재욱 ©	S
4	손태훈	MB
5	안지원	L
7	하현용	MB
9	이상욱	L

no.	이 름	포지션
10	김정호	OH
11	손현종	OH
12	박성진	OH
13	김준우	MB
14	요스바니	OH
17	신동광	L
18	홍민기	MB

no.	이 름	포지션
19	양희준	MB
44	에디	OP

아시아쿼터

에디 OP

NO.**1**
신장호

OH 아웃사이드 히터

생년월일	1996.06.01
신장	194㎝
출신교	소사초▶소사중▶영생고▶중부대
입단	2019-2020시즌 4라운드 4순위
이적	-
총 보수	1억 원 (연봉 1억 원, 옵션 -)

부상없이 화이팅!!

OH의 숙명, 리시브

프로 데뷔 후 모든 면에서 성장했지만 가장 눈에 띄는 것은 멘털이다. 비시즌에도 리시브 훈련에 집중하곤 했다. 하루아침에 리시브 능력을 끌어올릴 수는 없다. 신장호도 지속적인 훈련과 반복 훈련, 정신력과 집중력을 기르려고 했다. 멘털도 마찬가지다. 이 중 하나라도 빠지면 흔들린다. 공격만 잘하는 선수가 아닌 수비도 잘하는 선수가 되고 싶다는 바람이다.

결승전의 의미

2019년 프로 무대에 오른 뒤 처음으로 결승전을 경험했다. 2023년 컵 대회는 의미가 크다. 당시 결승전에서도 예선과는 다른 긴장감을 느꼈다. 비록 우승컵을 들어 올리지는 못했지만 결승전에 뛴 것만으로도 크나큰 동기부여가 됐다. V-리그 봄배구는 더 크게만 느껴진다. 2024년 봄에는 그동안 느껴 보지 못했던 새로운 경험을 하고 싶다. 선배들이 유니폼에 새긴 별 8개에 하나를 더 그리고 싶다.

🏐 신장호의 TOP3

신장호	한 경기 최다 득점	한 경기 최고 공격 성공률	2020-2021 시즌 득점 순위
	21점	**75**%	**11**위

🏐 2022-2023 V-리그 경기기록

36	134	213	21	25
경기	세트	득점	블로킹	서브
43.26	**0.112**	**26.32**	**0.731**	
공격 성공률(%)	세트 Avg(set)	리시브 효율(%)	디그 Avg(set)	

NO.**2**
이호건

S 세 터

생년월일	1996.12.08
신장	186㎝
출신교	영생고▶인하대
입단	2017-2018시즌 1라운드 5순위
이적	한국전력▶삼성화재(2020)▶우리카드(2020) ▶삼성화재(2022)
총 보수	1억 8,000만 원 (연봉 1억 6,000만 원, 옵션 2,000만 원)

항상 재미있게 배구 하겠습니다.

비로소 되찾은 재미

프로 데뷔 후 6년이 흘렀지만 최근에서야 잊었던 배구의 재미를 되찾았다. 스스로 의심이 많은 사람이라고 여긴다. 하지만 현재 팀원들과 호흡에서 불안함이 없을 정도다. 이제야 배구에 대한 부담감을 떨쳐 버리고 자신감을 얻고, 재미를 느낀다. 덕분에 원하는 플레이도 마음껏 구사하고 있다. 물론 쌓인 경력도 한몫했다. 도전 정신도 강해졌다. 부족하다고 여긴 속공도 자신 있게 시도한다.

한선수의 강심장

이호건이 좋아하는 세터는 베테랑 한선수다. 경기 직전에도 한선수의 플레이 영상을 보고 들어갈 정도다. 한선수의 표정 변화도 없는 포커페이스와 강심장을 닮고 싶은 이호건이다. 그뿐만 아니다. 한선수의 토스 스피드, 서브까지 배우고 싶다. 국내에서 가장 까다로운 세터로 한선수를 지목한 이유다. 꼭 한선수가 고교 선배라서 하는 이야기가 아니다.

이호건의 TOP3

이호건	한 경기 최다 득점	한 경기 최다 세트	2017-2018 시즌
	4점	63개	신인선수상

2022-2023 V-리그 경기기록

36 경기	130 세트	25 득점	12 블로킹	9 서브
14.29 공격 성공률(%)	7.685 세트 Avg(set)	- 리시브 효율(%)		1.031 디그 Avg(set)

© NO.**3**

노재욱

S 세 터

생년월일	1992.07.10
신장	191㎝
출신교	광주문정초▶문흥중▶전자공업고▶성균관대
입단	2014-2015시즌 1라운드 3순위
이적	LIG손해보험▶현대캐피탈(2015)▶한국전력(2018) ▶우리카드(2018)▶삼성화재(2020)
총 보수	3억 8,000만 원 (연봉 3억 2,000만 원, 옵션 6,000만 원)

올라갈 일만 남았다

노재욱은 스스로 짙은 아쉬움을 안고 있다. 2022년 2월 군 복무를 마친 뒤 계속해서 자신감 회복에 주력하고 있다. 특히 세터 포지션은 감각이 중요하다. 또 많은 운동량이 뒷받침돼야 마음의 안정이 되는 스타일이다. 후배들과 야간 훈련도 마다하지 않고 더 나은 시즌을 위해 구슬땀을 흘렸다. 부족한 것을 채우기 위해 '피 땀 눈물'을 흘리고 있는 주장 노재욱이다..

세트 7,046개

노재욱이 프로 데뷔 후 2022-2023시즌까지 기록한 세트 수다. 역대 통산 9번째 높은 기록이기도 하다. 현역 선수 중에서는 한선수, 유광우, 이민규, 황택의, 김광국에 이어 6번째. 세터는 늘 여러 공격수들과 대화를 통해 호흡을 맞춰 가야 한다. 올해는 공격력이 좋은 외국인 선수 요스바니와 에디와 손발을 맞추고 있다. 한국이 익숙한 두 선수와 팀플레이를 준비했다.

🏐 노재욱의 TOP3

	한 경기 최다 득점	한 경기 최다 세트	통산 세트 성공
노재욱	**7**점	**65**개	**9**위

🏐 2022-2023 V-리그 경기기록

31 경기	**86** 세트	**22** 득점	**13** 블로킹	**7** 서브
33.33 공격 성공률(%)	**5.384** 세트 Avg(set)	**-** 리시브 효율(%)		**0.628** 디그 Avg(set)

NO.4
손태훈

MB 미들 블로커

생년월일	1993.09.15
신장	197cm
출신교	가야초▶함안중▶군북고▶조선대
입단	2015-2016시즌 2라운드 2순위
이적	–
총 보수	1억 원 (연봉 1억 원, 옵션 -)

지난날의 반성 그리고 새로운 시작

지난 시간을 돌이켜 보면 철없던 시절을 보낸 것 같다. 절실함도, 감사한 마음도 부족했다. 이를 일찍 깨달았다면 더 성장한 손태훈이 되지 않았을까 아쉬움도 남는다. 공 하나하나의 소중함을 느끼고 있다. 기회를 받는 것, 공격 성공이나 실수를 하더라도 시도를 하는 것 자체가 감사하다. 이제는 코트 위에서 웃고 즐기는 선수가 되고 싶다.

부상이라는 난관 극복하기

손태훈은 지난 7월 무릎 연골 수술을 받고, 재활에 전념했다. 점프를 해야 하는 미들 블로커에게 무릎 부상은 치명타다. 수술에 대한 고민도 했지만 수술대에 올랐다. 일찍부터 비시즌 대비에 나선 동료들을 보고 초조한 마음도 드는 것이 사실이다. '긍정 회로'를 돌리고 있다. 새 시즌 최대한 출전 경기 수를 늘리고 싶다. 더 이상 부상 없이 시즌을 마무리하는 것이 목표다.

🏐 손태훈의 TOP3

손태훈	한 경기 최다 득점	한 경기 최다 블로킹	2019-2020 시즌 블로킹 순위
	16점	7개	10위

🏐 2022-2023 V-리그 경기기록

10 경기	27 세트	42 득점	11 블로킹	3 서브
68.29 공격 성공률(%)	**0.037** 세트 Avg(set)	**-** 리시브 효율(%)		**0.556** 디그 Avg(set)

NO.5
안지원

L 리 베 로

생년월일	2000.04.23
신장	186cm
출신교	순천대석초▶순천팔마중▶벌교상업고▶경기대
입단	2022-2023시즌 2라운드 5순위
이적	–
총 보수	4,300만 원 (연봉 4,300만 원, 옵션 –)

부상없이 잘하자

세터 출신의 리베로

초등학교 1학년 때부터 배구를 시작한 안지원은 다양한 포지션을 경험했다. 중학교 때는 아포짓, 고등학교 1·2학년까지 리베로로 뛰었다. 3학년 때는 세터를 맡기도 했다. 대학교 1~3학년까지 아웃사이드 히터 이후 다시 리베로 유니폼을 입었다. 세터 출신의 리베로답게 2단 토스는 자신 있다. 상대 공격수 마음도 읽는다. 예측하고 수비를 성공시킨다. 리베로가 가장 어울리는 안지원이다.

리시브와 디그, 두 마리 토끼 잡기

2023년 컵대회 때 안지원은 5경기 연속 선발로 출전했다. 디그는 만족스럽지만, 흔들린 리시브는 아쉬웠다. 코트 위에 서 있는 자신이 아직 낯설다. 최대한 부담감을 덜기 위해 노력했다. 롤 모델인 이상욱처럼 리시브와 디그에 모두 능한 리베로가 되고 싶다. 수비 위치 선정과 팔 모양 등을 눈여겨보고 있다. 또 보기 드문 장신 리베로다. 장점을 극대화하기 위해 구슬땀을 흘렸다.

🏐 안지원의 TOP3

	한 경기 최다 리시브	한 경기 최다 디그	-
안지원			
	4개	1개	-

🏐 2022-2023 V-리그 경기기록

10	12	-	-	-
경기	세트	득점	블로킹	서브

-	0.167	25	0.250
공격 성공률(%)	세트 Avg(set)	리시브 효율(%)	디그 Avg(set)

NO.7
하현용

MB 미들 블로커

생년월일	1982.05.09
신장	197cm
출신교	화랑초▶본오중▶송림고▶경기대
입단	2005시즌 3라운드 1순위
이적	KB손해보험▶우리카드(2019)▶삼성화재(2022)
총 보수	2억 원 (연봉 1억 7,000만 원, 옵션 3,000만 원)

나의 엄무와 역활을 잊지 말자!

배구를 즐기는 나이

2005년 원년 멤버다. 하현용의 20번째 시즌이 시작된다. 늘 배구와 함께했다. 결혼을 하면서 가족 구성원도 생겼고, 서른 살에 군 전역 후 하현용의 가치관도 달라졌다. 책임감이 강해졌다. 배구의 소중함도 느낄 수 있었다. 매 경기가 값지다. 지금까지 버티자는 생각으로 이 자리까지 올랐다. 이제 언제 은퇴를 해도 이상하지 않은 나이다. 그렇기 때문에 배구를 더 즐길 수 있다.

내 손으로 만드는 별

삼성화재 유니폼에는 8개의 별이 있다. 이는 하현용이 이적하기 전에 삼성화재가 이룬 업적이다. 하현용은 삼성화재를 상대 팀으로만 만났을 뿐이다. '배구 명가' 삼성화재의 위력은 대단했다. 하현용은 아직까지 V-리그 우승컵을 들어 본 적이 없다. 이제는 직접 삼성화재 유니폼의 별을 새겨 보고 싶다. 최고참으로서 팀원들을 이끌고, 스스로도 더 나은 2023-2024시즌이 되길 바란다.

🏐 하현용의 TOP3

	한 경기 최다 블로킹	통산 블로킹 득점	2005시즌
하현용	9개	3위	신인선수상

🏐 2022-2023 V-리그 경기기록

32	103	103	30	2
경기	세트	득점	블로킹	서브

54.62	0.039	37.50	0.311
공격 성공률(%)	세트 Avg(set)	리시브 효율(%)	디그 Avg(set)

NO.9
이상욱
L 리베로

생년월일	1995.07.08
신장	183cm
출신교	하양초▶경북체중▶경북체고▶성균관대
입단	2017-2018시즌 3라운드 1순위
이적	우리카드▶삼성화재(2022)
총 보수	3억 원 (연봉 2억 8,000만 원, 옵션 2,000만 원)

오늘 하루도 후회없이 최선을 다하자

프로 7년 차에도 색다른 경험이었다

이상욱은 올해 아시아남자배구선수권 대표팀에 발탁돼 국제대회를 치르고 왔다. 한국 배구 내에서 내로라하는 선수들이 모이는 곳이 대표팀이다. 한자리에 모여 훈련을 하는 것부터 해서 함께 해외 팀까지 상대해 봤다. 또 다른 배구를 경험하고 돌아왔다. 아직도 성장이 고픈 이상욱이다. 삼성화재에서는 두 번째 시즌이다. 팀원들과의 신뢰가 더 끈끈해졌다. 그만큼 새 시즌 기대도 크다.

리베로 그리고 부주장

배구는 팀 스포츠다. 후위에서 리베로가 해야 할 역할도 분명하다. 뒤에서 팀원들을 지켜보면서 전체적인 경기 흐름을 파악해야 하는 시야를 갖고 있다. 이 때문에 부주장까지 맡았다. 주장은 노재욱이다. 코트 위에서는 누구보다 큰 목소리로 팀 분위기를 끌어올리고, 용기를 북돋아 주려고 한다. 선수들과 코칭스태프와의 가교 역할도 한다. 이제는 상대가 무서워하는 삼성화재가 되길 바란다.

🏐 이상욱의 TOP3

이상욱	한 경기 최다 디그	한 시즌 디그 성공	2022-2023 시즌 디그 순위
	28개	15위	1위

🏐 2022-2023 V-리그 경기기록

36 경기	142 세트	- 득점	- 블로킹	- 서브
- 공격 성공률(%)	0.599 세트 Avg(set)	36.56 리시브 효율(%)	2.732 디그 Avg(set)	

NO.**10**
김정호

OH 아웃사이드 히터

생년월일	1997.03.01
신장	187㎝
출신교	안양평촌고▶경희대
입단	2017-2018시즌 2라운드 4순위
이적	삼성화재▶KB손해보험(2018)▶삼성화재(2022)
총 보수	3억 8,000만 원 (연봉 3억 원, 옵션 8,000만 원)

내 나이가 어때서

지난 여섯 시즌 동안 1,843득점을 기록했다. 꾸준히 코트 위에 올라 존 재감을 드러냈기에 베테랑의 기운이 느껴진다. 보수도 팀 내 노재욱과 공동 1위다. 하지만 여전히 코트 위에서는 어린 편에 속한다. 김정호도 자신의 나이에 놀라는 사람들을 여럿 봤다. 실전 경기 경험을 쌓으면서 김정호도 단단해졌다. 처음에는 받고 때리는 것이 두려웠는데 이제는 무뎌졌다. 경기력으로 보여줄 때다.

대전의 봄날을 위해

2022-2023시즌 팀은 최하위를 기록했지만, 2023년 컵대회 코트 위 분위기는 달랐다. 더 다채롭고 공격적인 삼성화재의 모습을 선보였다. 최하위가 아닌 더 강한 팀의 저력으로 팬들을 웃게 만들고 싶다. 그 에 너지를 다시 받는 선수들도 힘이 나기 때문이다. 김정호의 개인적인 욕 심은 없다. 팀 그리고 팬들을 위해 뛴다. 2023-2024시즌에는 대전에 서 봄날을 만끽하길 기다린다.

김정호의 TOP3

김정호	한 경기 최다 득점	한 경기 최고 공격 성공률	한 경기 최다 서브
	25점	77.27%	6점

2022-2023 V-리그 경기기록

36 경기	136 세트	456 득점	19 블로킹	39 서브
53.27 공격 성공률(%)	**0.272** 세트 Avg(set)	**30.27** 리시브 효율(%)	**1.412** 디그 Avg(set)	

NO.11
손현종

OH 아웃사이드 히터

생년월일	1992.04.08
신장	197㎝
출신교	신강초▶문일중▶문일고▶인하대
입단	2013-2014시즌 2라운드 3순위
이적	KB손해보험▶대한항공(2019)▶삼성화재(2023)
총 보수	1억 2,300만 원 (연봉 1억 원, 옵션 2,300만 원)

어제보다 나은 오늘을 위해

코트에 오르는 순간의 감사함

손현종은 2020-2021시즌이 끝난 뒤 군 복무를 위해 팀을 떠났고, 두 시즌 만인 2022-2023시즌 다시 코트 위에 올랐다. 프로 데뷔 후 세 번째 팀인 삼성화재 유니폼을 입고 새 시즌을 맞이했다. 은퇴가 가까워지는 나이다. 코트 위에서 배구를 하는 자체가 감사하다. 그만큼 더 간절하다. 코트 위에서도 어떤 포지션이든 더 밝은 모습으로 팀에 도움이 되고 싶다.

OH와 MB 사이

삼성화재는 외국인 선수 요스바니, 에디가 합류함에 따라 공격 자원 활용도가 높아졌다. 손현종도 아웃사이드 히터, 미들 블로커 훈련까지 소화했다. 최대한 손현종의 신장과 공격력으로 그 장점을 극대화하기 위해서다. 줄곧 아웃사이드 히터로 섰던 손현종에게 익숙한 포지션도 아웃사이드 히터다. 어느 포지션이든 가리지 않는다. 삼성화재 손현종의 실력을 보여주고자 한다.

손현종의 TOP3

	한 경기 최다 득점	한 경기 최다 블로킹	2015-2016 시즌 리시브 순위
손현종	26점	7개	5위

2022-2023 V-리그 경기기록

5 경기	14 세트	11 득점	- 블로킹	1 서브
52.63 공격 성공률(%)	- 세트 Avg(set)	30.77 리시브 효율(%)	0.429 디그 Avg(set)	

NO.12
박성진

OH 아웃사이드 히터

생년월일	2000.01.25
신장	190cm
출신교	남원중앙초▶남성중▶남성고▶명지대
입단	2022-2023시즌 2라운드 4순위
이적	–
총 보수	4,500만 원 (연봉 4,500만 원, 옵션 –)

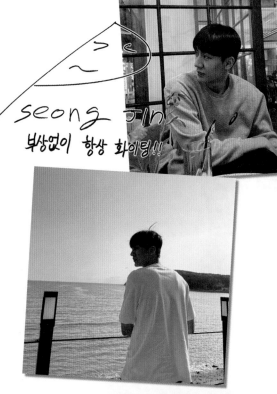

seong jin

부상없이 항상 화이팅!!

나를 알린 '라이징스타'

2023년 컵대회 '라이징스타'로 선정된 박성진. 아포짓은 처음이었지만 경기에 뛸수록 편안함을 느꼈다. 자신감도 꽤 붙었다. 박성진의 '정신적 지주' 김정호도 컵대회 '라이징스타' 출신이다. 그동안 컵대회를 통해 도약한 베테랑들의 발자취를 따라가려고 한다. 이제 나를 알리기 위한 첫 걸음을 내디뎠을 뿐이다. 새 시즌에는 긴장감을 덜고 나의 모든 것을 보여주고 싶은 마음이다.

OH도 OP도 OK!

기존의 포지션 아웃사이드 히터와 아포짓 모두 준비를 했다. 어느 자리든 교체 1순위가 되고 싶다. 나아가 요스바니, 에디를 넘어 주전 자리도 꿰차고 싶다. 리그는 장기 레이스인 만큼 체력 관리도 중요하다. 김정호를 보고 배우는 점도 많지만, 확실히 외국인 선수가 공을 때리는 소리는 다르다. 박성진도 외국인 선수처럼 무서운 선수가 되기를 갈망한다.

박성진의 TOP3

박성진	한 경기 최다 득점	한 경기 최고 공격 점유율	2022-2023 시즌 득점 순위
	8점	22.86%	76위

2022-2023 V-리그 경기기록

15 경기	31 세트	17 득점	– 블로킹	1 서브
42.11 공격 성공률(%)	0.032 세트 Avg(set)	25.00 리시브 효율(%)	0.161 디그 Avg(set)	

NO.13
김준우

MB 미들 블로커

생년월일	2000.04.24
신장	195cm
출신교	용당초▶대천중▶성지고▶홍익대
입단	2022-2023시즌 1라운드 3순위
이적	–
총 보수	1억 원 (연봉 8,000만 원, 옵션 2,000만 원)

화이팅!!!

프로 2년 차 징크스는 없다

프로 입단하자마자 정규 리그 36경기 중 35경기를 뛰었고, 무려 203득점을 터뜨렸다. 리그 블로킹 6위에도 이름을 올렸다. 강렬한 인상을 남겼던 김준우의 프로 데뷔 시즌이었다. 신인선수상까지 받은 김준우에게 프로 2년 차 징크스는 없다. 첫 시즌보다 더 자신감도 붙었고, 함께 뛰는 형들과의 호흡도 좋다. 운이 아니라 실력이었음을 스스로 증명하고자 한다.

국가대표 김준우입니다

V-리그에서 맹활약한 김준우가 2023년 태극 마크까지 달았다. 첫 성인 대표팀에 발탁돼 훈련을 소화했고, 항저우아시안게임 최종 명단에 포함되기도 했다. 대단하고 영광스럽다고 생각한 자리에 김준우가 올랐다. 가장 큰 박수를 보내 준 사람은 부모님이었다. 국제대회 경험을 토대로 한 뼘 더 성장한 김준우를 보여주고 싶다. 선수들도 신이 나서 팬들에게도 재밌는 배구를 선보이겠다는 각오다.

🏐 김준우의 TOP3

	한 경기 최다 득점	한 경기 최다 블로킹	2022-2023 시즌
김준우	14점	7개	신인선수상

🏐 2022-2023 V-리그 경기기록

35 경기	127 세트	203 득점	69 블로킹	13 서브
52.61 공격 성공률(%)	**0.055** 세트 Avg(set)	**59.09** 리시브 효율(%)	**0.402** 디그 Avg(set)	

NO.**14**
요스바니
에르난데스

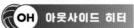

OH 아웃사이드 히터

생년월일	1991.06.23
신장	201cm
국적	쿠바, 이탈리아
입단	2023 외국인 선수 트라이아웃 전체 2순위
이적	OK금융그룹(2018)▶현대캐피탈(2019) ▶대한항공(2021)▶삼성화재(2023)
총 보수	40만 달러

우승을 위해서라면

한국에서만 4번째 시즌 그리고 4번째 팀에 정착했다. 비시즌 강도 높은 훈련을 소화하며 새 시즌을 기다렸다. 요스바니는 4번째 시즌이 최고의 시즌이 될 것이라고 자신 있게 말한다. 코트 안팎으로 배구 생각밖에 없는 요스바니. 팀원들과 함께 코트 위에서 에너지를 100% 쏟아 낼 수 있도록 만들고자 한다. 나를 위해서 그리고 팀을 위해서, 우승을 위해서다.

외인만 2명, 요스바니가 기대하는 이유

올해부터 아시아쿼터 제도를 도입하면서 한 팀당 외국인 선수가 2명이다. 요스바니도 반긴다. 긍정적이다. 외국인 선수 2명이 뛰기 때문에 더 높아진 배구 레벨을 기대하고 있다. 팀마다 새로운 도전이라고도 여긴다. 동시에 아시아쿼터로 한국 땅을 밟은 선수들에게도 기회. 삼성화재의 경우 전통 배구 명가다. 요스바니가 가장 좋아하는 배구로, 팬들에게 행복을 전하고 싶은 마음이 강하다.

🏐 요스바니의 TOP3

	한 경기 최다 득점	한 경기 최고 공격 성공률	한 경기 최다 서브
요스바니	**40**점	**85.71**%	**8**개

🏐 2022-2023 V-리그 경기기록

경기	세트	득점	블로킹	서브
-	-	-	-	-

공격 성공률(%)	세트 Avg(set)	리시브 효율(%)	디그 Avg(set)
-	-	-	-

NO.17
신동광

L 리베로

생년월일	1989.02.28
신장	171㎝
출신교	본오초▶본오중▶송림고▶한양대
입단	2010-2011 2라운드 2순위
이적	현대캐피탈▶우리카드(2018)▶삼성화재(2021)
총 보수	8,000만 원 (연봉 7,000만 원, 옵션 1,000만 원)

도움이 되는 선수가 되자!

인생의 터닝 포인트

신동광은 2년 전 터닝 포인트를 맞았다. 오른쪽 아킬레스건 파열로 1년 간 재활에만 전념했다. 은퇴까지 고려할 정도로 큰 부상이었지만 작년 성공적인 복귀를 했다. 삼성화재 유니폼을 입고 다시 코트 위에 올랐다. 지혜로운 아내 덕분에 '자신과의 싸움'이라고 하는 고독한 재활 시간도 버틸 수 있었다. 아팠던 시간이 있었기에 성숙해진 신동광이다. 새 시즌을 버티는 힘도 생겼다.

정규 리그 36경기

신동광은 11번째 V-리그 무대에 오른다. 목표는 전 경기 출전이다. 2010-2011시즌부터 V-리그에 출전한 신동광은 지금까지 정규 리그 전 경기를 소화한 적이 없다. 가장 많은 출전 경기 수는 2015-16시즌 현대캐피탈 시절에 기록한 31경기다. 신동광은 '정규 리그 36경기 출전'이라는 기록은 여러 의미를 뜻한다고 여긴다. 뛰어난 기량으로 선의의 경쟁에서 살아남았다는 증거이기 때문이다.

신동광의 TOP3

	한 경기 최다 리시브	한 경기 최다 디그	한 시즌 최다 출전 경기 수
신동광	33개	18개	30경기

2022-2023 V-리그 경기기록

19 경기	41 세트	- 득점	- 블로킹	- 서브
- 공격 성공률(%)	0.073 세트 Avg(set)	35.14 리시브 효율(%)	0.341 디그 Avg(set)	

NO.18
홍민기

MB 미들 블로커

생년월일	1993.05.14
신장	197㎝
출신교	인창고▶한양대
입단	2017-2018 1라운드 7순위
이적	현대캐피탈▶삼성화재(2021)
총 보수	5,500만 원 (연봉 5,500만 원, 옵션 -)

행제에 최선을 다하자!

과거는 지나간 현재, 미래는 다가오는 현재

홍민기가 다시 마주치고 싶지 않은 난관에 봉착했다. 직전 시즌 막판 부상을 당하면서 새 시즌 준비도 동료들보다 늦었다. 체력적, 기술적으로도 뒤쳐진다고 생각했다. 그래서 더 노력했다. 하지만 올해 컵대회에 다시 부상 악몽에 시달렸다. 컵대회 경기 도중 무릎을 다쳤고, 왼 무릎 십자인대 파열로 수술대에 올랐다. 시즌 아웃 가능성이 높다. 그럼에도 홍민기는 '과거는 지나간 현재, 미래는 다가오는 현재'라는 글을 마음에 새기고, 하루하루 최선을 다하고자 한다.

팬들에게 보내는 메시지

운동을 하다 보면 부상은 어쩔 수 없이 따른다. 하지만 수술받기 전날까지 속상했다. 그 모습은 내가 보기에도 좋지 않더라. 지금까지 그래 왔듯 열심히 살면서 스스로 행복감을 찾으려고 한다. 또 항상 응원해 주셔서 감사하다는 말 드리고 싶다. 피치 못하게 부상을 당하게 됐다. 재활열심히 잘해서 복귀할 테니 그때까지 응원해 주셨으면 좋겠다.

홍민기의 TOP3

홍민기	한 경기 최다 득점	한 경기 최고 공격 성공률	2021-2022 시즌 득점 순위
	18점	**43.33**%	**48**위

2022-2023 V-리그 경기기록

18 경기	36 세트	19 득점	3 블로킹	12 서브
46.88 공격 성공률(%)	**-** 세트 Avg(set)	**-** 리시브 효율(%)	**0.056** 디그 Avg(set)	

NO.19
양희준

MB 미들 블로커

생년월일	1999.06.13
신장	199cm
출신교	법동초▶각리중▶경북사대부고▶한양대
입단	2021-2022 2라운드 2순위
이적	KB손해보험▶삼성화재(2022)
총 보수	7,500만 원 (연봉 5,500만 원, 옵션 2,000만 원)

절대 포기 하지 말자! Never give up!

시몬·루카스·야마우치

큰 신장을 자랑하는 양희준. 미들 블로커 포지션의 해외 선수들 영상도 종종 본다. 한국에서도 뛰었던 쿠바 국가대표 시몬, 브라질 국가대표 루카스, 일본의 야마우치 등을 눈여겨보고 있다. 신장도 좋고, 팔다리도 긴 선수들이라 큰 스텝으로 움직인다. 특히 일본은 기본기가 좋은 미들 블로커가 즐비하다. 양희준도 이를 보고 배우고 있다.

TOP10을 꿈꾸다

비시즌 동안 세터와의 공격 타이밍, 블로킹에서는 리딩 블로킹 훈련을 집중적으로 했다. 다가오는 시즌에는 속공 혹은 블로킹 부문에서 TOP10에 이름을 올리고 싶다. 유효 블로킹 수를 늘리는 것도 목표 중 하나다. 프로에서는 선배, 후배로부터 배우는 점도 많다는 것을 깨달았다. 주전 경쟁 그리고 생존을 위해서라도 내 것으로 흡수하고 싶은 의지가 강하다.

양희준의 TOP3

양희준	한 경기 최다 득점	한 경기 최다 블로킹	2021-2022 시즌 득점 순위
	12점	4개	45위

2022-2023 V-리그 경기기록

16	30	28	7	2
경기	세트	득점	블로킹	서브

44.19	0.033	-	0.267
공격 성공률(%)	세트 Avg(set)	리시브 효율(%)	디그 Avg(set)

NO.**44**
에디
자르가차

생년월일	1999.12.22
신장	198cm
국적	몽골
출신교	성균관대
입단	2023 아시아쿼터 전체 1순위
총 보수	10만 달러

OP 아포짓 스파이커
MB 미들 블로커

Edy 파이팅하자!

몽골 청년의 코리안 드림

2017년 한국에 입국해 마침내 코리안 드림을 이뤘다. 에디와 함께 타국에서 힘겹게 선수 생활을 이어간 바야르사이한(OK금융그룹)과 동시에 V-리그 입성에 성공했다. 에디는 당찬 포부를 밝혔다. 몽골 선수도 할 수 있다는 것을 보여주고 싶고, 몽골 후배들에게도 용기를 불어넣어주고 싶다. 에디의 어깨가 무겁다. V-리그 데뷔전을 치르는 상상만 해도 기분이 묘하다.

요스바니가 반가운 에디

에디는 요스바니와 한솥밥을 먹게 된 것이 기쁘다. 여러 리그를 경험한 요스바니의 노련미는 또 하나의 무기다. 에디도 요스바니의 타점 잡고 길게 때리는 공격 등 경험에서 나오는 플레이들을 배우고 싶다. 에디는 한국에서 고등학교, 대학교 배구를 거쳐 프로 무대에 올랐다. 신인과도 같다. 그럼에도 높이와 공격력을 무기로 아시아쿼터 전체 1순위의 위력을 드러내고자 한다.

에디의 TOP3

에디	-	-	-
	-	-	-

2022-2023 V-리그 경기기록

경기	세트	득점	블로킹	서브
-	-	-	-	-

공격 성공률(%)	세트 Avg(set)	리시브 효율(%)	디그 Avg(set)
-	-	-	-

V-리그 관전을 위한 가장 쉽고도 완벽한 준비

20232024
V-리그
스카우팅리포트

초판 1쇄 펴낸 날 | 2023년 10월 20일

지은이 | KBSN 신승준 오효주 조은지, 이보미, 이재상
펴낸이 | 홍정우
펴낸곳 | 브레인스토어

책임편집 | 김다니엘
편집진행 | 홍주미, 박혜림
디자인 | 이예슬
마케팅 | 방경희
자료제공 | KOVO
기획 | KBSN

주소 | (04035) 서울특별시 마포구 양화로 7안길 31(서교동, 1층)
전화 | (02)3275-2915~7
팩스 | (02)3275-2918
이메일 | brainstore@chol.com
블로그 | https://blog.naver.com/brain_store
페이스북 | http://www.facebook.com/brainstorebooks
인스타그램 | https://instagram.com/brainstore_publishing

등록 | 2007년 11월 30일(제313-2007-000238호)

© 브레인스토어, KBSN 신승준 오효주 조은지, 이보미, 이재상, 2023
ISBN 979-11-6978-016-2 (03690)